J'étais l'espionne qui aimait Castro

Marita Lorenz

J'étais l'espionne qui aimait Castro

Un destin hors du commun,
des camps nazis à Cuba,
de la CIA à l'assassinat de Kennedy

Avec la collaboration de Idoya Noain

Traduit de l'espagnol
par Ghislaine Floury-Dagorn et Mélanie Roche

FIRST Editions

© Ilona Marita Lorenz, 2015
Tous droits réservés.
Première édition : juin 2015

© de l'édition originale : Grup Editorial 62, SLU, 2015
Ediciones Península,
Pedro i Pons, 9-11, 11.a pta.
08034 Barcelona

© Édi8 / Éditions First, Paris, 2016

12, avenue d'Italie
75013 Paris – France
Tél. : 01 44 16 09 00
Fax : 01 44 16 09 01
Courriel : firstinfo@efirst.com
Internet : www.editionsfirst.fr

Les images contenues dans ce livre font partie des archives personnelles
de l'auteure, à l'exception de celles dont le copyright est indiqué.

ISBN : 978-2-7540-8189-4
Dépôt légal : juin 2016
Imprimé en France par NRI s.a.s. (1602050)

Ouvrage dirigé par Laurent Boudin
Correction : Pauline de Labarthe
Mise en page : Catherine Kédémos
Production : Emmanuelle Clément

De l'histoire officielle
à la vérité

« Témoin non crédible ». Ce fut en ces termes qu'un membre du Comité spécial de la Chambre des Représentants du Congrès des États-Unis, qui enquêtait sur l'assassinat de John Fitzgerald Kennedy et devant lequel je prêtai serment en 1978, protégée par une mesure d'immunité, me discrédita.

Or j'ai été témoin, témoin et encore bien davantage, d'événements majeurs, qui plus est en compagnie de personnes qui ont marqué la vie politique de la seconde moitié du xxe siècle. Le Berlin de la guerre, les camps de concentration, la persécution et la douleur. Cuba et la révolution. Fidel, mon grand amour. En ce qui concerne ma crédibilité mise en doute par ce même pouvoir qui m'a formée à voler et tuer, à mentir et agir au-dessus des lois… cela, cher lecteur, je vous laisse le soin d'en juger. Moi, je sais où se trouve la vérité, parce que j'étais là. Tout ce que j'ai vu et vécu est resté imprégné dans ma mémoire, et je ne peux rien effacer.

Je m'appelle Ilona Marita Lorenz. Je naquis en Allemagne en 1939, quelques jours avant que Hitler n'envahisse la Pologne. Pendant la guerre, je passai par l'hôpital de Drangstedt et le camp de concentration de Bergen-Belsen. Je survécus. Peu après la libération, je fus violée à l'âge de 7 ans, par un sergent de l'armée des États-Unis.

En 1959, alors âgée de 19 ans, je connus Fidel Castro. Je devins sa maîtresse et tombai enceinte. À Cuba, je fus droguée et forcée à subir ce qu'ils appelèrent un avortement, mais deux décennies plus tard Fidel me présenta Andrés, le fils qu'on m'avait ravi sur la table d'opération. Peut-on imaginer ce qu'un tel acte suppose pour une mère qui quitta l'île le ventre vide ?

Poussée par la CIA et le FBI, je m'impliquai dans l'Opération 40, une machination gouvernementale qui réunit des personnes en lien avec des agences fédérales, les exilés cubains, des soldats de fortune et la mafia pour tenter, en vain, de renverser Castro. On m'envoya à La Havane pour l'assassiner à l'aide de deux pilules empoisonnées. Et le problème ne fut pas que je faillis à ma mission, comme des centaines d'autres qui essayèrent ensuite aussi de tuer Fidel ; je fus tout simplement incapable de le faire. Je ne le regrette pas, au contraire : dans ma vie, c'est ce dont je suis le plus fière.

Peu après, à Miami, je tombai amoureuse de Marcos Pérez Jiménez, le dictateur du Venezuela, et j'eus une fille, Mónica, *Moniquita*. Quand on me rapatria et que notre avocat me déroba les fonds que Marcos nous avait attribués, je tentai de suivre ce dernier, mais ma petite fille et moi, nous finîmes abandonnées des mois durant dans la jungle vénézuélienne, au milieu d'une tribu d'Indiens yanomamis.

En novembre 1963, je voyageai de Miami à Dallas dans un convoi dont faisaient partie Frank Sturgis – arrêté des années plus tard dans le cadre du scandale du Watergate –, un agent de la CIA, divers exilés cubains et un homme que je connaissais des entraînements de l'Opération 40 dans les Everglades, *Ozzie*, plus connu sous le nom de Lee Harvey Oswald, accusé de l'assassinat de John F. Kennedy et assassiné ensuite par Jack Ruby, que j'avais quant à lui rencontré dans le motel où nous avions séjourné à Dallas.

Je fus également *party girl* pour la mafia new-yorkaise, d'où vinrent plusieurs de mes amants, bien que l'un d'eux, qui fut important pour moi, fût aussi de la police. Je me mariai et j'eus un enfant, Mark, surnommé *Beegie*, avec un homme qui espionnait des diplomates du bloc soviétique pour le FBI, mission que je rejoignis. Lorsque, avant mon témoignage au Congrès, Sturgis révéla publiquement à la presse mes activités, mon petit monde commença à s'écrouler.

J'ai été une femme dans un environnement d'hommes. J'ai inventé des mensonges pour nous protéger, mes enfants et moi, et j'ai dit la vérité quand cela me convenait. Désormais, je veux mettre les choses au point et peut-être faire réfléchir certaines personnes travaillant dans l'ombre du gouvernement américain sur le fait qu'elles ne méritent pas que d'autres prennent des décisions pour elles.

J'ai vécu ces dernières années de l'aide publique, sans que l'on m'accorde aucune pension, dans un rez-de-chaussée du Queens, avec mon chien Bufty, une chatte, une tortue et un énorme poisson orange qui parfois se lance, comme dans une mission suicide, contre la paroi du bocal.

Je n'ai jamais pensé en finir avec la vie, bien que de temps à autre j'aie souhaité mourir. Mais mourir est trop facile ; le défi, c'est de vivre. Chaque jour est une lutte. Je me lamente souvent en pensant au temps perdu dans des missions qui n'avaient rien à voir avec mon être profond, à cause des espoirs placés en des hommes qui n'étaient pas les bons, mais je suis fière d'avoir survécu à plusieurs guerres, à une agression sexuelle, à un certain nombre de tentatives d'assassi-nat, au harcèlement du gouvernement, à une multi-tude de vols, de misères et de trahisons, y compris de la part de mon propre sang…

Mon histoire possède ses zones de lumière et d'ombre. Certains penseront qu'elle est assez incroyable. Mais la réalité dépasse toujours la fiction, n'est-ce pas ? Et la mienne, en plus, se base sur des souvenirs quelquefois enlisés dans les méandres de l'Histoire officielle, celle qui, si on me permet de le rappeler, n'est pas toujours fiable.

1

Ne parle pas, ne pense pas, ne respire pas

Mon destin a toujours été d'être seule. Je ne sais pas pourquoi.

J'aurais dû venir au monde en même temps qu'une sœur jumelle, qui aurait dû s'appeler Ilona, mais quand ma mère arriva à l'hôpital Saint Joseph, dans la ville de Brême, en Allemagne, le berger allemand d'un officier SS se rua sur elle – cet officier l'apostrophait, car elle avait continué de se rendre, jusqu'à la fin de sa grossesse, chez un gynécologue juif. Dans cette attaque, ma sœur mourut et moi, je survécus, et bien que je fusse sur le point d'être appelée Marita, mes parents voulurent honorer la petite disparue ; alors, ils me nommèrent Ilona Marita Lorenz.

C'était le 18 août 1939, quelques jours seulement avant que l'Allemagne ne commence à envahir la Pologne et n'allume la mèche qui ferait éclater la Seconde Guerre mondiale. À l'hôpital, ils jetèrent presque maman dehors pour faire de la place à d'éventuels blessés, or cette dernière ne pouvait pas compter sur mon père, qui à ce moment-là, ne se trouvait pas en Allemagne ; comme durant à peu près toute sa vie, avant et après, il était en mer.

Maman s'appelait Alice June Lofland, une femme dont la vie, encore aujourd'hui, est entourée de mystère et d'interrogations, de secrets qui ne pourront plus jamais être révélés, une authentique artiste-interprète que personne, je pense, ne réussira un jour à connaître réellement. Elle avait deux actes de naissance. D'après le premier, elle naquit le 15 octobre 1902. L'autre, en revanche, porte la même date de naissance mais pour l'"année 1905. Il est évident que l'un des deux documents est un faux, cependant ni moi ni personne d'autre dans la famille n'avons pu découvrir lequel. Quand j'interrogeais ma mère sur ses origines, elle me donnait invariablement la même réponse, les mots d'une femme qui se montra toujours d'une extrême réserve : « Peu importe, peu importe. »

La seule chose qui soit sûre, c'est que maman naquit à Wilmington, dans le Delaware, à l'est des États-Unis, et qu'elle grandit là-bas. Dans sa famille, ils cultivaient la terre, mais elle, elle s'est toujours sentie différente, y compris quand elle n'était qu'une enfant, et lorsque l'adolescence arriva, ses parents l'envoyèrent à New York, dans une école privée de Park Avenue – « la meilleure », disait-elle. Elle s'initia à la danse et rejoignit le monde du spectacle, allant jusqu'à jouer dans des pièces de Broadway, sous le nom de scène de « June Paget ». Peut-être commença-t-elle alors à découvrir ses dons et son talent pour faire partie d'un monde de masques et de personnages qu'elle ne put, ne voulut ou ne sut jamais abandonner par la suite.

Au cours de cette première période de sa vie, elle eut une sorte d'amourette sans lendemain, même si, d'après les écrits et les papiers que nous avons peu à peu trouvés dans la famille au fil des années, il semble plus juste de parler de plusieurs idylles. Nous le savons : l'un des hommes qui tomba éperdument amoureux de cette jeune femme blonde aux yeux bleus, belle et déterminée fut William Pyle Philips, un important financier. Toutefois, Alice voulait avoir des enfants, et cet homme, plus âgé, était par ailleurs aussi son cousin, si bien que cette aventure n'avait, aux yeux de ma mère, aucune chance d'aboutir. En outre, elle voulait être indépendante et travailler dans le cinéma, et le fait que Philips la supplie de ne pas l'abandonner et qu'il lui offre d'organiser tout le nécessaire afin qu'elle puisse tenir le rôle principal dans son propre film et même de lui ouvrir un cinéma rien que pour elle ne fut pas suffisant. Maman, qui parlait français couramment, décida de partir à Paris, où on commençait à tourner des films parlants. Elle avait 18 ou 19 ans, et je crois qu'au-delà de ses aspirations professionnelles elle voulait échapper également à d'autres hommes qui la poursuivaient – et ils étaient nombreux, car maman déclenchait d'authentiques passions.

Dans ce mélange de fuite et de recherche, elle leva l'ancre en 1932 depuis la ville de New York à bord du *Bremen*[1], un bateau de passagers de la Norddeutscher Lloyd, la compagnie maritime du nord de l'Allemagne, et durant la traversée elle connut le capitaine suppléant, Heinrich Lorenz, l'homme qui deviendrait plus tard mon *papou*. Je ne l'ai jamais appelé « papa », « père » ou « papounet » ; pour moi, il a toujours été *papou*. C'était un homme fort, aux cheveux et aux yeux foncés, probablement d'ascendance italienne, et il rendait fous aussi bien les hommes que les femmes.

Il naquit le 8 avril 1898 à Bad Münster am Stein-Ebernburg, une commune du sud de l'Allemagne célèbre pour ses sources thermales. Il venait d'une famille de propriétaires terriens, mais, de la même manière que maman trouva sa passion loin de la terre, dans un monde fait de théâtre et de planches, pour lui, le futur tant attendu ne passait pas non plus par les vignobles familiaux. La mer était sa vie, son rêve, un espace de liberté… et elle le conquit. À 12 ans, il naviguait déjà, puis, à la fin du lycée, il s'engagea sur plusieurs navires marchands et en 1918 il fut admis dans la marine allemande. À la fin de la Première Guerre mondiale, après avoir passé au moins deux ans sur une goélette qui parcourait l'Amérique du Sud, il commença à travailler pour la Lloyd.

---

1. *NDT* : du nom de la ville allemande éponyme, Brême. (Toutes les notes de cet ouvrage sont des traductrices.)

Maman n'arriva jamais à Paris parce que, durant cette traversée, ils tombèrent amoureux. Elle resta dans la localité portuaire de Bremerhaven, où *papou* avait alors sa maison, et le 31 août 1921 ils se marièrent.

Alice détestait tant vivre dans un port de pêche qu'elle convainquit *papou* de déménager à Brême, à 60 kilomètres au sud, où elle mena une vie confortable durant leurs premières années de mariage. Le travail de mon père était suffisamment bien payé pour qu'elle puisse se parer de fourrures et de diamants, et ils vivaient dans une maison ravissante, munie de portes françaises vitrées toujours impeccables, d'un jardin avec un bouleau, de deux étages et d'un garage. Le café du matin, le petit déjeuner, le déjeuner et le dîner étaient servis dans la salle à manger – « Jamais dans la cuisine comme les domestiques », selon ses dires – et l'on utilisait toujours la vaisselle en porcelaine et les couverts en argent, avec une composition de fleurs ou de fruits sur la table et les plats chauds sur une desserte. Après chaque repas, on couvrait la table d'une nappe en dentelle.

Maman bénéficiait d'une aide domestique, mais parfois elle s'agenouillait elle-même pour cirer le sol à la main et elle participait aux tâches ménagères afin que tout soit toujours impeccable.

Alice parlait avec fierté de ses racines liées à la noblesse anglaise de l'île de Wight ; elle avait mené des recherches approfondies sur la branche maternelle de ses ancêtres, remontant au xe siècle et à la maison Osborne. Elle se vantait du fait que, dans la famille, il n'y avait « pas de classe ouvrière, ni de commerçants » et que tout le monde était « cultivé, éduqué et intellectuel ». Elle-même, bien qu'elle n'ait jamais réussi à parler un allemand parfait, se consacra à la lecture de grands auteurs de la littérature allemande et de philosophes comme Arthur Schopenhauer ou Emmanuel Kant, et elle étudiait aussi le piano tout en continuant à s'instruire en autodidacte.

Papou, qui tout au long des années avait développé par son travail de très bonnes relations, arrivait parfois à la maison accompagné de figures importantes de l'époque. Lors de ces journées et de ces soirées, le parvis était encombré de décapotables noires, et il portait un uniforme de gala, des médailles, une épée... Le temps que passait *papou* à la maison, pourtant, n'était pas bien long. Il était presque toujours en voyage et chaque fois qu'il revenait à terre un nouvel enfant naissait, avec lequel il fallait faire connaissance. Durant la première grossesse, maman attendait des triplés, mais le 27 mai 1934 elle eut un accouchement prématuré au cours duquel deux petites filles moururent ; seul survécut un garçon. C'était l'aîné, et *papou* voulait qu'on l'appelle Fritz, afin d'honorer son frère. Toutefois, pendant sa traversée en bateau en 1932, maman avait connu sur le *Bremen* un fils du Kaiser d'Allemagne, qui lui avait demandé qu'elle rende hommage à un frère à lui, décédé. Elle satisfit cette demande et mon frère aîné reçut le prénom de Joachim, bien que je l'aie toujours appelé *Joe* ou *JoJo*.

Après lui, le 11 août 1935, arriva dans la famille Philip, qu'on appelait *Kiki* ; il fut celui qui se passionna le plus pour la musique et les arts, que maman s'efforcerait tant de nous inculquer à tous. Dans le choix du prénom du second rejeton, *papou* n'eut pas non plus vraiment son mot à dire, car lorsque maman avait éconduit Philips, le cousin financier qui fut si éperdument amoureux d'elle, la seule chose qu'elle avait laissée à ce dernier, à part un cœur brisé, avait été la promesse que si, comme elle en rêvait, elle avait des enfants, elle en baptiserait un en son honneur.

Le 9 octobre 1936 naquit mon unique sœur, avec laquelle j'ai toujours eu la relation fraternelle la plus compliquée. *Papou* voulait qu'elle s'appelle Elsa, mais maman finit par décider qu'on l'appellerait Valerie. Lors de son dernier accouchement, maman n'en fit aussi qu'à sa tête en choisissant le prénom et écarta celui que mon géniteur avait voulu pour moi : Anna.

Une famille d'espions ?

Tandis que l'Europe et le monde se trouvaient au bord de l'abîme, mes parents commencèrent à se mouvoir dans un labyrinthe dont le parcours m'a toujours semblé énigmatique. Je n'ai jamais pu savoir en toute connaissance de cause quelles furent les véritables positions politiques de mes parents et, avec les années, j'ai seulement découvert quelques détails derrière lesquels se cache un imbroglio d'espionnage et de jeux sur plusieurs tableaux, quelque chose qui, vu la façon dont se déroulerait ma vie par la suite, dut s'inscrire dans mon ADN.

En 1938, par exemple, *papou* et le capitaine d'un autre bateau allemand furent arrêtés en tant que « témoins majeurs » d'une machination sur laquelle enquêtait le FBI, une « chasse aux espions » que le *New York Times* décrivit à son tour comme l'une des plus grandes que les États-Unis aient connues depuis la Première Guerre mondiale. Opérationnel depuis 1935, ce réseau faisait passer des agents des services secrets allemands pour des membres d'équipage des bateaux germaniques afin de les faire rentrer aux États-Unis, où ils s'installaient tout en aidant à mettre en relation des militaires de là-bas qui avaient commencé à collaborer avec l'Allemagne et étaient en train de voler des secrets de l'armée et de la marine. La coiffeuse de l'*Europa*, Johanna Hofmann, fut appréhendée en février, alors que *papou* commandait le bateau – et elle était, selon les enquêteurs, la figure clé du réseau, le lien permettant aux Américains recrutés par l'Allemagne, et qui ne se connaissaient pas, de communiquer entre eux.

L'arrestation de *papou* et de l'autre capitaine eut lieu le 3 juin et l'histoire fit la une du *New York Times*, mais le lendemain, comme il fut aussi écrit dans le journal en première page, ils levèrent l'ancre sans problème pour rentrer en Allemagne. On les vit partir en saluant, souriants, Leon Torrou, un agent spécial du FBI, et Lester Dunigan, adjoint du procureur général, et quoique je n'aie aucun moyen de le prouver de façon certaine, je dirais que ce fut durant cette période que mon père commença à collaborer avec les États-Unis en effectuant des tâches de contre-espionnage, une coopération du moins en tant qu'informateur et dont il existe quelques traces dans des documents officiels.

La guerre éclata le 1ᵉʳ septembre 1939 alors que je n'avais vu le jour que deux semaines auparavant. Au début du conflit, *papou* pilota des navires de guerre et des bateaux qui naviguaient à travers le Groenland et se rendaient à des stations météorologiques. En 1941, en revanche, on lui ordonna de rentrer, car il allait être nommé commandant du *Bremen*, un bateau qui deviendrait célèbre puisqu'il serait l'un des navires qu'on pensait employer dans l'opération *Seelöwe* – « lion de mer » –, dans le cadre de laquelle Adolf Hitler envisagea pendant un temps l'invasion de l'Angleterre. L'idée était de camoufler le bateau et de dissimuler à l'intérieur des canons et des tanks qui seraient utilisés pour entreprendre l'invasion, mais jamais ils ne réussirent à exécuter le plan. *Papou* reçut le 16 mars un appel urgent l'informant que le *Bremen* était cerné par les flammes dans le port de Bremerhaven. Selon la version officielle, un mousse de 15 ans, condamné à mort et exécuté par la suite, y avait mis le feu parce qu'il était insatisfait et rencontrait des problèmes avec les propriétaires, quoique, en vérité, ce soient les services secrets britanniques qui réussirent à s'infiltrer dans la marine allemande et à faire sauter le bateau, frustrant les plans du Führer, qui aurait personnellement ordonné de tuer le jeune homme afin d'essayer de sauver la face.

Maman, quant à elle, fut arrêtée peu après l'explosion du *Bremen*, ce qui constitua la première des nombreuses fois qu'elle se retrouva entre les mains de la Gestapo. Ils l'interrogèrent, la suspectant d'avoir collaboré avec les services secrets britanniques dans la planification de l'attaque, mais ils furent contraints de la libérer, car ils ne réussirent pas à prouver quoi que ce soit. En dépit de quoi, en enquêtant sur ses origines pour voir si elle avait du sang juif, la Gestapo ne découvrit en échange que des racines nobles, félicitant même papou de s'être marié avec quelqu'un d'une telle lignée, ils ne cessèrent jamais de la surveiller ; par ailleurs, cela dut attirer des soupçons sur lui. Du moins *papou* craignait-il qu'il en soit ainsi.

Mon frère Joe se souvient d'une fois où mes parents eurent à la maison une vive discussion avec un amiral qui voulait qu'ils rejoignent un réseau d'opposition au régime nazi en train de naître dans les rangs allemands eux-mêmes, ce que *papou* refusa, tentant d'expliquer les risques que représenterait le fait d'avoir quelqu'un de marié à une Américaine dans une opération comme celle-là. Ce militaire, d'après ce qu'en a déduit *Joe* des années plus tard en voyant une photo, était Wilhelm Canaris, qui avait été chef de l'Abwehr, le service des renseignements militaires allemands, confronté à l'accusation de coopérer avec les Alliés, condamné pour haute trahison et exécuté en 1944 dans le camp de Flossenbürg.

Même s'ils n'entrèrent pas dans le réseau de Canaris, d'après certains indices maman et *papou* effectuèrent bel et bien des tâches de contre-espionnage. Le 1ᵉʳ mai 1941 notamment, ils se retrouvèrent tous les deux au Guatemala, dans une fête organisée par l'ambassade allemande à Tegucigalpa ; or ils n'étaient pas là, comme les autres invités, pour se rendre à une célébration, mais pour mener une mission secrète : épier les nazis pour les Américains.

Maman se sentit oppressée du fait de vivre constamment suspectée, et elle essaya de fuir l'Allemagne. Cependant, elle fut coincée dans l'Europe en guerre de Hitler et, bien qu'elle ait voulu s'échapper, elle ne put le faire, parce que sa priorité fut toujours de nous protéger, mes deux frères, ma sœur et moi. Elle tenta de nous envoyer tous les cinq aux États-Unis et, pour ce faire, expédia une lettre au consulat suisse ; toutefois, quand les Suisses entrèrent en contact avec les Américains, ceux-ci répondirent qu'elle-même pouvait, en effet, revenir mais que nous, les enfants, nous ne le pouvions pas, car nous étions allemands. Elle se refusa à nous abandonner et cette tentative pour nous sortir d'Allemagne fut d'ailleurs la cause d'une nouvelle arrestation et d'un autre interrogatoire par la

Gestapo, au motif cette fois d'avoir communiqué avec le consulat pour livrer des informations à Washington.

Chanel N° 5 et odeur de phosphore

Quoique j'aie été alors toute petite, des souvenirs me poursuivent encore aujourd'hui, indélébiles : des flashs de lieux, d'épisodes et de sensations qui me terrifient ou m'émeuvent et qui maintiennent en vie mon histoire personnelle et les êtres chers qui ne sont plus ou habitent loin de moi, dans certains cas physiquement et dans d'autres, bien pire, émotionnellement. L'un des souvenirs les plus persistants que je garde de ma mère est son odeur de Chanel n° 5, et je la revois aussi quand elle faisait du feu pour conserver la chaleur et qu'elle laissait fondre de la neige pour que nous ayons de l'eau. J'ai en mémoire chaque recoin du sous-sol de la maison, où nous nous réfugiions lors des bombardements, et surtout l'odeur du phosphore. Maman faisait dormir mes frères et ma sœur tout habillés dans les lits de camp de notre pièce principale à l'étage pour que tout le monde soit prêt à descendre rapidement au sous-sol, dès que commençaient à retentir les sirènes. Quand les bombes tombaient, nous voyions les éclairs qu'elles provoquaient à travers les rideaux noirs qui occultaient la petite fenêtre. Là, en bas, dans cette cave renforcée située à côté d'une pièce qui donnait sur le jardin, juste sous notre balcon, nous passâmes des heures et des heures, de nombreuses heures, interminables.

Joe avait un casque britannique, de ceux qui sont aplatis, que maman ou *papou* avait dû trouver. Pour Philip, ils avaient conçu un casque différent : une casserole qu'ils remplissaient de chaussettes, pour que ce ne soit pas inconfortable. C'est également avec des chaussettes que maman me fabriqua une poupée, car là, en bas, elle me serrait tout le temps dans les bras et elle chantait pour me calmer. Dans ce lieu obscur, cela sentait intensément les bananes qu'on accrochait sous l'escalier, des fruits probablement offerts à mon père, venus d'un de ces bateaux arrivant d'Amérique latine que les Allemands interceptaient, bien que souvent les seules choses dont nous disposions pour nous alimenter, comme s'en souvient avec dégoût ma sœur Valerie, aient été des végétaux pourris et quelque morceau de beurre rance.

Dans ces moments de panique, la cave représentait pour nous beaucoup plus qu'un simple refuge. Il fallait rester totalement silencieux, ne faire aucun bruit, et ce fut là que je commençai à grandir en intériorisant un mantra utile dans la vie de toute personne susceptible de se retrouver en situation de danger : « Ne parle pas, ne pense pas, ne respire pas. »

Parce que la survie ne dépendait pas seulement des bombes qui tombaient du ciel. Le danger se trouvait aussi au coin de la rue, dans l'ombre de ces soldats allemands que nous entendions passer, l'acier de leurs semelles produisant à chaque pas un bruit métallique, gravé en moi pour toujours comme le son d'une menace. Il était impératif que nous gardions le silence le plus absolu pour qu'eux ne nous entendent pas. Le problème n'était pas le fait qu'ils puissent entendre nos cris ou nos sanglots apeurés ; c'était plutôt qu'il fallait à tout prix qu'ils ne découvrent pas la radio à ondes courtes que maman avait dissimulée derrière un faux mur de briques et qui lui permettait d'écouter la BBC chaque soir à 21 heures, et de connaître ainsi, à tout moment, la véritable situation. Posséder un appareil comme celui-là était alors considéré comme une haute trahison, et maman fut une fois bien près d'en être accusée, car Joe, un jour, voulut écouter de la musique et alluma la radio. L'émission arriva aux oreilles de l'un des soldats allemands qui passait par là et celui-ci fit irruption chez nous. Heureusement, maman eut la bonne idée d'expliquer qui était papa, et elle fit valoir qu'il avait besoin de la radio pour connaître l'état de la mer et les prévisions météorologiques avant ses voyages. Elle dut être convaincante parce que ce jour-là ils ne l'arrêtèrent pas. Et ne lui confisquèrent pas la radio non plus.

Maman était sans aucun doute une femme courageuse et déterminée, et elle eut une influence majeure dans une famille qu'elle sut maintenir unie. Quand il obtenait l'un de ses rares congés, *papou* rentrait à la maison trois ou quatre jours pour ensuite repartir, et tout reposait invariablement sur les épaules d'Alice, depuis le paiement du loyer jusqu'à l'assurance d'avoir quelque chose à nous mettre sous la dent. Ce fut elle qui sauva la maison lorsque, en 1941, cette dernière fut presque entièrement détruite par un incendie après un bombardement. Ce fut elle aussi qui, pendant la guerre, aida des Français et des Britanniques, même si cette assistance lui valut à plus d'une occasion d'être appréhendée, interrogée et maltraitée.

Mon frère *Joe* se souvient de ce jour durant lequel, à l'âge de 5 ans, il se rendit à son premier cours de violon et passa par un secteur proche de chez nous où les nazis gardaient des prisonniers français ; c'étaient eux qui ramassaient nos poubelles. Quand il revint et qu'il raconta cela à maman, elle lui suggéra que la prochaine fois qu'il passerait devant eux il leur dise : « Je suis américain. Vive la liberté[2]. » Puis maman commença à leur laisser à la porte de la maison de la nourriture et diverses choses qu'ils lui demandaient, bien qu'ils soient allés jusqu'à solliciter du matériel allant des appareils photo aux radios et qu'elle n'ait donc pas toujours pu leur procurer tout ce dont ils avaient besoin.

Maman était sans aucun doute possible une femme forte, une authentique battante engagée corps et âme dans une bataille n'ayant qu'une seule issue : survivre, coûte que coûte. Un jour, par exemple, pendant les bombardements, un déplacé de guerre polonais entra chez nous totalement ivre. L'esprit embrumé par l'alcool, il dut penser que maman, sans la présence d'un homme pour la protéger, était vulnérable

---

2. *NDT* : en français dans l'édition originale.

et constituait une victime facile, et il essaya de la violer. Se jetant sur elle, il commença à l'agresser, mais Alice, après s'être débattue, fut capable de le repousser. Elle avait gagné du temps et fut prompte à profiter de l'ivresse manifeste de son assaillant, le tentant en lui offrant un peu plus à boire. Cet homme-là, qui bien évidemment se serait mis n'importe quoi dans le gosier, accepta, sans savoir que la bouteille qu'on lui mettait dans les mains était pleine d'un liquide pour faire briller le sol. Il mourut dans notre sous-sol. Alice le prit alors par les pieds, le traîna par la rampe du garage et le déposa près de la maison, dans le cratère laissé par une bombe, alors plein de neige. Lorsque, quelques années plus tard, nous parlâmes de cet incident terrifiant, la seule chose qu'elle me dit à propos de ce qui s'était passé fut : « Il le méritait. »

Durant la guerre, il lui fallut prendre pratiquement seule les décisions les plus difficiles qui soient pour une mère. En 1944, à un moment où les Russes avançaient vers la ville, une poignée de fonctionnaires allemands se présentèrent chez nous pour exiger que *Joe* soit envoyé dans une école à Meissen. Avec tous les soldats qui étaient en train de mourir dans ce conflit, Hitler savait que l'avenir de l'Allemagne passait par ses jeunes, et il avait besoin de les former et de les discipliner. Il n'y avait d'autre possibilité pour maman que de livrer son fils à cette cause du futur parce que s'y refuser aurait eu pour conséquence, comme ils le lui avaient fait clairement comprendre par des menaces, de se voir privée de carte de rationnement, ce qui ne lui permettrait plus de nourrir ses trois autres enfants. Sans alternative ni échappatoire possible et avec l'urgence d'un délai sans appel de vingt-quatre heures, Alice dut laisser s'en aller l'aîné de ses enfants, qui encore aujourd'hui se souvient avec acuité du jour où elle l'a amené au train.

En bonne actrice qu'elle était, maman dit au revoir à *Joe*, lui expliquant qu'il partait pour vivre une aventure palpitante au cours de laquelle il se ferait de nouveaux amis, et elle lui promit que sa vie serait bien meilleure. Elle construisit la narration élaborée d'un monde heureux et elle racontait tout cela à mon frère sans perdre le sourire, pas même un instant, émaillant la conversation de phrases pleines d'excitation et d'exclamations, lui disant sans cesse combien elle aimerait l'accompagner, à quel point il allait passer un bon moment... Elle faisait tout son possible pour rassurer *JoJo* bien qu'elle ait dû, en son for intérieur, être terrifiée à l'idée qu'elle ne reverrait peut-être plus jamais son fils.

À la suite de cet épisode, maman envoya Philip vivre chez une professeure de piano qui cachait des Juifs et elle laissa Valerie chez les Tantzen, nos voisins. Ceux-ci formaient une famille dans laquelle le père était dentiste des SS et aussi photographe, un portraitiste qui avait rempli les vitrines de Brême avec des images de maman et ses quatre enfants, emblèmes de la famille allemande idéale.

Après cette dispersion forcée pour cause de survie, nous restâmes seules, elle et moi. Parfois, il nous fallait sortir de la maison, et comme j'étais encore très jeune et ne pouvais courir aussi vite que maman, je me souviens d'elle me laissant dans une tranchée, se précipitant sur moi pour me couvrir et ainsi me protéger. Cette tranchée était la même que celle qui, par la suite, se remplirait de soldats britanniques qui cessaient le combat pour prendre le thé et de soldats écossais qui, de temps à autre, sortaient leurs cornemuses. C'était incroyable d'écouter ces sons entre les bombardements et, en ce qui me concerne, ce mélange me déstabilisait ; il me devenait impossible de discerner dans quel monde je vivais.

Dans le quartier, il y avait également un bunker où se réfugier quand les forces alliées bombardaient, mais aller là-bas n'était pas très agréable. Les voisins allemands n'appréciaient pas maman, elle ne leur plaisait pas, et ils le lui avaient laissé entendre à plusieurs reprises. Quant à moi, j'ai toujours pensé qu'ils enviaient sa beauté, bien qu'en réalité ils se soient comportés de cette façon, parce qu'elle était étrangère et représentait, pour eux, l'ennemi. Elle n'avait pas de drapeau nazi à suspendre le 20 avril, jour de l'anniversaire de Hitler, c'est pourquoi ils la dénoncèrent à la Gestapo.

Ils l'auraient signalée bien plus souvent s'ils avaient su tout ce qu'elle avait fait pendant ces années de lutte, de barbarie, mais aussi de résistance, un palmarès de petits exploits individuels que, grâce aux souvenirs et à quelques lettres de remerciement qui lui sont parvenues après la fin de la guerre, nous pouvons maintenir vivants. Elle eut l'occasion, notamment, de sauver un pilote dont l'avion avait été abattu et qu'elle trouva dans les décombres de son appareil ; elle le ramena chez nous, le dissimula dans le sous-sol et lui prêta ensuite un uniforme de *papou* pour qu'il puisse fuir avec. Elle éteignit également des bombes incendiaires, donna à manger en cachette aux prisonniers du camp de travail voisin, laissa écouter la radio à certains d'entre eux qui par la suite, grâce à cela, purent mieux s'organiser pour résister...

Les enfants allemands ne pleurent pas

Durant le conflit, maman fut arrêtée à diverses occasions, que cela ait été à cause de dénonciations des voisins ou bien parce que les soldats nazis la surprenaient dans l'une de ses actions de soutien. Par chance, ils ne furent jamais au courant de ses « trahisons » les plus graves, sinon de quelques « infractions », et quoiqu'elle n'ait pu échapper aux mauvais traitements et aux tortures, elle finissait toujours par ressortir libre, car elle était l'épouse d'un Allemand.

Néanmoins, quand j'avais 5 ans, ils l'appréhendèrent une fois de plus, et cette fois-ci, malheureusement pour moi, les choses tournèrent différemment. Je restai seule et tombai gravement malade, à cause d'une fièvre typhoïde, si bien qu'on m'emmena à

Drangstedt, près de Bremerhaven, dans des installations contrôlées par les SS et faisant office d'hôpital pour enfants. Cela constitua mon premier enfermement, le plus pénible. Jamais de toute ma vie je n'ai connu un serrement de cœur comme celui que j'ai ressenti là-bas.

À Drangstedt se dressait un ensemble de bâtiments et de baraquements situés au milieu d'une dense forêt de pins, entouré par des clôtures en fil de fer barbelé, avec une piscine dans le fond de laquelle se trouvait un grand svastika. C'était un endroit glacial et très sombre, caché aussi, j'imagine, et on entendait jour et nuit des aboiements de chiens et des tirs. Quoiqu'il y ait une espèce de dortoir commun où dormaient garçons et filles, enfants issus comme moi de mariages mixtes entre Allemands et étrangers, j'étais seule dans une chambre, au n° 29. Mon lit avait des barreaux et les fenêtres en possédaient également. Je fus là-bas mon pire ennemi, parce que j'étais si désorientée, j'éprouvais tant de nostalgie et de chagrin en pensant à ma maison ainsi qu'à ma mère que je n'arrêtais pas de pleurer ; chaque fois que cela se produisait, les infirmières me frappaient et hurlaient :

— Les enfants allemands ne pleurent pas !

Arrivaient alors les injections, terribles, avec une aiguille extrêmement grosse, l'alimentation forcée, l'huile de ricin, les coups et les raclées... Le pire de tout, cependant, c'étaient les bains d'eau glacée. Ils me plaçaient dans une baignoire et mettaient mes mains sous le robinet, en laissant le liquide extrêmement froid couler ; dans ces moments-là, je croyais que j'allais mourir parce que je commençais peu à peu à ne plus sentir mon corps, à ne plus rien sentir. Encore aujourd'hui, penser à ces bains provoque chez moi des cauchemars.

Cette vie de larmes, de chagrin et de souffrance fut ma routine jusqu'à ce qu'un jour on nous sorte tous de là. On me mit avec d'autres enfants à l'arrière d'un camion et je me souviens seulement d'une couverture grise qui grattait beaucoup, bien qu'elle n'ait pas été suffisante contre le froid ; aussi nous serrions-nous les uns contre les autres pour essayer de nous réchauffer mutuellement.

L'enfer sur terre

J'étais tellement malade que je ne sais pas précisément dans quelles circonstances, mais, lors de ce transfert, ils finirent par me placer dans le camp de Bergen-Belsen. Là-bas, tout empestait, tout le monde semblait mort, personne ne souriait, personne ne parlait et pleurer était tout ce qui nous restait. Pleurer jusqu'à ce que même cela n'allège plus la peur, l'angoisse et la peine. Pleurer jusqu'à ce qu'il ne reste plus de larmes, jusqu'à ce que même le corps se rende face au non-sens de ce que nous étions en train de subir.

Dans les baraquements où je me trouvais, les mêmes que ceux dans lesquels décéda Anne Frank, comme je l'ai découvert ensuite, étaient enfermés des enfants, des tout-petits jusqu'aux adolescents, et nous souffrions tous du froid si bien que, comme dans ce camion qui m'avait amenée là, nous ne pouvions que nous blottir les uns contre les autres, certains étant déjà à moitié morts. Nous mâchions du pain noir et, de temps à autre, on nous donnait de la soupe de pois et quelques végétaux ; les jours de chance, on avait droit à une pomme de terre. C'était tout ce que nous ingérions.

À l'époque je l'ignorais, pourtant ma mère était là, dans ce même camp, mais dans un autre secteur. Il fut toujours très difficile de la faire parler à propos de ce qu'elle avait vécu pendant la guerre, quoique j'aie découvert, dans certains de ses écrits que j'ai trouvés au fil des années et dans des conversations avec elle, que Josef Kramer, le commandant du camp, qui serait ensuite connu comme « la bête de Belsen » et qui était aussi passé par Auschwitz, avait conçu un système raffiné de torture psychologique, tandis que la maltraitance physique était surtout l'affaire d'une femme qui traitait constamment maman de « truie américaine ».

« Les infirmières s'en donnaient à cœur joie tout spécialement quand elles me maltraitaient et me brutalisaient », écrivit-elle sur l'une des pages des écrits et mémoires que j'ai conservés, avec des poèmes à elle et d'autres récits. « L'une d'entre elles, Schwester Elfrieda, haïssait tous les Américains, et moi plus particulièrement *[…]*. Tous les jours, à 4 heures du matin, elle m'arrachait les draps et vidait une cuvette d'eau froide sur mon corps fiévreux. Alors, me faisant lever en me tirant par les cheveux, elle me giflait et pinçait mes seins jusqu'à ce que je tombe tout engourdie dans ses bras. »

Ce fut *Joe* qui retrouva maman, moribonde, dans le camp. Il était revenu seul chez nous depuis l'école de Meissen juste après avoir assisté au bombardement de Dresde le 14 février 1945, un épisode de la guerre que, grâce à sa mémoire prodigieuse, mon frère se remémore comme « la vision la plus extraordinaire, le crépuscule des dieux : 180 degrés de ciel en feu, des flammèches qui montaient à des kilomètres dans le ciel en projetant des corps, l'air aspiré d'une terre où les gens mouraient consumés par la température infernale ». Après cela, *JoJo* pensa qu'on fêterait son retour, avec toute la famille qu'il n'avait pas vue réunie depuis des mois, et il pouvait de moins en moins contenir son bonheur au fur et à mesure qu'il reconnaissait les lieux : d'abord le quartier de Schwachhausen, puis notre rue, où il avait joué toute sa vie, et finalement cet immeuble au n° 31, notre maison, avec son bouleau, le jardin avec une balançoire et un bac à sable. *Joe* imagina que maman sortirait en courant pour l'accueillir, et que derrière elle suivraient Philip, Valerie, et moi… Il inspira une grande bouffée d'air et, arrivé sous le porche, face à la porte principale depuis laquelle on pouvait voir une couverture mexicaine accrochée au mur, il sonna. Pas de réponse.

Il attendit et appuya de nouveau sur la sonnette. Toujours le silence. Encore une fois. Il dut appeler dix fois ou plus jusqu'à ce que, avec horreur, il se rende compte que personne n'était là. Tandis qu'il réfléchissait à ce qu'il devait faire, de la maison située à leur gauche sortit Mme Tantzen, qui le reçut par un enthousiaste « JoJo ! » et qui, dans un premier temps, ne répondit pas aux questions de mon frère, soucieux de savoir où nous étions tous. *Joe* dormit chez ces voisins-là, qui s'étaient occupés de Valerie, et au petit déjeuner, alors qu'il insistait pour savoir où se trouvait maman, ils lui apprirent qu'elle avait été internée à Bergen-Belsen. Mon frère était un garçon âgé de seulement 10 ans, mais, comme il le dit lui-même, à cet âge-là, il avait « déjà appris à faire face aux choses et il savait qu'il avait mieux à faire que pleurer ».

Le lendemain, avec 14 marks en poche, il prit un train et au bout de quarante-cinq minutes de voyage il arriva dans une zone boisée où il lui parut discerner des voies ferrées qu'il commença à longer, pensant qu'elles le mèneraient au camp de concentration. Il vit à ce moment-là deux femmes allemandes, vêtues d'habits de travail noirs, sortant par un chemin qui n'était pas la porte d'accès principale, et il leur demanda comment il pouvait pénétrer dans l'enceinte en évitant lui aussi cette entrée surveillée.

— Tu ne peux pas, répondirent-elles de façon catégorique.

— Je dois le faire. Ma mère est là, répliqua-t-il.

L'expression de leur visage changea. L'une d'elles lui caressa la tête en disant : « Pauvre gamin. » L'autre interrogea :

— Ta mère est juive ?

Quand *Joe* rétorqua que non et expliqua qu'Alice était américaine, l'une des femmes se tourna vers l'autre et dit :

— C'est déjà ça.

Elles lui racontèrent qu'elles travaillaient dans le camp mais qu'elles utilisaient un raccourci afin de s'épargner près de deux kilomètres de chemin ; de même, elles lui indiquèrent où était le bout de fil barbelé endommagé qu'il pouvait soulever pour se faufiler en dessous, puis où était cachée une planche permettant de traverser une grande flaque d'eau et à quel endroit du camp était localisé le dispensaire, dans lequel elles supposèrent que sa mère se trouvait. Elles lui donnèrent également deux consignes :

— Pour l'amour de Dieu, ne dis à personne comment tu es entré et je t'en prie, en chemin, ne tourne pas la tête à gauche.

Joe se mit en marche mais ne put s'empêcher, dès le départ, de ne pas respecter l'une des directives : il regarda à gauche. Ce qu'il vit, et il peut encore se le remémorer aujourd'hui, fut d'« étranges montagnes, comme des collines de trois mètres environ ». Il se rendit compte très vite aussi qu'il ne s'agissait pas de monticules de terre mais plutôt de formations des

plus sinistres, pyramides massives sur lesquelles s'em-
pilaient squelettes, bras, jambes, crânes…

Il les laissa derrière lui et, quand il parvint aux trois
escaliers qui donnaient sur l'entrée du dispensaire,
une infirmière lui demanda qui il était et ce qu'il faisait là, ce à quoi il répondit qu'il cherchait sa mère,
Alice June Lorenz, une citoyenne des États-Unis.

— L'Américaine, dit alors la femme, qui le mena
jusqu'à maman en traversant des pièces pleines de
gens étendus sur le sol.

Alice était allongée sur une espèce de grabat, ils lui
avaient rasé les cheveux et elle était presque dans le
coma. *Joe* s'inclina sur ce corps fragile et quand elle
le remarqua près d'elle, elle ouvrit les yeux et réussit
à dire :

— *JoJo*, tu es là ! D où arrives-tu ?

Il lui expliqua qu'il était revenu de Meissen et la
questionna à propos de ses cheveux rasés.

— Il y a ici un homme qui fait tout pour me faire du
mal, mais ne t'inquiète pas, cela repoussera.

Mon frère demanda alors des nouvelles de Philip,
de Valerie, de moi… Maman répliqua simplement :

— J'espère que nous nous verrons tous bientôt.

L'infirmière pressa mon frère afin qu'il s'en aille
parce que maman était trop faible et, surtout, parce
que cette femme devait encore avoir un peu de cœur
et savait qu'il était très risqué pour ce morveux de
s'éterniser là. Personne n'entrait dans le camp si ce
n'est contre sa volonté et pour y rester. Le danger prit

la forme d'un colonel en uniforme, avec de hautes bottes en cuir et un manteau blanc qui, comme l'avait bien présumé l'infirmière, commença à demander qui était cet enfant, ce qu'il faisait là... S'adressant directement à *Joe*, il l'interrogea à propos de nos parents, sur son appartenance ou non aux jeunesses hitlériennes et sur d'autres détails de sa vie, et du haut de ses 10 ans mon frère a su donner toutes les réponses adéquates, en relatant par exemple que *papou* avait rompu par trois fois le blocus britannique pour arriver au Groenland.

Si quelque chose sauva *Joe*, cependant, ce fut son intelligence pour répondre au militaire quand celui-ci lui demanda ce qu'il avait observé dans le camp qui avait pu l'impressionner. En entendant la question, l'infirmière s'était mise à pleurer, et mon frère devina ainsi que s'il parlait de la montagne de corps, il ne sortirait pas de là, si bien que l'idée lui vint d'inventer qu'il avait vu du sang dans une flaque d'eau. Pour justifier la présence de ce sang, l'officier lui parla alors d'un chien qui s'était fait écraser ; il crut ou il fit semblant de croire en la candeur de mon frère et le laissa partir, lui signant un document avec lequel les gardes de la porte lui permirent de sortir et de s'en aller en toute liberté.

Trois ou quatre jours plus tard, *Joe* reçut un appel d'un docteur du camp lui disant de revenir pour prendre maman. Son état de faiblesse s'était encore aggravé et ils allèrent même jusqu'à la donner pour morte et la sortir du baraquement pour la laisser avec d'autres cadavres, mais une fois que le corps fut là, dehors, quelqu'un se rendit compte qu'elle était toujours vivante. Ce que maman raconta ensuite à *Joe* de ce moment, c'est qu'elle eut une expérience mystique durant laquelle elle se vit sortir de son corps et marcher vers une lumière, qui l'attirait mais qu'elle se refusa à suivre parce qu'elle savait qu'il lui fallait revenir pour veiller sur ses quatre enfants. Maman ayant cette force de volonté pour rester en vie qui battait en elle, et pour des raisons que nous n'avons jamais pu expliquer complètement, les responsables de Bergen-Belsen la laissèrent sortir et *Joe* se rendit au camp de concentration avec M. Tantzen, le photographe et dentiste des nazis, qui, pendant toute la guerre, avait dissimulé sa voiture dans notre garage. Ils récupérèrent maman et cette partie du cauchemar se termina.

Peu à peu, de retour dans notre maison à Brême et grâce aux soins de *Joe*, Alice se rétablit. Un jour apparut chez nous le major Davis, un militaire américain de couleur. Des informations sur l'aide que maman avait prêtée durant la guerre aux Alliés avaient dû lui parvenir, parce qu'il savait qui elle était et où elle vivait, et il alla la chercher pour lui proposer de devenir sa collaboratrice personnelle à Bremerhaven. Quand les Alliés se répartirent les différentes zones en lesquelles l'Allemagne fut divisée après la victoire, les Britanniques gardèrent le contrôle de la mer du

Nord mais laissèrent aux Américains la ville de Bremerhaven comme enclave portuaire, et Davis avait besoin de quelqu'un qui parlerait anglais et allemand, à qui il pourrait faire confiance. Maman était enchantée d'accepter, mais elle refusa d'abandonner Brême tant qu'ils ne me localiseraient pas. Finalement, avec l'aide des militaires, elle y parvint.

On me retrouva au printemps, après que les Allemands eurent laissé derrière eux un camp rongé par la mort et les infections et que les Britanniques l'eurent libéré, le 15 avril. Quand ils entrèrent, j'étais dissimulée sous un grabat de bois, la cachette où je me réfugiais habituellement par peur d'être battue ; mais mes pieds dépassaient et un conducteur d'ambulance les vit et les attrapa. Quand il me sortit de là, je tombai à genoux : j'étais pleine de poux, de vers, de bleus, je pesais 20 kilos, je ne tenais pas sur mes jambes… J'étais presque morte. Presque. Je fus l'une des 200 enfants qui survécurent.

Après m'avoir sauvée, ils m'emmenèrent à un ancien hôpital des SS situé dans ce même camp, bâtiment où, comme dans la piscine de Drangstedt, on pouvait encore voir un grand svastika formé avec des carreaux sur le sol. J'étais tellement épuisée que je ne pouvais même plus pleurer. Je reçus des soins et ils me mirent les vêtements d'une enfant qui était morte près de moi pour que ma mère me voie à peu près décente quand elle viendrait me chercher.

La fin d'un cauchemar, le début d'un autre

Et elle ne tarda pas à le faire. Maman arriva à l'hôpital accompagnée du major Davis. Assises côte à côte sur le siège arrière de cette Jeep qu'il conduisait, nous rentrâmes chez nous et nous fûmes enfin de nouveau tous réunis : maman, *Joe*, *Kiki*, Valerie et moi. Nous déménageâmes rapidement à Bremerhaven.

Il ne manquait que *papou*. Lui, qui durant le conflit fut prisonnier de guerre au Royaume-Uni, avait déjà été libéré et était revenu en Allemagne, mais les Américains refusaient de le laisser vivre avec nous dans la maison qu'ils avaient procurée à maman. J'imagine qu'ils avaient des doutes sur toute personne qui avait été officier de la marine allemande, bien qu'il y ait eu aussi des indices comme quoi mon père avait aidé des persécutés, ou du moins, c'était fort probable. En effet, lorsque son bateau fut torpillé en 1943 par des bombes britanniques et qu'on commença à répertorier les survivants pour les mettre dans les camps de prisonniers, on découvrit qu'il y avait des gens sans papiers, y compris une famille avec des enfants, ce qui donnait à penser que quelqu'un à bord du navire allemand aidait des gens à fuir l'Allemagne. Que cela ait été *papou* ou non qui sauva ces personnes, ils ne l'autorisèrent pas à vivre dans la maison dans laquelle nous avions emménagé, bien que celui-ci, de temps à autre, soit venu nous voir en cachette. Valerie se souvient de l'un de ces jours où elle le vit chez nous.

— *Papou* ! cria-t-elle.

— Chut, répondit-il. Personne ne doit savoir que je suis ici.

Bien que je n'aie pas eu une enfance heureuse, je dois dire que ces moments-là, après les retrouvailles de la famille, m'ont laissé quelques souvenirs agréables. J'étais si petite et si traumatisée que je ne me souvenais pas de mes frères, malgré le fait que *Joe* et *Kiki* aient veillé sur moi, m'aient protégée et aient essayé de me donner cette enfance qui m'avait été volée jusqu'alors – ils m'emmenaient faire du patin à glace, m'apprirent à faire du vélo, jouaient avec moi… La situation fut terriblement différente avec ma sœur Valerie, qui ne m'a jamais aimée même si j'ai vraiment fait tout mon possible pour qu'il en soit autrement. Encore aujourd'hui, elle insiste sur le fait que notre relation fut, à cette époque-là, on ne peut plus normale, mais je crois que pour elle c'était comme si j'avais surgi du néant. Valerie était menue, toute propre, et là-dessus je suis arrivée, moi, blessée, différente, négligée. Jamais elle ne me laissa jouer avec elle ni avec ses amis et, je déteste le dire, mais en réalité elle fut une vraie saleté.

Malgré les efforts de mes frères, je me sentais, de toute façon, isolée ; je ne savais pas comment jouer ni comment rire, et j'ai fini par rejoindre un groupe d'enfants de la rue. De toute évidence nous n'avions pas surmonté la guerre, nous étions toujours en mode « survie », ou du moins je ne pouvais pas me sortir de l'esprit tout ce qui s'était passé : les bombardements, l'angoisse, Drangstedt, Bergen-Belsen... Avec mes copains, j'occupais mes journées à commettre divers méfaits : nous volions de la nourriture, des friandises et des cigarettes dans les camions américains ou nous partions à la recherche de morceaux de charbon, de pommes et de tout objet que nous pourrions vendre, mettre en gage ou échanger. Mes frères avaient commencé à fréquenter l'American Dependent School, et il était clair pour moi que je serais la brebis galeuse de la famille. Ma mère essayait de m'inculquer le style de vie américain et moi... moi, j'essayais juste d'être une enfant.

Un jour, on m'invita à jouer chez une autre petite fille qui vivait dans l'Oldenburger Straße, la même rue que nous. Patty Coyne, alors âgée de 4 ans, était la fille de John J. Coyne, un sergent des États-Unis. Maman me mit un ruban blanc dans les cheveux, une robe rose et des chaussures réparées au lieu des bottes que j'avais toujours aimé porter. Et je suis allée là-bas. C'était le 26 décembre 1946, le lendemain de Noël.

Le sergent nous emmena au sous-sol pour jouer à cache-cache, il éteignit les lumières et Patty et moi nous cachâmes. Il me trouva d'abord moi, puis sa fille. Il éteignit de nouveau la lumière et nous jouâmes à un autre jeu ; il faisait alors comme s'il était un grand loup en grognant dans l'obscurité. Moi, j'étais bien dissimulée, mais il me découvrit et m'attrapa. Patty demeurait cachée. Le sergent me dit alors de m'étendre sur un tapis ; je refusai et il me poussa jusqu'à ce que je tombe sur le dos. Soudain, il se jeta sur moi. Il était très lourd et me faisait mal. J'essayais de me remettre debout, cependant il pesait tant que c'était impossible, d'autant plus qu'il me maintenait allongée de force. Je tentai inutilement de m'en débarrasser, de l'éloigner, c'est alors qu'il releva ma robe et posa ses mains sur mon corps. Je lui tirai les cheveux et le frappai au visage, je me mis à pleurer et lui criai de me laisser me relever et d'arrêter, mais il mit sa main sur ma bouche. Ensuite, il essaya de mettre l'un de ses doigts dans mon corps. Il se frottait fort, sans arrêt, entre mes jambes et à un moment, il se frotta encore plus fort et longtemps à l'endroit par où je faisais pipi. Je pleurai et je criai, et il couvrit encore une fois ma bouche avec l'une de ses mains et me serra le cou de l'autre. Il ne cessait de hurler et de crier telle une bête furieuse pour me faire peur, en bougeant de haut en bas, en me faisant mal.

J'étais terrorisée, désemparée, et je crois même que je m'évanouis. Je sentis une douleur insupportable et je remontai en rampant par l'escalier. Je saignais et je me rendis compte qu'un fluide visqueux coulait entre mes jambes. Je ne sais pas comment je retrouvai mon chemin jusqu'à la porte d'entrée, je sortis et j'arrivai, en me traînant, jusque chez moi.

Là, l'une des assistantes qui travaillaient pour maman, m'apercevant, fut surprise de me voir si sale et fit remarquer à une autre des employées du foyer qu'il lui paraissait impossible qu'une petite fille ait sali ses habits et sa culotte de cette manière, seulement en jouant. Maman vit aussi mes sous-vêtements tachés de sang qui étaient jetés par terre dans la salle de bains, mais elle pensa que je m'étais sans doute fait une coupure aux jambes et elle les donna simplement à laver.

Cinq jours plus tard, le 31 décembre, j'osai raconter à maman ce qui s'était passé. À la grande horreur de cette dernière, Valerie, qui avait 10 ans à l'époque, relata que le sergent Coyne s'en était également pris à elle un jour avant moi, à une fête de Noël avec d'autres d'enfants. Il l'avait attrapée alors qu'ils jouaient à cache-cache au sous-sol et avait mis la main sous sa robe, en frottant ses parties intimes. Au cours d'un autre jeu, il parvint aussi à la jeter sur le tapis, mais elle avait réussi à lui mordre un doigt et à lui donner un coup au tibia, ce qui lui permit de se libérer. Elle monta alors au salon, où Mme Coyne se trouvait en compagnie de deux femmes et d'un soldat, prit un chocolat qu'ils lui avaient offert, récupéra son chapeau et son manteau et rentra à la maison. Maman la gronda tant d'être revenue si sale que ma sœur eut peur de tout lui raconter.

Quand, ce fameux 31 décembre, maman sut ce qui s'était produit, elle me mena immédiatement à un dispensaire pour un examen vaginal. Le Dr. McGregor diagnostiqua que j'avais l'hymen perforé et diverses lésions si bien que, comme il ne possédait pas l'équipement nécessaire pour déterminer si on m'avait violée ou non, il suggéra que nous nous rendions à l'Hôpital 121 pour des examens plus complets. L'expérience que je fis là-bas, quatre jours plus tard, fut horrible : les médecins, la douleur... Les docteurs parlaient en anglais et en allemand, et ma mère devint totalement hystérique quand on confirma le viol. Elle menaça de tuer le sergent, elle pleurait et hurlait, en lançant à la cantonade une question à laquelle il était impossible de répondre même si l'on pouvait déjà avancer un visage et un nom : « Qui peut faire une chose pareille ? »

Je sais qu'elle ne cherchait pas à me faire du mal, qu'elle agissait sous le coup du chagrin, mais elle me criait aussi après, en me demandant pourquoi je ne m'étais pas échappée. J'aurais aimé lui expliquer que je n'avais rien pu faire, tout simplement. Il était tellement grand... Et moi, j'étais une enfant de 7 ans et demi.

Afin que je me rétablisse, ils m'envoyèrent à Norderney, une île située dans la mer du Nord, où je devais passer deux jours d'isolement avec une infirmière. Quand je revins à la maison, je racontai à ma mère que cette femme m'avait soumise à des attouchements inappropriés. Peut-être maman pensa-t-elle que cela avait été seulement le fruit de mon imagination traumatisée ; peut-être ne voulut-elle pas entreprendre un combat supplémentaire contre un autre ennemi alors qu'il nous restait de surcroît à livrer bataille contre Coyne devant un tribunal militaire. Toujours est-il qu'elle laissa partir l'infirmière.

Je verrai une fois de plus mon violeur durant la procédure judiciaire. Je mourais de peur et ne pouvais supporter de regarder son visage, donc je commençai à crier dès que je le vis. Mon esprit fonctionnait comme ce qu'il était, celui d'une petite fille ; j'étais terrorisée à l'idée qu'ils allaient laisser cet homme en liberté ou que celui-ci allait sauter sur la table et encore m'attraper, je voulais juste qu'ils l'attachent. Le sergent plaida coupable, fut condamné et renvoyé aux États-Unis, dans une prison au nord de l'État de New York. D'après ce qu'on apprit pendant le jugement, il n'avait pas fait que voler mon innocence et attaquer Valerie : il avait aussi violé Christa, une autre enfant de 10 ans, fille de l'une de ses employées de maison, et sa propre fille Patty.

Ce fut, sans aucun doute, une expérience horrible, mais je ne crois pas que cela ait marqué ma vie au-delà de quelques cauchemars. Mes frères disent qu'à ce moment-là la gamine heureuse, insouciante et espiègle que j'étais devint une enfant triste et introvertie, un changement que l'on peut observer sur les photos que *Kiki* prit de moi à cette époque. Après cela, je cessai de parler durant presque un an, je me méfiais des uniformes, j'avais perdu mon innocence et apparurent la peur, la frayeur de me trouver dans le noir complet. Je ne souriais pas, je n'allais pas avec les autres enfants, je ne croyais plus en rien ni en personne, je n'avais pas confiance. Je voulais seulement me recroqueviller et me faire toute petite.

Après avoir vécu le camp de concentration et ce viol, je n'eus pas davantage la patience d'aller au collège. Je me sentais incapable de rester assise à une table, de respecter des ordres de gens qui parlaient en anglais et que je ne pouvais quasiment pas comprendre. Je ne voulais pas être là, je ne comprenais pas les deux mondes dans lesquels on m'obligeait à vivre, étant allemande et américaine, sans savoir bien dans mon petit cerveau troublé à quel camp j'appartenais. C'était comme pendant la guerre au cours de laquelle, chez nous, avec maman, nous étions américains et, dehors, nous nous conformions à ce que nous étions supposés être : des Allemands. Tout me déroutait et je ne suivais que ma propre discipline. Il ne s'écoula pas beaucoup de temps avant qu'on me renvoie de l'école.

En mer avec *papou*

Peu m'importait de ne pas aller en classe. Ce que je voulais vraiment, c'était prendre la mer en compagnie de *papou*, être avec lui. J'étais insaisissable comme le vent et je voulais être marin, ne pas rester ancrée dans un même endroit. *Papou* avait libéré mon imagination en me racontant des histoires de contrées éloignées, de belles îles où les oranges poussaient dans les arbres, de lieux où régnaient la paix et la beauté. Ses récits me donnaient à penser que le monde entier n'était pas glacé et hostile comme j'en avais fait l'amère expérience jusqu'alors. Cela me remplit la tête de songes et je rêvais enfin.

Le premier bateau sur lequel j'embarquai fut le *Wangerooge*. Mon père le commandait. Chaque millimètre de ce navire me ravissait, j'adorais ses bruits et ceux de la mer, l'odeur du pétrole et de l'eau, les hivers agités et les orages. Surtout, j'aimais être auprès de *papou*, un homme qui était doux avec moi, gentil, en un mot « merveilleux », et qui représentait la protection que je recherchais ardemment après tout ce qui s'était passé. Il peut sembler exagéré de dire que c'était un dieu, mais pour moi, petite fille, c'était le cas. À bord, il me laissait faire ce que je voulais et j'étais heureuse d'être un membre d'équipage de plus, pelant des pommes de terre, mangeant avec les marins… Ce fut d'ailleurs mon école préférée, une dont, pour une fois, je comprenais la discipline et dans laquelle cela ne me dérangeait pas d'être, une salle de classe sur les vagues et à ciel ouvert, avec le meilleur des maîtres, un collège flottant où j'étudiais les vents, les courants et les poissons. Et aussi la vie, car *papou* m'a enseigné que lorsque tu es à la barre, le bateau est à toi. Tu fixes le cap, fais face aux circonstances et navigues en direction de ce que tu as pu choisir ; personne d'autre que toi ne dirige le navire.

J'appris la leçon, quoique peut-être pas comme *papou* l'aurait voulu. Quand celui-ci ne pouvait pas, pour une raison quelconque, me laisser monter sur ses bateaux, je me faufilais comme passagère clandestine et, au moment où je sentais qu'il s'était passé suffisamment de temps depuis le départ et que nous nous étions assez éloignés de la côte, je sortais de ma cachette, gelée, grelottante, affamée et disposée à affronter la surprise ainsi que la dispute initiale, mais tout en me sachant également prête pour naviguer, consciente que le capitaine ne ferait plus demi-tour pour me ramener à terre.

Nigger lover

À cette époque, j'étais sous la garde de maman ; *papou et elle* avaient divorcé en 1946 d'un commun accord. Bien que le mariage de ces derniers n'ait pas été parfait, cette séparation légale s'imposa pour s'assurer qu'on laisse maman emmener ses enfants aux États-Unis. Néanmoins, je dois reconnaître que durant les premières années de la guerre, quand il venait encore à la maison durant ses brefs congés, *papou* finissait souvent par fréquenter des femmes allemandes. Il ne le faisait toutefois pas pour avoir des aventures extra-conjugales mais parce qu'il trouvait chez ces femmes davantage de compréhension ou d'empathie face à la situation du pays que chez sa propre épouse. Des années plus tard, mes parents se remarièrent ; en revanche, en 1946, leur divorce fut indispensable pour des motifs juridiques. Finalement, en 1950, ma mère eut le droit de nous faire sortir d'Allemagne.

Nous voyageâmes à bord du *Henry Gibbins*, un navire qui transportait du personnel militaire aux États-Unis depuis Bremerhaven. Nous arrivâmes à New York par les quais de Brooklyn le 1er mai 1950. Maman pensa que quelqu'un de sa famille viendrait l'accueillir à l'accostage, cependant personne ne le fit. Comme tant d'autres fois dans sa vie, elle se vit forcée de s'en sortir en ne comptant que sur elle-même.

Au début, par exemple, nous fûmes reçus par un oncle à elle vivant à Cooper Village, un complexe d'habitations construit à l'est de Manhattan et créé dans le cadre des plans d'urbanisme postérieurs à la Seconde Guerre mondiale qui visaient à fournir un logement aux vétérans du conflit, mais nous sentions que notre présence dans cette maison dérangeait ; dès lors, il fut clair que les proches de ma mère nous donneraient le moins d'aide possible. Nous nous rendîmes alors à Bradenton, près de Sarasota, en Floride, chez tante Lucy, une cousine de maman mariée à un major de l'armée qui travaillerait par la suite pour le Pentagone. Ce fut là que je commençai à haïr la Floride, un État qui a occupé une place prépondérante dans ma vie et où j'échouai tout au long des décennies suivantes.

Mes frères allaient au lycée et maman m'inscrivit dans une école primaire. Mais cela ne me réussit pas : je me sentais très seule, je n'avais pas d'amis, je parlais avec un accent allemand, les autres enfants me haïssaient, de même que je les haïssais, car à mes yeux ils étaient grossiers et rustres. Les pastèques étaient la seule chose qui me plaisait en Floride. Je passais généralement ma journée à beaucoup pleurer, en disant que je voulais retourner en Allemagne avec *papou*. La rêveuse et le marin qu'il avait éveillés en moi réapparaissaient constamment et ne faisaient qu'un avec mon esprit rebelle. À cette époque, alors que je n'étais encore qu'une adolescente, j'essayai déjà de m'échapper et je projetai même de voler un bateau, que je comptais charger d'eau, de pain, de mangues et d'oranges.

Petite fille indomptable, je dus être un véritable cauchemar pour ma mère, qui m'envoya finalement à New York quand *papou*, alors capitaine d'un autre bateau, le *Gripsholm*, vint aux États-Unis. Je voyageai seule depuis la Floride et j'attendis le capitaine Lorenz sur le quai 97 de la Norddeutscher Lloyd. Je fus heureuse quand je vis *papou*, et il fut également heureux de me voir. Je crois que lui aussi se sentait seul.

En 1951, maman fut mutée à Washington DC pour travailler pour le Commandement de recherche criminelle de l'armée de terre, la CID[3], si bien que nous déménageâmes dans la capitale fédérale. Après être passés devant deux ou trois maisons dans Monroe Street, nous finîmes au n° 1418 de cette rue, non loin de la zone des ambassades et des délégations diplomatiques connue sous le nom d'Embassy Row, que je

---

3. *NDT* : Criminal Investigation Division.

parcourais sur mon vélo Schwinn ou avec les patins à roulettes que maman m'avait achetés.

J'étais une petite fille aux longues nattes quand j'entrai à l'école élémentaire Bancroft, où j'étais brillante, surtout en histoire, et où je sentis que j'en savais plus que les autres enfants, peut-être en raison de toutes les expériences que j'avais déjà connues à ce moment-là. Puis vint le passage au collège, collège au sein duquel j'ai vécu personnellement l'un des chapitres les plus sombres de l'Histoire des États-Unis : l'explosion de tensions raciales qui accompagna la lutte pour les droits civiques, explosion au cours de laquelle apparut au grand jour le racisme acharné d'une société où beaucoup se refusaient encore à reconnaître le principe d'égalité et à en finir avec des siècles d'oppression.

Je m'entendais très bien avec les enfants noirs et je ne comprenais pas cette haine envers eux ; ceux qui me semblaient horribles, c'étaient les Blancs. Un jour, je croisai sur le chemin du collège des piquets de grève, que je dépassai, tandis que les Blancs me criaient : « *Nigger lover, nigger lover* », quelque chose comme « fille à nègres ». Ce jour-là, Angela, fille d'un diplomate d'Inde, et moi entrâmes seules dans la salle de classe, où ne se trouvait que notre professeure Marie Irving, qui était noire. À cet instant, quelques adolescents firent leur entrée dans la classe et ils commencèrent à renverser les tables, à nous attaquer toutes les trois et à nous frapper. Durant cette agression, ils me cassèrent une dent, et tout ce que je pus prendre pour me défendre et pour nous défendre fut une hampe qui portait le drapeau des États-Unis. Je commençai à agiter ce poteau sans relâche et à taper sur les jeunes qui nous assaillaient si bien que, face à mes assauts défensifs, ils se virent forcés de sortir de cette salle, sans cesser cependant de proférer des insultes et des cris.

Maman était toujours très affectueuse avec moi, très compréhensive, très douce ; elle me couvrait de baisers et m'asseyait sur ses genoux, elle m'appelait sa « petite survivante » et répétait : « Je t'ai toujours dit que je ne t'abandonnerais pas. » Ce même jour, en revanche, elle était furieuse, insistait sur le fait qu'il me fallait cesser de me battre avec tout le monde, et elle déclara que je ne retournerais pas à l'école. Par conséquent, je n'ai jamais atteint le niveau du lycée bien que par la suite, comme s'en souvient ma sœur Valerie, j'aie falsifié son diplôme, en effaçant son prénom et en inscrivant le mien à la place, me « diplômant » ainsi moi-même.

À ce moment-là, maman décida de m'emmener désormais à son travail, dans un immeuble appartenant à la marine dans la 14e rue ; j'y passai plusieurs mois, un temps durant lequel je remettais des lettres, je faisais de petites commissions, je mangeais avec elle… Cela devint une routine qui me plaisait et qui me donna aussi l'occasion de connaître beaucoup de militaires, de me familiariser avec leur façon de penser.

J'étais une adolescente satisfaite de son sort. Mais ils envoyèrent alors maman à Addis-Abeba, en Éthiopie, dans l'un des nombreux voyages qu'elle effectuait pour le Pentagone afin de remplir des tâches et des missions au sujet desquelles elle ne dévoilait jamais rien, ni à cette époque ni après, et avec ce départ j'avançai de nouveau en terrain mouvant. Mon frère *Joe* allait à l'école diplomatique et j'aurais dû rester vivre avec lui, mais j'écrivis à *papou* pour qu'il me laisse partir en Allemagne, et il y consentit. Quand il arriva à New York à bord du *Lichtenstein*, où je le rejoignis et embarquai avec lui en direction de Bremerhaven.

Retour en Allemagne, retour à la mer

En Allemagne, je passai un moment dans la maison de *papou*, située dans la rue Leher-Tor à Bremerhaven, tout en effectuant des tâches ménagères et en étant inscrite à l'école Berlitz pour apprendre un peu d'espagnol. Toutefois, ce que je voulais vraiment, c'était aller en mer avec *papou*, si bien que je repris mes vieilles habitudes en me faufilant dans l'une des traversées du *Lichtenstein*. Lorsque nous revînmes à terre, il m'envoya vivre avec l'oncle Fritz, mais j'étais profondément malheureuse avec lui, et le cœur de *papou* s'attendrit. Celui-ci accepta de m'emmener dans ses voyages. Ainsi débutèrent les traversées maritimes à bord du *Gripsholm* puis du *Berlin*, le premier des bateaux de passagers à parcourir la route régulière entre l'Europe et les États-Unis après la guerre, navire qui, en hiver, faisait aussi des croisières à travers les Caraïbes et les Indes occidentales.

À partir du moment où *papou* devint capitaine du *Berlín*, embarquer avec lui devint une sorte de religion, et pas seulement pour moi. Beaucoup de ses amis et connaissances, propriétaires de boutiques dans l'Upper East Side new-yorkais et émigrants allemands qui s'étaient installés sur la côte Est des États-Unis, participaient à ces croisières. En tant que capitaine, *papou* avait gagné la réputation d'être un vrai talisman ; parmi les marins se répandit la superstition selon laquelle, quand il n'était pas là, un malheur se produisait, un mythe qui ne fit que croître lorsque, par exemple, trois membres de l'équipage furent entraînés par une vague alors que *papou* était en congé. Non seulement ce dernier était considéré comme un bon chef par le personnel des bateaux, mais il était aussi aimé des passagers. Parmi les fidèles au capitaine Lorenz, il y avait des personnalités très importantes comme Louis-Ferdinand, prince de Prusse ; Willy Brandt, qui finirait chancelier d'Allemagne et prix Nobel de la paix ; Theodor Heuss, le premier président de la République fédérale d'Allemagne après la guerre, qui fut celui qui m'enseigna à jouer aux échecs ; ou les membres de la famille Leitz, fondateurs de l'entreprise d'appareils photo Leica et sauveurs de milliers de Juifs au cours du conflit mondial.

Durant ces croisières, nous nous rendions dans l'archipel de San Blas au Panamá, en

République dominicaine, à Haïti, en Colombie, à Saint-Thomas… Cuba, qui se trouvait plus au nord, constituait habituellement la dernière escale lors du voyage de retour vers New York, et là on chargeait du sucre qu'on exportait par la suite en Allemagne. Après plusieurs voyages, La Havane devint ma destination préférée : la musique y était merveilleuse ; les gens, agréables et charmants ; le riz mélangé à des haricots, délicieux. Je raffolais de ses fruits – notamment du *mamey*[4] –, du coco glacé et du Tropicana. *Papou*, il est vrai, ne me laissait jamais aller me promener seule.

Sur le bateau, je me levais toujours très tôt, en sentant l'arôme des petits pains qui étaient cuits chaque jour. Comme moi, certaines personnes avaient grandi sur les bateaux de *papou*, tels ces deux adolescents nés à Bremerhaven qui furent choisis en raison de leur physique avenant, pour ouvrir les portes de l'ascenseur du *Berlin*. Ces jeunes gens, une fois, firent monter un bébé tigre à bord du bateau, au grand scandale de l'équipage et des passagers. Ils s'appelaient Siegfried et Roy et, des années plus tard, ils deviendraient célèbres à Las Vegas grâce à leur spectacle de divertissement et de magie, incluant de grands félins.

J'adorais découvrir à l'avance l'île où nous arriverions ensuite. Je lisais tout ce que je dénichais pour m'informer sur cet endroit-là, pour connaître son histoire. *Papou*, en outre, m'enseignait pas mal de choses

---

4. *NDT* : fruit exotique, appelé aussi « abricot des Antilles » ou « abricot de Saint-Domingue ».

à ce sujet, il m'expliquait les particularités qui rendaient chaque île différente.

— La seule chose qu'elles ont en commun, ce sont les révolutions, avait-il coutume de me dire. Les présidences ne durent pas beaucoup dans cette partie du monde. C'est le style de vie typique : se tuer les uns les autres et prendre le contrôle du pays.

2

La petite allemande de Fidel

Au début de 1959 éclata l'une des révolutions dont *papou* m'avait parlé, et le monde entier tournait son regard vers elle. Cinq ans et demi après l'attaque manquée contre la caserne Moncada le 26 juillet 1953, après la prison, l'exil et la réorganisation menée à bien au Mexique, le retour à Cuba en 1956 sur le *Granma* et la résistance, l'organisation et le combat depuis la Sierra Maestra, la révolution menée par Fidel Castro triomphait. Nouveau porte-drapeau de la lutte pour l'indépendance cubaine, Castro prit la relève du héros national José Martí.

Fulgencio Batista, le dictateur qui avait déjà dirigé Cuba entre 1933 et 1944 et qui, après un exil en Floride, était revenu au pouvoir le 10 mars 1952 grâce à un coup d'État par lequel il instaura un régime de tyrannie, d'arrestations, de tortures et d'assassinats, prit précipitamment la fuite le 1er janvier 1959 au petit matin. Toutefois, il avait pris soin auparavant de faire sortir de l'île la majeure partie d'une fortune amassée pendant ses années à la tête du pays et estimée à 300 ou 400 millions de dollars.

Les États-Unis avaient eu des visées colonialistes et impérialistes sur Cuba depuis le début du XIXe siècle et avaient réussi à s'impliquer pleinement dans le devenir de l'île depuis qu'en 1898 ils s'étaient engagés contre l'Espagne dans un conflit qu'on définit à Washington comme une « splendide petite guerre ». Désormais, la grande puissance ne pouvait guère se dérober, pas plus devant le triomphe de la révolution que devant ce diplômé en droit transformé immédiatement en une icône, un emblème et un exemple pour toute la vague de luttes contre les dictatures, l'injustice sociale et la pauvreté qui parcourait l'Amérique latine. Quoique fin 1958, Allen Dulles, directeur de la CIA, ait informé le président Dwight Eisenhower qu'une victoire de Castro pouvait « ne pas être dans l'intérêt des États-Unis », des industries et entreprises américaines qui avaient transformé Cuba en une sorte de plantation, le monde était en train de s'incliner devant ce jeune homme « extraordinaire », comme disait de lui le *New York Times*, journal qui, à l'instar de tant d'autres, confessait être impressionné par une victoire remportée « contre toute attente » grâce à une lutte « courageuse, tenace et intelligente ». Le gouvernement des États-Unis ne pouvait se permettre d'être le seul à rester en retrait. Le 7 janvier, un jour avant que Castro ne fasse son entrée triomphale à La Havane, Washington avait reconnu le nouveau gouvernement de Cuba et nommé un ambassadeur, bien que cette démarche diplomatique et politique ne mette pas un terme à l'énervement du gouvernement d'Eisenhower, ni à celui des industriels américains et de la mafia, qui, elle, voyait sombrer son empire dans les Caraïbes.

Cette petite île située à peine à 145 kilomètres des côtes de Floride et sur laquelle étaient fixés les yeux du monde constituait la dernière escale d'une croisière du *Berlín* à travers les Indes occidentales, croisière qui avait démarré le 14 février depuis les États-Unis. Nous accostâmes dans le port de La Havane le vendredi 27 février en soirée. S'il y avait de l'excitation chez les passagers, ceux-ci ne se montraient pas du tout nerveux et le programme sur le bateau fut maintenu dans son intégralité : tour depuis l'embarcadère pour découvrir la vie nocturne de La Havane – laquelle avait gagné la réputation d'être la plus débridée de tout l'hémisphère Ouest –, musique à l'Alligator Bar du *Berlín*, messe le 28 à 8 heures du matin… Le samedi, les passagers qui le souhaitaient pouvaient faire des excursions afin de découvrir La Havane, le joyau des Caraïbes et le paradis tropical dont rêvaient les touristes américains. Cependant, comme d'habitude, certains demeurèrent sur le bateau, de même que l'équipage, car celui-ci devait préparer le voyage de retour vers le nord que nous entreprendrions cette même nuit.

Ce jour-là, à un moment donné, nous vîmes s'approcher du *Berlín* quelques vedettes remplies d'hommes armés de fusils, ce qui inquiéta certains passagers qui, apeurés, montraient et exprimaient à haute voix leur peur d'un abordage. *Papou* était en train de faire la sieste et je décidai d'être celle qui prendrait le commandement. Je descendis sur un pont inférieur pour être plus près de l'eau et de la passerelle et pouvoir ainsi parler avec les occupants de ces embarcations. Quand ils arrivèrent à côté de notre bateau, je remarquai qu'ils étaient nombreux, barbus, habillés de vêtements militaires et armés, mais mon attention se porta spécialement sur l'un d'eux, le plus grand de tous. Il était tout près et ce que je découvris me plut vraiment, son visage me séduisit.

Je saluai de la main et demandai :

— Que voulez-vous ?

L'homme de haute taille répondit :

— Je veux monter sur le bateau, pour regarder.

Je parlais un peu espagnol et lui un peu anglais, mais au départ nous communiquâmes surtout par signes.

Je suis Cuba

Il fut le premier à monter par la passerelle, et je notai qu'il avait un cigare à la main plus quelques autres encore dans la poche de sa chemise, mais en réalité, ce que je voulais voir, c'étaient ses yeux. Jamais je n'oublierai la première fois que j'observai de près ce regard pénétrant, ce beau visage, ce sourire picaresque et séducteur ; je peux dire qu'alors déjà je commençai à flirter avec lui. J'avais 19 ans. Et lui, comme je l'apprendrai plus tard, 32.

Il se présenta en anglais :

— Je suis le docteur Fidel Castro. Je suis Cuba. Je viens visiter votre grand bateau.

— Sois le bienvenu, tu es en Allemagne, répondis-je, tentant de faire du navire une zone neutre qui n'éveillerait pas la suspicion.

— La mer est Cuba et Cuba est à moi, répliqua-t-il.

Les passagers étaient manifestement inquiets et effrayés par les armes, si bien que je décidai, pour les calmer, de convaincre les *barbudos*[5] de s'en défaire.

— Déposez vos armes ! Vous n'en avez pas besoin ici, dis-je à Fidel.

Il ne fut pas nécessaire de discuter davantage, et Castro fit aligner sur le pont tous ses hommes, qui laissèrent leurs fusils sur le sol, appuyés contre un mur, une image immortalisée par le photographe du bord. Celui-ci prit à cette occasion le premier instantané d'une série qui finirait par fixer sur la pellicule les heures à venir. Quoique les *barbudos* aient abandonné leurs armes, Fidel portait toujours un pistolet, et je le priai instamment de s'en débarrasser également. Il refusa, en disant simplement : « Ne t'en fais pas. » Il

---

5. *NDT* : « barbus » en espagnol. Le terme a été emprunté pour désigner les hommes et autres partisans de Fidel Castro, lesquels portaient le plus souvent une barbe.

s'enquit du capitaine et moi, avec une hardiesse qui me surprend encore aujourd'hui, je lui répondis :

— Il est en train de dormir. C'est moi le capitaine actuellement.

Je me proposai alors pour lui montrer le bateau et nous nous dirigeâmes jusqu'à l'ascenseur, qui était plein. Une fois entré, Fidel toucha ma main et, à cet instant précis, une décharge électrique me parcourut tout entière. Il me regarda et me demanda mon nom.

— Ilona Marita Lorenz, lui dis-je avec une soudaine timidité.

— Marita la petite Allemande, répliqua-t-il.

Ce fut la première des nombreuses fois où il m'appellerait tendrement ainsi, la « petite Allemande ». Il prit ma main en la pressant et la relâcha avant que quelqu'un ne le voie faire.

Dès cette première rencontre, il m'apparut clairement que cet homme exerçait une grande fascination sur les gens, sur tout le monde d'ailleurs. Je n'étais pas une exception, et je décidai de ne pas le laisser partir, de ne pas me séparer de lui. Nous nous promenâmes tout près l'un de l'autre et je voulus lui montrer les entrailles du bateau, la salle des machines, où l'ingénieur demeura perplexe de me voir avec ce groupe de Cubains en habits militaires. Faisant chauffer les moteurs en vue du voyage de retour qui devait commencer dans quelques heures, les pistons se mouvaient dans leur chorégraphie mécaniquement rythmée et Fidel fit remarquer qu'ils lui rappelaient des danseurs de mambo. Ce furent là les rares paroles de Fidel que je pus entendre parce que le bruit était assourdissant, mais il n'avait pas besoin de parler et je ne ressentais pas non plus la nécessité de dire quoi que ce soit. Il posa de nouveau sa main sur la mienne, tenant l'une des rampes depuis lesquelles nous observions la salle, et pour moi cela fut plus magique que n'importe quel discours.

De là, je l'emmenai voir la cuisine, et il se montra très poli avec les cuisiniers, tous vêtus de blanc immaculé. Je lui montrai aussi les nouveaux réfrigérateurs, dont *papou* était si fier, car ils garantissaient que tous les aliments chargés à bord lors des diverses escales aux Caraïbes arriveraient en parfait état en Allemagne ; je lui fis voir les boutiques et les escaliers... Fidel semblait vraiment émerveillé. De mon côté, ce qui était merveilleux, c'était de l'accompagner et de constater que partout où il le pouvait il me prenait la main, provoquant en moi des sensations jusqu'ici ignorées qui m'enchantaient.

Nous passâmes ensuite par le premier étage, celui de la classe touriste, et lorsque nous arrivâmes aux installations de première classe, je lui montrai où se trouvait ma cabine. Il me dit alors :

— Je veux voir.

J'ouvris la porte et, à cet instant, il me prit par le bras et me poussa à l'intérieur. Sans plus de cérémonie, il m'étreignit avec force et m'embrassa. Auparavant, une seule personne avait fait cette tentative, un jeune homme avec lequel *papou* voulait que je me marie. Il s'agissait du fils de l'une des familles propriétaires d'IG Farben, le conglomérat du secteur chimique ayant fourni aux nazis le pesticide Zyklon B, utilisé par la suite dans les chambres à gaz pour exterminer des millions de personnes. Quand je me trouvai à Bremerhaven avec ce garçon-là, dont je ne me souviens même pas du nom et qu'il essaya de m'embrasser, cela ne me plut pas du tout et je ne lui permis pas de poursuivre, si bien que Fidel fut, en réalité, celui qui me donna un premier vrai baiser.

L'expérience me laissa en état de choc mais également très heureuse, et ce baiser fut le prélude à ma première relation sexuelle consentie. Dans cette cabine, nous n'allâmes pas jusqu'à faire l'amour. Nous explorâmes toutefois chaque partie de nos corps, moi parcourant le sien, lui découvrant le mien. J'étais préoccupée, car sur le bateau la rumeur selon laquelle Fidel et ses *barbudos* étaient à bord avait déjà couru, et je ne voulais pas que quelqu'un commençât à poser des questions ; aussi, après avoir vécu cet échange passionné, insistai-je sur le fait que nous devions partir, et lorsque je réussis à séparer nos corps enlacés, nous sortîmes de ma cabine. Mes cheveux étaient tout ébouriffés et il ne restait nulle trace de rouge sur mes lèvres. Je sais que les *barbudos* étaient parfaitement au courant de ce qui s'était passé, mais ils ne dirent rien. De même, Fidel et moi n'échangeâmes pas une seule parole. Nous n'en avions nul besoin : jamais je n'oublierais ce qui venait de se passer entre nous et je crois que lui non plus.

Nous nous rendîmes alors à l'Alligator Bar, où chaque soir les passagers dansaient et profitaient de la musique et là, pendant qu'il buvait de la Becks, je constatai combien la bière allemande lui plaisait. À ce moment-là, on m'appela par haut-parleur et je sus que *papou* s'était réveillé. Ce dernier ne m'appelait jamais Marita, comme le faisait maman, mais toujours Ilona lorsqu'il s'adressait à moi. C'était *papou*, sans aucun doute, qui lança ce message en allemand :

— Ilona, au poste de commandement, tout de suite.

Cette fois, je savais que je ne pouvais pas désobéir, aussi empruntai-je le chemin qui menait vers la passerelle de manœuvre, avec Fidel à mes côtés et les *barbudos* derrière nous, et tandis que nous nous en rapprochions Fidel me disait que le poste de commandement pour un capitaine de bateau était semblable à ce qu'avait représenté pour lui la Sierra Maestra : le sommet, l'endroit depuis lequel on pouvait organiser et diriger… Nous poursuivions notre chemin tout en marchant et en discutant quand il m'entraîna entre deux canots de sauvetage, comme pour admirer la vue, mais il m'étreignit et m'embrassa encore, et j'atteignis de nouveau le septième ciel.

Je n'eus pas trop le temps de réfléchir à ce que cela signifiait ni quelles en seraient les conséquences étant donné que nous arrivâmes à la passerelle. *Papou* était déjà là, entouré d'autres membres de l'équipage et, sans qu'il manque une seule des bandes dorées de son uniforme, à l'instar d'un petit Napoléon, je lui présentai le « docteur Fidel Castro Ruiz » ; ils échangèrent une forte poignée de main et se mirent à parler ensemble. *Papou* maîtrisait l'espagnol et si, je ne pus saisir toute la conversation, je compris tout de même que Fidel raconta avoir vu cet énorme bateau depuis sa chambre au Habana Hilton et voulu aller à sa rencontre – après leur triomphe, les révolutionnaires avaient installé leur quartier général de commandement dans cet hôtel qu'ils rebaptiseraient plus tard du nom de « Habana Libre ». Fidel plaisanta également en disant à *papou* que lui aussi avait sa propre embarcation et il évoqua alors le *Granma*, un bateau de 18 mètres conçu pour 12 passagers, à bord duquel lui-même et 81 autres révolutionnaires effectuèrent en novembre 1956 cette traversée historique, effroyable et presque ratée du port de Tuxpan, au Mexique, jusqu'à Alegría de Pío. À la suite de cette expédition, un groupe décimé et pratiquement sans armes se réfugia dans la Sierra Maestra, un redéploiement qui n'aurait pas été possible sans l'aide des paysans ; puis vinrent la lutte et, finalement, la victoire.

Ils bavardèrent et s'amusèrent pendant qu'on leur servait du vin, du caviar et du champagne, échangèrent des souvenirs et passèrent des heures à discuter tandis que je ne faisais qu'entrer et sortir de la salle. Quoiqu'il ne dise rien à ce moment-là, je sais que *papou* se rendit compte qu'à chacun de mes passages

Fidel me regardait. Ces deux-là semblaient très bien s'entendre et ils établirent de bons rapports qui respiraient la confiance. Fidel avoua qu'il n'était pas un politique et qu'il se sentait accablé face aux défis et aux obligations liés à toutes les promesses qu'il avait faites et qu'il lui fallait désormais commencer à tenir. Il mentionna le sucre : en 1958, 58 % de la production du sucre cubain était vendue sur le marché des États-Unis, où les deux tiers du reste des exportations de Cuba trouvaient également leur débouché et d'où provenaient les trois quarts des importations. En outre, il parla beaucoup du jeu, de la mafia, qu'il voulait chasser de l'île, et du tourisme, qu'il savait déjà menacé. Il finit même par demander à *papou* de rester sur l'île ou de revenir comme directeur du tourisme, une offre que le capitaine déclina poliment. À un moment donné, j'entendis *papou* lui dire :

— Quoi que tu fasses, ne fâche pas le grand frère du Nord.

— Capitaine, Rockefeller détient les trois quarts de l'île et cela, ce n'est pas juste, répliqua Fidel, se référant à la famille, célèbre dans l'Histoire des États-Unis, qui était propriétaire de l'United Fruit Company. Cette entreprise avait aussi des plantations en Colombie, au Costa Rica, en Jamaïque, au Nicaragua, au Panamá, en République dominicaine et au Guatemala, pays dans lequel ce groupe réussit à posséder 42 % de la terre.

Papou lui recommanda avec insistance de se méfier, justement à cause de ce qui s'était passé au Guatemala. Là-bas, après la nationalisation en 1954 d'une grande partie des terres appartenant à l'United Fruit Company par le gouvernement de Jacobo Arbenz, et face aux craintes non fondées de Washington de liens guatémaltèques avec le communisme, la CIA aida à organiser et entreprendre un coup d'État qui instaura une dictature militaire. J'entendis *papou* dire à Fidel : « Il y a certaines façons de faire les choses et certaines façons de ne pas les faire. Tu te trouves dans une situation très délicate. Tu dois te montrer très prudent. »

Ils continuèrent à parler, puis l'heure du dîner arriva ; nous nous rendîmes alors au restaurant de première classe et nous assîmes à la table du capitaine, dont beaucoup de touristes commencèrent à s'approcher, car ils voulaient des autographes. En dépit de toutes les prévenances dont il était l'objet et des demandes d'attention, Fidel n'arrêtait pas de me prendre la main sous la table et de me regarder. Il en arriva à proposer avec courtoisie que je reste sur l'île afin que je l'aide dans des travaux de traduction. *Papou* s'y opposa et expliqua que je devais retourner à l'école. Maman et lui, lassés de ma vie errante et désireux que je me prépare à trouver un port d'attache, m'avaient inscrite à la Merchant & Bankers Secretariat School, une école de comptabilité située à New York.

Le *Berlín* devait lever l'ancre cette même nuit et le temps nous était compté, à Fidel et à moi. Moi, je ne voulais pas partir, mais l'heure des adieux arrivait. Je lui donnai une boîte d'allumettes provenant du bar sur laquelle j'avais inscrit le numéro de téléphone de l'appartement à New York, où j'habitais avec mon frère *Joe*, étudiant à l'Institut des relations internationales de l'université de Columbia. Dès qu'il s'en saisit, je sus que je le reverrais ; je ne savais ni quand ni comment, mais j'étais convaincue que lui aussi le désirait et, le devinant tous les deux, nous nous regardâmes et nous sourîmes. Je n'avais rien éprouvé de semblable auparavant ; j'étais tombée amoureuse, totalement, éperdument, et bien qu'on ait l'habitude de dire qu'on a des papillons dans l'estomac quand on devient amoureux, la seule chose qui me vient à l'esprit pour décrire ce que je ressentais à ce moment-là, c'était de penser à des éléphants.

J'accompagnai Fidel jusqu'au pont où ses compagnons et lui avaient laissé leurs armes et lui avouai :

— Je vais regretter la belle île de Cuba et tu vas me manquer.

— Tu vas me manquer également, mais je penserai à toi, et je vais te revoir très bientôt, me répondit-il.

Quand il s'en alla, je m'approchai de *papou* et lui dis :

— Il me plaît.

— Il est très gentil et très intelligent, me répondit-il. Je crois que c'est une bonne personne, quoiqu'il ait besoin d'un guide. Ce n'est pas un politique mais un révolutionnaire.

Apprécier chaque minute avec lui

Je montai sur la partie la plus haute du bateau, d'où je pouvais observer le panorama de La Havane. La vue était très belle, avec cette baie spectaculaire et toutes les lumières scintillantes de la ville, bien que je ne puisse à ce moment-là en profiter : au fur et à mesure que les vedettes s'éloignaient et se faisaient de plus en plus petites, je devenais de plus en plus triste.

Nous entreprîmes le voyage de retour cette nuit-là et, lorsque nous arrivâmes à New York, *papou* poursuivit sa route vers l'Allemagne tandis que, moi, je revenais dans l'appartement, seule avec *Joe*, car maman était alors avec les militaires, en poste à Heidelberg. J'étais supposée devoir me rendre aux cours de l'école et continuer à me former, mais je passais mon temps à lire tout ce que je trouvais sur Fidel, y compris des articles écrits par Herbert Matthews, un reporter du *New York Times* qui l'avait interviewé dans la Sierra Maestra. Mon esprit était resté dans la cabine, entre les deux canots de sauvetage. Ces yeux, ce corps… Cet homme-là occupait mes pensées.

Je constatai rapidement que je n'étais pas la seule à avoir été conquise lors de notre rencontre. *Joe* assistait à cette époque à un séminaire sur l'Amérique latine, organisé par le professeur de Columbia Frank Tannenbaum et auquel se rendit Raúl Roa Kourí, fils du brillant ministre des Affaires étrangères de Fidel, qui venait d'être nommé ambassadeur auprès des Nations Unies. Raúl Roa junior parla aux étudiants de la réforme agraire que Fidel allait entreprendre à Cuba, ce qui amena le groupe à revenir sur ce qui s'était passé au Guatemala et quand, à la fin du cours, l'ambassadeur demanda à parler avec mon frère, ce ne fut pas précisément pour continuer à discuter de politique mais pour lui transmettre ce qu'il présenta comme étant « un message personnel de Fidel ».

— Ta sœur est toujours la bienvenue à Cuba en qualité d'invitée de l'État, lui dit-il. Nous veillerons sur elle du mieux possible.

Roa ne plaisantait pas, et je sus que j'avais rendu le *Comandante* amoureux quand seulement trois jours après que je fus revenue à bord du *Berlín* à New York le téléphone sonna dans l'appartement de mon frère alors que j'étais en train de préparer un dessert à base de gélatine. En décrochant, j'entendis d'abord la voix de l'opératrice internationale m'informant d'un appel depuis Cuba. L'assiette me tomba des mains et se brisa en mille morceaux. Je reconnus à cet instant la voix de Fidel.

— C'est la petite Allemande ?

— Oui, oui, oui ! répliquai-je en criant presque, sans pouvoir contenir mon excitation. Tu as appelé, tu n'as pas oublié !

— Je suis un homme d'honneur, rétorqua-t-il de cette voix qui me faisait fondre intérieurement.

Il me demanda à ce moment-là si cela me plairait d'aller à Cuba, et sans y réfléchir à deux fois je répondis surexcitée par un « Oui, oui, oui ! » dans lequel n'entrait aucune autre considération que l'idée d'être de nouveau avec lui.

— Demain je t'envoie un avion, me dit-il.

L'enthousiasme me gagna et immédiatement je me mis à préparer une valise et un sac. Je savais que je ne pouvais pas demander la permission à *Joe* parce que si j'avais parlé avec lui, et même si j'avais essayé de justifier ma décision, il ne m'aurait pas laissée aller à Cuba. Aussi décidai-je de ne rien lui dire et le lendemain, tout simplement, je pris une punaise et la plantai à l'emplacement de La Havane sur une carte que j'avais accrochée au mur. Le 4 mars 1959, je quittai la maison en compagnie des trois Cubains venus me chercher. Parmi eux figurait un capitaine dont j'ai oublié le nom ; étaient présents également Pedro Pérez Fonte et Jesús Yáñez Pelletier. Celui-ci était connu comme « l'homme qui sauva Fidel », car en 1953, lorsqu'il était directeur militaire de la prison de Boniato à Santiago de Cuba, il avait dénoncé une tentative d'empoisonnement sur cet avocat emprisonné après l'assaut de la caserne Moncada.

Nous allâmes tous les quatre à Idlewild, l'aéroport new-yorkais nommé aujourd'hui JFK, et nous embarquâmes à bord d'un avion de Cubana Airlines dans lequel il n'y avait pas d'autres passagers que nous et une seule hôtesse. On me donna un exemplaire de la revue *Bohemia*, un petit café et du flan ; c'est ainsi que j'entrepris le voyage qui marquerait ma vie à tout jamais.

Nous atterrîmes à La Havane ; une Jeep nous y attendait et quand je demandai où nous allions, on me répondit en deux mots qui signifieraient tout pour moi à Cuba durant les mois à venir :

— Le *Comandante.*

Personne ne me dit rien non plus pendant le trajet, mais lorsque nous arrivâmes à l'hôtel, je reconnus ce dernier : c'était le Habana Hilton, où j'avais pris quelquefois le petit déjeuner avec *papou* lors des escales de croisière sur l'île. Ce à quoi je n'avais jamais pensé au cours de ces précédents voyages, c'est que je terminerais mon voyage là, et j'aurais encore moins imaginé que je me retrouverais alors avec Fidel. J'étais émue, j'allais le voir, j'allais être avec lui et je n'éprouvais absolument aucune peur, seulement une incroyable sensation d'anticipation que j'essayais de contrôler afin de me comporter en demoiselle.

Mon cœur battait si fort que j'aurais pu m'envoler. Nous prîmes l'ascenseur pour monter au 24e étage. De là, nous parcourûmes un couloir rempli de *barbudos* assis sur le sol, portant les mêmes uniformes que ceux avec lesquels ils avaient dû descendre de la montagne et dans lesquels je les avais vus sur le bateau, avec leurs fusils... En me croisant, ils se montrèrent tous cordiaux et polis avec moi, et nous arrivâmes ainsi à la chambre 2408, la *suite*[6] qu'occupait Fidel et qui était reliée à d'autres appartements attribués à Ernesto *Che* Guevara et à quelques-uns de ses principaux collaborateurs, tels son frère Raúl – le frère de Castro – ou Camilo Cienfuegos. Yáñez Pelletier ouvrit la porte, nous entrâmes et il me dit :

— Reste ici jusqu'à ce que Fidel arrive, il sera bientôt là.

Il ouvrit les rideaux ainsi que la porte du balcon et me laissa là, seule ; dans cette chambre que je découvrais, l'odeur des *puros* est la première chose dont je me souviens. Je sortis aussitôt sur le balcon et m'émerveillai face au panorama, surtout à la vue du port de La Havane, où désormais le *Berlín* ne se trouvait plus, une absence qui fit naître en moi un certain sentiment de culpabilité et de solitude. Je devins un peu triste, pensant à *papou*, qui ne savait pas que sa petite fille avait de nouveau désobéi et s'était encore embarquée dans une aventure, mais cette fois-ci sans lui.

En tout état de cause, il n'était pas possible de faire marche arrière parce que j'avais déjà franchi une étape décisive et ne pouvais revenir sur mes pas ; tout ce qu'il me restait à faire était d'attendre Fidel, si bien que j'occupai mon temps à fouiner dans la chambre. Je vis notamment un bazooka qui dépassait un peu de dessous le lit et sur lequel je trébucherais toujours par la suite, des armes au fond de l'armoire, des uniformes dans des sacs en plastique du service

---

6. *NDT* : en français dans l'édition originale.

de blanchisserie, une paire de bottes militaires et une autre de chaussures de ville, lesquelles étaient fabriquées en Angleterre. En regardant ici et là, je notai la présence de portraits que les gens avaient faits de Fidel, de différentes choses qu'il avait rapportées de la montagne : des lettres, des caisses et deux ou trois chapeaux de paille, des bouteilles de bière, des *puros* Roméo et Juliette dans leurs tubes, des sous-vêtements, des boxers... Je pénétrai également dans la salle de bains pour me laver et je constatai qu'il y avait là de la lotion après-rasage mais pas de lames de rasoir ni de rasoirs à main. Je reniflai l'oreiller et remarquai que, sur le matelas, on pouvait encore voir la trace du corps de Fidel. Je découvrirais plus tard seulement que celui-ci ne dormait jamais beaucoup.

J'entendis alors des voix, puis le bruit de la clé et Fidel entra.

— Ma petite Allemande ! s'exclama-t-il. Tu vois ? Nous sommes à nouveau réunis. Tu m'as beaucoup manqué.

Grand et fort, avec son mètre 91 et ses presque 100 kilos, il me prit dans les bras et me fit tournoyer. Il sentait le havane. Nous nous embrassâmes et nous assîmes sur le bord du lit, main dans la main.

— Je vais rester quelques jours, dis-je.

— Oui, oui, me répondit-il – il me disait « oui, oui » à tout.

Il nous servit deux *Cuba libre* et fit signe à Celia Sánchez, l'une de ses plus proches collaboratrices, de nous laisser seuls, en lui précisant qu'il ne voulait pas qu'on lui passe d'appels téléphoniques et ne souhaitait être dérangé sous aucun prétexte. Nous restâmes lui et moi, et je commençai à écouter les mélodies du *Piano magique*, ce disque alors tout juste sorti qui deviendrait par la suite un classique et qui figurait, à cette époque, parmi les préférés de Fidel. D'un côté, j'étais terrifiée, mais de l'autre je commençai rapidement à ressentir les effets du rhum et je regardai Fidel émerveillée : l'amour était là, devant moi ; je pouvais toucher et respirer l'odeur de cet homme, comme cela m'était arrivé, pour la première fois, quelques jours auparavant sur le *Berlín*. Peu m'importait ce qu'il représentait aux yeux du monde, sa politique, son idéologie, et tout ce que j'avais pu lire sans relâche durant trois jours à New York. Lui seul m'importait. Mon homme. Fidel.

Nous commençâmes à partir à la découverte l'un de l'autre, expression d'un amour pur et agréable, doux, qui n'était pas fou du tout, mais riche en caresses et en étreintes. Il manifesta la crainte d'être trop grand pour moi, mais je lui dis de ne pas s'en faire, que tout allait bien. Nous fîmes l'amour et nous adorâmes. Il m'appelait constamment « mon soleil » et moi, je répétais : « Que c'est bon ! » J'imagine que je n'étais pas censée le dire, mais je le dis et le redis maintes fois, livrée à la passion qui, heureusement, ne connaît pas de règles. Dans ce lit et dans cette pièce, je découvrais que Fidel, contrairement à la terrible image que certains Américains commençaient à donner de lui, était un homme délicat et gentil, tout au moins en tant qu'amant, et qu'il était un vrai romantique quand il était de bonne humeur.

Après cette première véritable union charnelle, nous nous mîmes côte à côte au balcon et, tout en me serrant dans les bras, il me dit :

— Tout ceci est à moi. Je suis Cuba. Tu es désormais la première dame de Cuba.

Près de lui, à cet instant, je me sentis comme une reine.

Au cours de ces premiers moments ensemble, il m'annonça que je resterais là avec lui et fit son possible pour que je me sente comme chez moi. Il essayait en outre de calmer mes nerfs et les craintes que je commençai à manifester à l'idée d'affronter les réactions de ma famille, qui ne savait alors même pas que j'étais partie seule à Cuba. Fidel me tranquillisait en disant que ce serait lui qui parlerait à *papou*, avec lequel il avait fait si bon ménage en dépit du fait que leur rencontre n'avait duré que quelques heures. Ce que Fidel omit de faire quand il s'en alla, ce fut de m'expliquer pourquoi il partait et pourquoi il me laissait seule ; cet au revoir brusque marqua seulement le début d'un mode opératoire que je finirais par très bien connaître. Lors de cette séparation, qui allait être suivie de beaucoup d'autres, il m'expliqua que Celia m'apporterait des choses à faire, que je pouvais me consacrer à des tâches telles que le traitement et le classement du courrier. Il me fit comprendre aussi qu'il ne voulait pas que je me promène seule, car je disposais à l'hôtel de tout ce dont je pourrais avoir besoin : boutiques, restaurant, blanchisserie, service en chambre... Ainsi, sans plus de cérémonie, il s'en alla et je restai là, sans trop savoir quoi faire d'autre que prendre une douche, écouter la radio et continuer à fouiner en regardant ses disques, les jeux fabriqués en Angleterre...

Il revint le soir suivant et je songeai que ce serait là le rythme à venir : des jours de travail pour lui et d'attente pour moi, ponctués de nuits ensemble pendant lesquelles j'aurais toute sa prévenance. Mais je me trompais et il me fit bientôt savoir qu'il viendrait seulement « pour de courts laps de temps ». Qu'il ne passe même pas la nuit entière avec moi s'expliquait en partie par le fait que la majorité des sorties et des reconnaissances sur l'île, il les faisait justement de nuit pour se déplacer plus rapidement et éviter la foule. Je constatai d'ailleurs qu'il dormait très peu, et aussi qu'il s'en allait quand il voulait et revenait également lorsque cela lui plaisait, un rythme auquel je m'accoutumai vite. De toute façon, j'appréciais chaque minute passée là-bas et je ne me sentais pas seule ; j'obéissais à Fidel et ne lui réclamais rien. Durant ces premiers jours, j'étais soumise et patiente avec lui, et j'appris à rester tranquille et à attendre, simplement attendre.

Il passa bien sûr quelques nuits entières avec moi, mais elles furent très peu nombreuses, et c'était vraiment compliqué parce que tout le monde le réclamait pour des réunions, des entretiens, des voyages, des négociations, des discours… Je tentais vraiment d'être le plus compréhensive possible bien que parfois, je l'avoue, les sollicitations excessives des autres m'agaçaient. Je ne voulais surtout pas qu'il fréquente d'autres femmes ; il était évident en effet que Fidel pouvait avoir toutes celles qu'il voulait, les propositions ne manquaient pas. La compétition me faisait peur et il me rendait jalouse en parlant des autres, même si c'était pour rire.

À passer tout mon temps au Habana Libre, je commençai à en payer la facture. Un jour, l'impatience l'emporta et je montrai des signes de lassitude devant la situation, si bien que Fidel décida de me laisser carte blanche pour que je puisse aller, avec Yáñez Pelletier, faire des courses dont son escorte personnelle était chargée, sorties au cours desquelles je pouvais endosser l'uniforme d'honneur du Mouvement du 26 Juillet que m'avait donné Fidel et qui me permettait de ne pas détonner comme cela aurait été le cas si je m'étais habillée comme une simple touriste. Ce fut Yáñez, par exemple, qui m'emmena la première fois dans la maison des Fernández, où je revins plusieurs fois. C'étaient des gens plus âgés, des amis proches de Fidel à qui ils enseignaient l'anglais. On me laissait là l'après-midi et ce couple et moi discutions, prenions le café ; je sortais quelquefois faire des emplettes avec l'épouse, qui m'apprenait à cuisiner. En d'autres occasions, c'était Pedro Pérez Fonte, dont la femme était enceinte, qui venait me récupérer et nous allions à Varadero passer la journée sur la plage, à ne rien faire. Par ailleurs, j'aidais Celia à gérer le courrier et les livres, à recevoir les appels téléphoniques... Je voulais me sentir utile, ne pas rester assise à attendre mon amant, et elle et moi riions ensemble, surtout lorsque nous lisions les lettres d'actrices et d'innombrables femmes qui envoyaient des messages dans lesquels elles déclaraient leur amour ou se disaient prêtes à se donner à Fidel. Beaucoup de ces missives arrivaient accompagnées de photos, que je regardais en lançant des phrases telles que : « Que cette *gringa* est laide ! » Ces marques de jalousie faisaient rire Celia et révélaient mon insécurité qu'aujourd'hui du moins je n'ai pas de mal à reconnaître : je ne voulais pas que Fidel voie les messages confiés par tant d'admiratrices.

Son courrier débordait également de lettres de requête : des centaines d'individus voulaient démarrer une affaire, des *mafiosi* demandaient des faveurs, beaucoup de personnes priaient Fidel de montrer de la clémence envers quelque détenu ou de sortir certains captifs de prison. Le volume de cette correspondance était tel que Fidel se trouvait débordé et qu'il lui devenait impossible de répondre à tout, de telle sorte qu'il signait d'un grand « F » sur des papiers officiels vierges et laissait ensuite Yañez ou Celia en rédiger le contenu.

Les moments que Fidel et moi passions ensemble, nous les consacrions surtout à nous aimer, mais nous parlions aussi de politique et, quoique je n'aie pas de tendances déterminées ou d'idéologie ferme, je comprenais qu'à Cuba quelque chose ne tournait pas rond quand je voyais qu'à côté de belles demeures et de maisons où on employait des serviteurs des *guajiros*[7] ne possédant pratiquement rien devaient vivre dans la pauvreté. Cette situation de misère me rappelait la guerre que j'avais vécue enfant, lorsque des gens faisaient fondre de la neige afin d'obtenir de l'eau ou se nourrissaient seulement de quelques racines pourries et d'un peu de beurre rance. Fidel me parlait, en outre, des injustices dans les plantations, avec des travailleurs presque nus, gagnant quelques misérables 50 *centavos* par jour, et il s'enthousiasmait en expliquant ses idées sur la réforme agraire, la confiscation des terres mal ou illégalement cultivées et une division plus équitable de la propriété, un partage qui non seulement secouerait le joug du colonialisme mais aiderait de surcroît à combattre le chômage.

Un joueur de golf nommé Dwight Eisenhower

Cette réforme agraire était précisément l'une des mesures politiques envisagées à Cuba qui terrorisait les États-Unis, et cette peur ainsi que l'effroi de Washington face à l'expansion du communisme en Amérique

---

7. *NDT* : « paysans » des Antilles ou des Caraïbes, le plus souvent cubains.

latine et à l'influence croissante de l'Union soviétique dans l'hémisphère planèrent sur le premier voyage effectué par Fidel aux États-Unis en avril 1959, déplacement au cours duquel je l'accompagnai. L'idée de le laisser aller seul ne m'effleura même pas, parce que j'étais excessivement amoureuse de lui et très jalouse. De plus, ce périple de onze jours représentait non seulement le premier voyage de Fidel aux États-Unis depuis le triomphe de la révolution, mais aussi la première opportunité pour moi de rentrer au pays et de revoir ma famille, après mon départ précipité le mois précédent. Je ne savais pas si maman serait là, étant donné que je lui avais envoyé des lettres à une boîte postale militaire sans adresse, et *papou* se trouvait en Allemagne pendant la construction du nouveau *Bremen*, dont il allait devenir également capitaine, mais je pourrais du moins voir *Joe*, qui à ce moment-là évoluait dans son petit monde à lui, entouré d'amis diplomates, luttant pour faire son trou et commencer une carrière dans ce domaine.

Fidel ne venait pas aux États-Unis à la suite d'une invitation officielle du gouvernement, invitation qu'il n'avait pas sollicitée et qui ne fut pas non plus formulée, mais à la requête de l'Association des éditeurs de presse, bien que son séjour dans le pays suscitât un vif intérêt des autorités. En fait, à l'atterrissage à Washington, il fut reçu par un haut fonctionnaire du Département d'État, Christian Herter, qui organisa dès le lendemain un repas en son honneur. Il rencontra par ailleurs des membres des Comités des affaires étrangères issus aussi bien du Sénat que de la Chambre des Représentants. Il allait également avoir l'opportunité de tenir sa première réunion avec l'Administration Eisenhower, quoique, à sa grande fureur, ce ne fût pas le Président qui le reçut à Washington – s'arrangeant pour être absent de la capitale et, afin de rendre l'affront plus considérable, allant jouer au golf avec des amis en Géorgie –, mais le vice-président Richard Nixon. Cette attitude, que Fidel interpréta comme un manque de respect flagrant, mit déjà ce dernier en rage ; m'inspirant des propos que *papou* lui avait tenus sur le *Berlín*, je lui recommandai la patience et tentai de le raisonner, de l'aider et de le convaincre de ne pas prendre cela pour une offense personnelle, mais en vain. Il se sentit mal reçu, inutile et incompris, et, se regardant dans le miroir, il disait :

— C'est moi, Fidel. Comment peut-on me faire cela à moi ?

Malgré cette colère, il fut présent à la réunion et cette rencontre, à laquelle Yáñez Pelletier l'accompagna, eut lieu le 19 avril dans le bureau de Nixon au Sénat. Fidel en ressortit fâché et offensé, faisant remarquer qu'on ne lui avait « même pas offert un café » et se montrant complètement désenchanté par le vice-président, qui ne lui avait pas plu du tout, ni en tant que personne, ni en tant qu'homme politique. En revanche, l'impression initiale de Nixon n'avait pas été mauvaise, et le vice-président écrivit, dans un rapport qu'il rédigea après la rencontre, comme on l'apprit quand ce document fut dévoilé en 1980 : « Mon sentiment sur lui *[Fidel]* en tant qu'homme est assez ambivalent. Ce dont nous pouvons être sûrs, c'est qu'il possède ces qualités indéfinissables qui font de lui un leader. Quelle que soit notre opinion sur lui, il va jouer un rôle important dans le développement de Cuba et très probablement dans les affaires de l'Amérique latine en général. Il semble être sincère ; il est soit incroyablement naïf au sujet du communisme, soit sous influence communiste – je pencherais pour la première hypothèse. Cependant, parce qu'il a cette capacité à diriger, nous n'avons pas d'autre choix que d'essayer de l'orienter dans la bonne direction. » L'analyse eut peu d'effets : à partir de cette rencontre si frustrante pour Fidel, l'attitude de celui-ci envers le gouvernement américain changea radicalement et Nixon ne conserva pas longtemps non plus ces idées relativement aimables.

Nous allâmes de Washington au New Jersey, puis nous nous rendîmes à New York, où nous logeâmes au Statler Hilton, devenu aujourd'hui l'hôtel Pennsylvania, situé près de la gare ferroviaire au cœur de Manhattan. Comme cela avait été le cas dans la capitale, les habitants de la Grosse Pomme accoururent nombreux quand arriva cet homme indubitablement charismatique et, quoique également apostrophé par quelques partisans de Batista et des anticommunistes, Fidel fut souvent entouré et acclamé par des foules enthousiastes. De ces journées-là durant lesquelles il ne retira jamais ses vêtements militaires surgirent des images emblématiques, telles celles de sa visite au stade des Yankees ou encore au parc zoologique du Bronx. C'est à ce dernier endroit que fut prise l'une de mes photos préférées, sur laquelle on le voit échanger un regard intense avec un énorme tigre en cage ; ce cliché, à mes yeux, reflétait tout le caractère de Fidel et était une métaphore parfaite de lui-même, animal majestueux et cruel qui comprenait la tragédie de la privation de liberté, qu'elle ait lieu derrière des barreaux de métal réels ou non.

Par ailleurs, Fidel continua à donner des conférences de presse, à tenir des discours, à participer à des discussions et à des interviews, des occasions qu'il saisissait pour se définir comme « un simple avocat qui avait pris les armes pour défendre la loi ». Il expliquait ses plans d'industrialisation pour Cuba, démentait l'idée que sur l'île aient été perpétrées les exécutions massives dont une partie de la presse américaine avait commencé à parler, minimisait le retard pris dans l'organisation d'élections ou faisait valoir son désir de se détacher du communisme. « S'il y a des communistes dans mon gouvernement, leur influence est nulle », dit-il un jour, en faisant observer que ni son frère Raúl ni sa belle-sœur Vilma Espín ne l'étaient.

Au niveau personnel, le voyage fut pour moi l'occasion de constater une énième fois que, où que Fidel se trouve, des hordes de femmes lui faisaient la cour et le poursuivaient, une chose qui me rendait folle et dont lui profitait pour me faire enrager, en plaisantant, en me faisant remarquer combien de femmes rôdaient autour de lui et en disant que toutes l'aimaient, ce à quoi je n'avais qu'une unique réponse :

— Elles ne t'aiment pas comme je t'aime.

Fidel quitta New York le 25 avril et voyagea jusqu'à Boston, Montréal et Houston avant de s'envoler vers un sommet en Argentine ; quant à moi, je décidai de demeurer quelques jours aux États-Unis et de faire quelques visites à mes proches. Je savais que *Joe* ne me laisserait pas repartir seule à Cuba une seconde fois, si bien que je lui dis que je voulais partir en Floride voir une fille des Drexler, une famille amie de *papou*. Mon frère m'en donna alors la permission, quoique à contrecœur, mais au lieu de rester en Floride je retournai à La Havane. De toute évidence, *JoJo* n'avait pas trop confiance en moi à ce moment-là, à la suite de mon premier départ en mars ; aussi convainquit-il un ami à lui qui allait partir en voyage au Mexique de me suivre à Cuba. Il s'agissait d'El Sayed El-Reedy, un diplomate travaillant aux Nations Unies pour la République arabe unie, l'État qui résulta de l'union de l'Égypte et de la Syrie entre 1958 et 1961. Quand ce jeune homme arriva sur l'île, il prit une chambre au 24e étage du Habana Libre, le même hôtel que le mien, et lorsque Fidel sut qu'il était là, il alla tambouriner à sa porte jusqu'à ce qu'El-Reedy ouvre, en pyjama. Fidel le secoua et lui demanda ce que diable il voulait à la « petite Allemande » tandis que, depuis ma *suite*, j'entendais les vociférations et El Sayed en train de crier :

— Je suis un diplomate ! Tu ne peux pas me faire ça !

Ses protestations ne servirent pas à grand-chose. El-Reedy, qui deviendrait, des années plus tard, ambassadeur d'Égypte auprès de l'ONU, fut sorti de sa chambre puis, toujours vêtu de son seul pyjama, embarqué de force dans un avion et renvoyé aux États-Unis.

Et tout à coup me voilà enceinte

Au moment de mon retour à Cuba, je commençai à sortir plus souvent, vêtue de mon uniforme pour mieux me mêler aux gens sans attirer l'attention, mais la majeure partie du temps je la passais encore à essayer d'être belle et pomponnée pour Fidel, quelque chose qui, je le comprends à présent, peut se révéler perturbant, mais que je crois compréhensible si l'on considère combien j'étais amoureuse. Quand j'étais à New York, *Joe* m'avait fait remarquer que je prenais du poids, et je constatai rapidement que cela n'avait rien à voir avec la nourriture. En mai 1959, lorsque je me mis à ressentir des nausées, surtout le matin, et alors que je ne pouvais rien manger si ce n'est de la salade, avec uniquement du lait comme boisson, et que je vomissais, Fidel plaisanta en disant qu'il fallait que je mange plus de riz aux haricots. Cependant, toute blague mise à part, je me rendis compte de ce qui se passait vraiment : j'étais enceinte. Quand je le lui annonçai, sa première réaction fut d'ouvrir les yeux tout grands et de garder le silence. Il était clair que je l'avais pris de court, et il sembla d'abord complètement perdu, mais il accepta la situation, ne souleva aucune objection et essaya de me calmer.

— Tout va bien se passer, me disait-il.

J'étais heureuse, si heureuse : j'allais avoir un bébé ! Je voulus immédiatement sortir acheter des vêtements et commencer à préparer une chambre pour le nourrisson, et je me mis à rêver, sans me soucier de ce que mes parents penseraient et diraient, car, bien que je m'inquiète de leur réaction, que pouvaient-ils faire ? Je ne voulais pas me séparer de Fidel – ce bébé était aussi le sien – et par-dessus le marché je ne pouvais pas quitter cet homme qui affirmait que tous les enfants de parents cubains appartiennent à Cuba.

Un homme sombre

Ce fut également en mai 1959 que durant quelques jours et sans m'en expliquer les raisons on me fit déménager à l'hôtel Riviera, où je ferais connaissance avec une personne qui jouera un rôle aussi déterminant que Fidel dans ma vie, quoique pour des motifs très différents. Lors de cette première rencontre, je ne connaissais pas son nom ; je vis seulement un homme aux cheveux sombres, probablement italien, portant un uniforme militaire que je pus identifier comme celui de l'armée de l'air cubaine. Sans même se présenter, il me dit :

— Je sais qui tu es, je sais que tu es la petite amie de Fidel. Je peux t'apporter mon aide si tu en as besoin, je peux te faire sortir de l'île, je viens des États-Unis.

Je déclinai son offre en lui déclarant que je ne cherchais pas d'aide ni ne voulais m'en aller de l'île, mais je restai à tourner et retourner cette rencontre dans ma tête. Je racontai donc l'épisode à Fidel, qui me demanda de lui décrire l'homme qui m'avait abordée, et il parut se fâcher quand il entendit mon récit.

— Ne lui parle pas et garde tes distances, répliqua-t-il d'un ton acerbe.

Je sus par la suite que cet homme s'appelait Frank Fiorini, et je le connus longtemps sous ce nom jusqu'à ce que, en juin 1972, je le voie à la télévision ; on le présentait comme un certain Frank Sturgis, un des cinq hommes arrêtés tandis qu'ils retiraient des micros mal installés dans les bureaux de campagne du parti démocrate, lesquels étaient situés dans l'immeuble du Watergate. Ce premier fil permit d'achever de dérouler l'écheveau embrouillé de la corruption et de l'illégalité qui finirait par forcer Richard Nixon à démissionner de la présidence. Mais tout cela aurait lieu des années plus tard. Lors de cette rencontre initiale à Cuba en 1959, pour moi, il était Frank Fiorini, et c'est sous ce même nom que le connaissaient

Fidel et ses hommes, avec lesquels il avait coopéré depuis 1957.

Fiorini avait servi de courrier entre la guérilla dans les montagnes et les membres du Mouvement du 26 Juillet, alors clandestins, qui opéraient à La Havane et à Santiago, et il avait fait du trafic d'armes et de munitions depuis les États-Unis jusqu'à la Sierra Maestra. Cependant, son aide n'était pas désintéressée ni motivée par de la solidarité ou une idéologie. Cela faisait partie d'une machination destinée à gagner la confiance de Fidel et de ses hommes, et à obtenir ainsi des informations pour Carlos Prío, l'ex-président chassé du pouvoir par le dictateur Fulgencio Batista au moment du coup d'État de 1952. Prío avait été progressiste dans sa jeunesse, abandonnant peu à peu ses idéaux, au fur et à mesure que sa fortune personnelle allait en augmentant, par le biais d'une très lucrative collaboration avec des politiciens cubains corrompus et également grâce à son entente avec Lucky Luciano et la mafia, qui dirigeaient non seulement le jeu mais aussi le trafic de drogue sur l'île.

Quand Prío arriva à la présidence de Cuba en 1948, la violence armée, d'abord politique puis directement criminelle, se propagea sous son mandat, une violence connue sous le vocable de « pistolérisme ». Après le coup d'État de Batista en 1952, il s'exila aux États-Unis, plus précisément en Floride, et ce fut là que Fiorini fit sa connaissance.

Comme je le découvrirais peu à peu, Fiorini ne jouait jamais sur un seul tableau. Après le triomphe de la révolution, une fois l'amitié et la confiance de Fidel gagnées, il étendit ses alliances au-delà de Prío. Il eut une entrevue avec un agent de la CIA à La Havane et se proposa spontanément pour collaborer « à cent pour cent en fournissant des informations », une offre qui ne fut pas refusée. En effet, comme il est indiqué dans des documents officiels, la Central Intelligence Agency envoya un câble recommandant d'« essayer de développer le rôle de Fiorini », langage par lequel la CIA signifiait qu'elle allait utiliser Fiorini en tant qu'agent actif. On commença à voir fréquemment celui-ci à l'ambassade des États-Unis en compagnie d'Erickson Nichols et de Robert Van Horn, *attachés*[8] de l'armée de l'air à la légation diplomatique, et Fiorini put voir satisfaites ses demandes d'être placé « en bonne position » en matière d'obtention du renseignement quand Pedro Díaz Lanz, chef de la force aérienne de Fidel, le nomma chef de la sécurité et du contre-espionnage. La CIA et le FBI voulaient d'ailleurs obtenir toutes les informations que Fiorini pourrait fournir sur les progrès et l'expansion du communisme à Cuba, sur les risques d'infiltration communiste dans les rangs de l'armée cubaine, sur d'éventuels plans de collaboration aux révolutions d'autres pays caribéens et latino-américains ainsi que

---

8. *NDT* : en français dans l'édition originale.

sur de possibles mouvements d'opposants à Fidel à l'intérieur du pays.

Comme si travailler pour Prío et pour Washington ne suffisait pas, l'énigmatique et polymorphe Fiorini prêtait ses services à une autre faction. Ce ne fut pas par hasard, je pense, si je le vis pour la première fois au même endroit et au même moment où je connus également une grande figure du crime organisé à Chicago, Charles *Babe* Baron, associé à un autre personnage clé de la mafia, Sam Giancana. Aux yeux de la petite jeune fille sans grande expérience que j'étais, Baron paraissait simplement être un type déjà âgé, un grand-père cordial mais également quelque peu lèche-cul. En revanche, il était le directeur général du Riviera, un hôtel qui avait ouvert ses portes à La Havane en décembre 1957 et qui était devenu en peu de temps le point de rencontre le plus important de la mafia après Las Vegas. Le propriétaire du Riviera se nommait Meyer Lansky, surnommé *Little Man* en raison de sa petite taille ; Lansky pouvait bien être tout petit, il n'en était pas moins l'une des principales figures de la Kosher Nostra, la mafia juive, qui entretenait des alliances sur l'île avec la Cosa Nostra, la mafia italienne.

La mafia à Cuba

Le crime organisé avait commencé à faire des affaires à Cuba après l'abolition de la Prohibition aux États-Unis et en 1933, Lansky scellant un accord avec Batista pour acheter sur l'île la mélasse dont « le Syndicat » avait besoin afin de s'affirmer comme un acteur indispensable dans le commerce prospère lié à la production d'alcool. De plus, par cette poignée de main de 1933, *Little Man* arrêta le plan destiné à établir et fonder un influent empire du jeu sur l'île : en échange de commissions, Batista permettrait aux hôtels et aux casinos de la mafia d'agir sans ingérence de la police. Avec Santo Trafficante, autre figure importante de la mafia aux États-Unis et à Cuba, Lansky fut l'un des personnages clés essentiels lorsque le crime organisé étendit de nouveau son territoire dans les années 1950 au retour de Batista au pouvoir. Cette évolution visait déjà, par surcroît, à faire de Cuba le centre de distribution de l'héroïne dans la région, un objectif fixé au cours d'une réunion d'une semaine. La crème de différentes familles mafieuses, y compris Lucky Luciano, tint cette réunion en 1946, à l'hôtel Nacional de La Havane, sous le prétexte d'organiser un concert de Frank Sinatra, étoile montante de la chanson.

Dans les premiers temps après le triomphe de la révolution, Fidel décréta la fermeture de tous les casinos, mais le 19 février, confronté à une forte baisse du tourisme, il autorisa leur réouverture, en leur imposant toutefois des taxes destinées à financer des programmes sociaux. Par ailleurs, sous Fidel, bien des choses commencèrent à être fort différentes de ce qu'elles avaient été avec Batista. Bientôt débutèrent les arrestations de *mafiosi* à Cuba.

Une des raisons qui me portent à croire que ma première rencontre au Riviera avec Fiorini ne fut pas simplement le fruit du hasard réside dans ces arrestations. Fiorini était entré en contact avec tous ces poids lourds de la mafia et avec bien d'autres encore, comme Joe Rivers, Charlie *The Blade* Tourine et Jake Lansky, frère de *Little Man*, avec qui il entretenait des relations personnelles. Il s'était rapidement mis à leur rendre des services, et c'était aussi ce que Baron cherchait à obtenir de moi, sachant pertinemment que j'étais la maîtresse du *Comandante*. Durant ces quelques jours que je passai dans l'hôtel qu'il gérait, Baron commença à m'assaillir de requêtes, me demandant de dire telle ou telle chose à Fidel, ou de remettre à ce dernier des messages téléphoniques ou des lettres, sollicitations qui continuèrent quand je revins au Hilton, où ne cessèrent de me parvenir, par l'intermédiaire de l'un de ses avocats, les requêtes en question. On voulait que j'intercède en faveur du jeune frère de Lansky, qui avait été directeur du casino à l'hôtel Nacional avant d'être incarcéré sur l'île des Pins au Presidio Modelo, la prison connue du temps de Batista pour sa brutalité et où Fidel purgea sa peine après l'assaut contre la caserne Moncada. Lassée de répondre à ces appels au téléphone, je pris l'un des papiers que Fidel signait en blanc avec son grand « F » et, comme le faisaient Celia et Yáñez, j'inscrivis sur ce document l'ordre de faire sortir de l'île des Pins le frère cadet de Lansky ainsi que quelques hommes.

En compagnie de Yáñez Pelletier et arborant mon uniforme d'honneur, je me rendis dans cette île aux plages de sable noir, couverte de manguiers, sur laquelle se trouvait le pénitencier, celui-là même où Fidel avait écrit *L'Histoire m'absoudra*, reprenant le plaidoyer dont il se servit lorsqu'il fut jugé et emprisonné par Batista. À mon entrée dans cet établissement, ce que je vis m'horrifia : les gens étaient entassés comme dans une boîte de sardines, cela empestait, on entendait à tout moment des cris, et les détenus étaient traités comme des animaux, comme du véritable bétail. Yáñez identifia un à un les hommes dont j'avais noté les noms sur le document ; quant à moi, je m'approchai et dis à chaque prisonnier à tour de rôle : « Toi, allons-y. » Ils me serraient dans leurs bras et je me sentis fière, forte, importante. Cette sensation ne me quitta pas même quand Fidel sut ce que j'avais fait. J'essayai de lui expliquer que maintenir enfermés ces gens-là se retournerait contre lui, que ces prisonniers ne représentaient pas un danger pour lui, qu'ils ne voulaient pas lui faire de mal et que, peut-être plus tard, il aurait besoin d'eux, mais en tout cas de longues explications ne furent pas nécessaires parce que Fidel ne se fâcha pas, ou du moins aucun signe ne montra qu'il y attachait une importance démesurée. Qui plus est, je crois qu'il alla jusqu'à rire du fait que j'aie eu l'audace d'inscrire ces noms sur un papier officiel.

Après cet épisode, je revis Fiorini à diverses reprises. La seconde fois, ce fut au Habana Libre, un jour où je descendais à la bijouterie récupérer une bague que Fidel avait fait faire pour moi et que nous avions conçue ensemble, un bijou orné de diamants qui formaient ses initiales, « FC », avec une inscription à l'intérieur. Je tombai alors sur Frank, qui me pressa d'aller avec lui au bar. Là, il écrivit sur une serviette de table :

— Je peux t'aider.

Yáñez était assis derrière moi sur une banquette et je répétai plusieurs fois à Fiorini que je n'avais pas besoin de son aide ni ne voulais quoi que ce soit ; je lui dis également que Fidel m'avait priée de me tenir éloignée de lui. Rien de tout cela n'empêcha Fiorini de continuer à se rapprocher, non seulement pour me proposer une aide que je refusais, mais aussi pour me réclamer certains services, comme prendre des papiers, n'importe quel type de document que j'aurais pu sortir de là, dans la *suite* de Fidel. Plongée dans mon petit univers de femme amoureuse et jalouse, je lui expliquai que toutes les lettres reçues par Fidel provenaient d'admiratrices. Fiorini insista. Je lui demandai pourquoi il avait besoin de moi alors que son propre uniforme du Mouvement du 26 Juillet et son poste dans l'armée de l'air lui permettaient d'assister à beaucoup de réunions. Il se justifia en répondant que, moi, j'avais un accès plus facile aux dossiers et que je restais souvent seule dans la chambre quand tout le monde était parti, avec le coffre-fort et tous les papiers à portée de la main. Il insistait tant que, uniquement pour qu'il me laisse en paix, je me mis à ramasser des feuilles que Fidel jetait après les avoir lues ou qu'il laissait éparpillées à travers la chambre, et je commençai à les donner à Fiorini, qui s'en montrait enchanté, bien que je lui aie dit que les documents que j'étais en train de collecter pour lui n'avaient pas éveillé l'intérêt du *Comandante.* Frank se mit également à faire pression sur moi afin que j'intervienne auprès de Fidel en faveur du « tourisme » – c'était le moyen trouvé par Fiorini pour défendre les casinos de ses amis. De même, il voulait que je l'informe des voyages et déplacements de mon amant. Là aussi, il fut si pénible et insistant que par simple lassitude j'y consentis.

Cela peut sembler étrange, mais j'en avais assez de lui, et j'imaginai qu'en lui donnant ces papiers ou quelques informations je pourrais me débarrasser de lui une bonne fois pour toutes. J'étais convaincue que je ne fournissais à Fiorini que des choses sans importance réelle et je fus toujours soucieuse que ce que je lui donnais ne puisse faire du tort à Fidel. Je pensais en outre que si je collaborais d'une manière quelconque avec Frank, cela parviendrait aux oreilles de ma mère, à qui j'écrivais de temps à autre, et elle saurait ainsi que j'allais bien.

Condamnée a ne pas oublier

Pendant ce temps-là, ma grossesse avançait. Il me fallut renoncer à porter mon uniforme parce que je ne rentrais plus dedans et plus je m'arrondissais, plus j'étais inquiète. Je me disais en moi-même : « Je suis une femme, je peux le faire », mais quelqu'un, je n'ai jamais su qui, allait se mettre en travers de mon chemin et laisser en moi un vide énorme, une plaie demeurée pour toujours douloureusement ouverte.

Je n'ai pas en mémoire la date exacte à laquelle débuta ce cauchemar, mais je sais que c'était l'automne. Fidel se trouvait en voyage, dans la province d'Oriente, je crois, et moi, j'étais à l'hôtel où, comme d'habitude, je commandai le petit déjeuner dans la chambre. Je pris un verre de lait et, peu après, je commençai à me sentir somnolente et à perdre connaissance. Je discernais des voix ; j'ai le vague souvenir d'une sirène, d'être allongée sur un brancard avec une perfusion, et je me rappelle, ou peut-être que j'aimerais me rappeler, avoir entendu ensuite un cri aigu semblable à celui d'un chaton, des pleurs...

Jamais je n'ai su exactement ce qui était arrivé. Qui ordonna cette sauvage agression ? Les hommes de Fidel ? La CIA ? D'après certaines versions, je subis un avortement ; selon d'autres, l'accouchement fut provoqué et on me ravit ce bébé. Quelle qu'ait été cette intervention, on dit que ce fut un docteur dénommé Ferrer qui la pratiqua, lequel n'était même pas gynécologue mais spécialiste en cardiologie, et on raconte également que Fidel ordonna qu'il fût fusillé quand il s'en rendit compte. Je ne peux, hélas, rien confirmer. Je sais seulement que j'aurais voulu être consciente et non droguée, et que j'aurais supporté n'importe quelle douleur, aussi extrême fût-elle, pour savoir exactement ce qui s'était passé.

Je ne sais pas non plus combien de temps s'écoula jusqu'à ce que je me réveille de nouveau au Habana Hilton. Cependant, je ne me trouvais plus dans la *suite* que j'avais partagée avec Fidel mais dans une chambre plus modeste et plus sombre ; j'étais étendue sur le lit, nauséeuse et assoiffée, avec des douleurs insupportables. Peu importe ce qu'ils avaient pu faire : j'étais en train de perdre tout mon sang, j'étais en train de mourir et je serais décédée à cet endroit même si Camilo Cienfuegos n'avait pas fait son apparition à ce moment-là.

— Oh, mon Dieu, merde ! Ma petite fille, qu'est-ce qui t'est arrivé ? s'exclama-t-il quand il me découvrit là et dans un tel état.

Sur l'heure, il me procura quelques médicaments, appela mon frère *Joe* – qui se mit très en colère – et organisa tout pour que je quitte ce lieu immédiatement. Je savais que si je voulais survivre, je devais m'en aller. J'avais besoin de soins médicaux ; il fallait arrêter l'hémorragie, calmer la douleur et, à Cuba, je ne connaissais aucun médecin. Qui plus est, après ce que j'avais traversé, je n'avais plus confiance en personne : Batista avait encore beaucoup de partisans et moi, je ne savais pas qui était qui. Il était temps de rentrer à la maison. Par ailleurs, si je restais là et que je décédais, ma mort serait utilisée contre Fidel. Or, si j'avais une certitude, c'était bien que Fidel n'était pas à l'origine de ce qui s'était passé. Jamais il n'aurait fait une chose pareille.

Cienfuegos m'aida à m'habiller parce que j'étais incapable de le faire seule, il m'accompagna jusqu'à la rue, où une Jeep vint nous chercher, et il m'emmena à l'aéroport. Là, j'embarquai sur un vol de la compagnie Cubana de Aviación à destination des États-Unis. Dans les jours qui suivirent, le 28 octobre 1959 exactement, Camilo rentrait de La Havane depuis Camagüey, où il avait arrêté son ami Hubert Matos, accusé de trahison par Fidel, quand le petit avion Cessna 310 à bord duquel il se trouvait se volatilisa. Cette mystérieuse disparition n'a jamais été résolue. En ce qui me concerne, il m'a sauvé la vie, et c'est pourquoi, encore aujourd'hui, je l'aime.

Une fois à New York, je fus emmenée quasiment tout droit à l'hôpital Roosevelt, et ma mère, qui était de retour dans cette ville, me conduisit voir Anwar Hanania, un gynécologue-obstétricien qui pratiqua sur moi une procédure de dilatation et curetage. De l'avis du médecin, on ne pouvait pas parler d'avortement, car il n'y avait ni fragments du fœtus ni signes d'un avortement chirurgical, ce qui ne laissait qu'une seule interprétation possible, celle d'un accouchement forcé effectué de la manière la plus insensée.

Je ne sais pas qui a fait tout cela ni pourquoi. Parmi tous les gens qui faisaient partie du cercle de Fidel, je n'arrive pas à penser à une personne qui aurait osé ordonner une telle chose. Si cet individu voulait être un héros, à quel camp appartenait-il ? Je l'ignore. Peut-être qu'une personne comme Fiorini a pu s'en charger, et j'en suis venue parfois à me demander s'il ne se serait pas trouvé dans la salle d'opération.

Certains me diffamèrent en disant que je voulais moi-même avorter. Non seulement ils ne comprenaient pas que moi, j'étais prête à avoir un enfant et que je voulais ce bébé, mais ils ne semblaient pas non plus concevoir qu'à cette époque interrompre une grossesse à un stade aussi avancé que celui-là équivalait à un suicide presque certain et que donc nulle femme saine d'esprit n'aurait alors avorté. Par la suite, je voulus mourir, mais j'étais trop lâche pour chercher un moyen de mettre fin à mes jours, et une seule question me taraudait : comment allais-je refaire ma vie ? J'avais perdu un bébé ; quelles qu'en aient été les circonstances, je l'avais perdu. J'avais aimé un homme qui n'était pas le bon et le châtiment commençait.

3

Une mission impossible : tuer Castro

Après ce que j'avais vécu et subi à Cuba, les premiers jours qui suivirent mon retour à New York furent terribles pour moi. J'avais tout perdu, Fidel n'était plus à mes côtés, et je pensais que mon enfant était mort, bien que le doute angoissant sur ce qui s'était réellement passé fût également la seule chose qui me permît de nourrir une lueur d'espoir, si minime fût-elle. Je me sentais fatiguée et désorientée et la plupart du temps, comme cela m'arrivait à Bergen-Belsen, les quelques forces qui me restaient, je les employais à pleurer. Je ne faisais confiance à personne et je ne voyais pas d'issue possible ; les uns disaient que mon bébé était vivant, d'autres assuraient qu'il était mort, d'autres encore suggéraient que Fidel l'avait tué, et moi, je ne voulais que le silence. Ainsi, j'étais la seule à ne pas m'exprimer, à ne rien dire.

Mon cher frère *Joe*, qui avait travaillé aux Nations Unies et aspirait à décrocher un doctorat en relations internationales, était parti en Argentine avec une bourse Fullbright. À la même époque, Philip, qui avait fait sa formation à New York sous la direction du célèbre maestro chilien Claudio Arrau, commençait déjà à être un pianiste-concertiste reconnu, et il était fréquemment en tournée. Valerie, qui dès l'âge de 16 ans avait préféré aller vivre parmi d'autres membres de la famille plutôt que de rester avec nous, avait épousé Robert C. Paul, qui travaillait pour la marque de bière Budweiser, et s'était installée à Harrisburg, en Pennsylvanie. Je n'avais plus que maman, qui, afin de rester avec moi, était rentrée d'une mission qu'elle effectuait pour le compte de l'armée à Heidelberg. Nous nous disputions cependant tout le temps, elle et moi. Malgré l'adoration que nous éprouvions l'une pour l'autre, mes rares souvenirs de ces premiers jours passés avec elle après mon retour sont ceux de conflits incessants.

Haine, peur et solitude

Dans notre petit appartement défilèrent à tour de rôle des agents du FBI qui devaient me surveiller et m'interroger sur ma période cubaine, et j'avais l'impression qu'ils me regardaient avec dédain ; c'était comme s'ils me demandaient, sans prononcer une parole, comment j'avais pu entretenir une relation intime avec « ce communiste ». Leur mépris me faisait mal, mais ce qui était le plus terrible pour moi, c'était de sentir que maman, d'une certaine manière, pensait comme eux ou était comme eux. Les mêmes

sensations de terreur et de solitude dont j'avais souf-
fert, étant enfant, à l'hôpital de Drangstedt, revivaient
en moi, et tout ce que je voulais, c'était dormir, ne
pas penser, ne plus rien ressentir. M'évader. J'étais
de surcroît en train de devenir folle avec les médicaments que l'on me donnait, un cocktail de drogues
qui me rendaient euphorique, et d'autres qui m'as-
sommaient, me faisant ainsi vivre sur des montagnes
russes émotionnelles qui m'interdisaient un quelconque équilibre mental. Après avoir passé la journée
à dormir, je me réveillai la nuit, désorientée, avec le
sentiment d'être en train de perdre misérablement
mon temps et ma vie, au point d'en arriver à détes-
ter tout le monde. Je me voyais dans une situation
où j'étais à la fois totalement brisée intérieurement
et pleine de haine. Je voulais retourner à Cuba et en
finir avec celui qui avait tué mon enfant ou me l'avait
enlevé.

Plusieurs agents passèrent par chez nous, mais ce
sont Frank Lundquist et Frank O'Brien, agents spéciaux du FBI, qui furent le plus souvent avec moi,
deux hommes dont la présence quasi constante à la
maison fit qu'ils semblèrent finir par faire partie des
meubles. Toujours en complet-veston et cravate, avec
une coupe de cheveux impeccable, leur allure tra-
hissait, sans aucun doute possible, l'appartenance à
l'officine d'Edgar Hoover. D'une correction et d'une
éducation extrêmes, ces gens établirent peu à peu
une relation personnelle et presque paternelle avec

moi, ils gagnèrent ma confiance et commencèrent à m'emmener à leur bureau du FBI, le siège central de l'agence fédérale de New York, au n° 221 de la 69e rue Est. Je devenais peu à peu une sorte de petit robot et j'essayais de me montrer gentille et obéissante, mais derrière les masques et les manières aimables de Frank & Frank, ainsi que je les appelais toujours, je pouvais clairement deviner d'autres desseins.

Dès le début, je sus qu'ils cherchaient à m'éduquer à penser comme eux, à me faire un lavage de cerveau et à profiter de la fragilité émotionnelle qui était la mienne alors. Ils se mirent à me rabâcher sans cesse des discours sur les démons du communisme et sur l'importance qu'il y avait à se débarrasser de ce système-là afin de sauver les Nord-Américains. Ils ne cessaient de me dire du mal de Fidel et ils finirent par me faire savoir sans équivoque que nous devions entreprendre quelque chose afin que le monde ait une mauvaise image de cet homme. À ces moments-là, pour juguler mes sentiments, ils pouvaient également se montrer très offensifs dans leurs efforts de me gagner à la cause contre le « spectre rouge » qui était devenu le plus grand cauchemar des États-Unis, afin de me retourner complètement contre Fidel. Ils me soumirent à de terribles pressions psychologiques en me montrant des photos de mon supposé bébé après l'avortement et de prétendus documents médicaux assurant que l'opération m'avait laissée stérile. De même, c'étaient eux qui me donnaient des cachets censés être des vitamines, mais je suis convaincue, quoique je ne puisse le prouver, qu'il s'agissait de quelque chose d'autre.

À l'époque, maman, qui allait souvent au bureau du FBI de la 69ᵉ rue, me présenta aussi à mon retour Alex Rorke, un homme qui avait été jésuite et venait d'une très bonne famille, qui entretenait des relations personnelles avec celle des Kennedy. Fils d'un procureur du district de Manhattan, élève de l'École des affaires étrangères de l'université de Georgetown, Rorke avait servi durant la Seconde Guerre mondiale en tant que spécialiste de l'espionnage militaire pour l'armée nord-américaine en Allemagne. C'est là-bas que ma mère et lui durent faire connaissance : toujours équipé de son appareil photo, Rorke était également free-lance pour la presse, et maman avait travaillé pour *Stars and Stripes*, une publication militaire. Collaborateur du FBI et de la CIA, séduisant, élégant comme s'il sortait de l'un des bureaux de Madison Avenue, Alex devint une sorte de frère aîné pour moi, et nous passâmes beaucoup de temps ensemble, ayant de longues conversations et allant visiter les églises qu'il fréquentait, comme la cathédrale Saint-Patrick. Chez maman, il y avait eu des Quakers, chez *papou* des protestants, mais je n'avais été élevée dans aucune religion, de sorte qu'Alex trouvait en moi un terrain spirituel vierge afin de m'enseigner les rites, les prières catholiques et de tenter de me convertir.

Rorke et le FBI m'obligèrent à m'impliquer dans différents groupes qui représentaient alors aux États-Unis les deux faces de la lutte : pour ou contre Fidel et la révolution. Par l'intermédiaire de ces structures, je commençai à connaître des personnages cubains qui joueraient des rôles clés dans les activités clandestines organisées en exil contre Fidel, tels que Manuel Artime, qui venait de fuir de Cuba et avait fondé le Mouvement révolutionnaire de récupération. Je rencontrai aussi Rolando Masferrer, *El Tigre*, un homme grand et costaud, très macho et très cubain ; il avait mérité ce surnom pendant la dictature de Batista pour son rôle à la tête de la féroce armée privée qui terrorisait et brutalisait les opposants au régime. Masferrer était une figure si controversée que même l'ambassadeur Philip Bonsal l'avait placé sur une liste de dangers potentiels dans un avis adressé à l'administration d'Eisenhower ; le rapport pointait les réactions négatives qu'entraînerait le fait de donner asile aux États-Unis à près de 300 partisans de Batista, définis par Cuba comme des « criminels de guerre ».

Je rencontrai Artime, Masferrer et d'autres du même acabit dans des réunions où m'emmenait Rorke, notamment celles de la Brigade internationale anticommuniste. Ils se servaient de moi comme d'une arme de propagande, en racontant mon histoire dans une version dictée par l'intérêt, dans le but de dépeindre Fidel comme un monstre et d'aider ainsi à lever des fonds afin de financer les activités de ces groupes. Des auditoriums d'écoles étaient loués pour ces échanges ; ils y faisaient des projections, y mettaient de la musique et y prononçaient des discours, des interventions lors desquelles Artime, tonitruant de nature, devenait comme fou et frisait l'hystérie lorsqu'il commençait à crier et à proférer des insultes contre Fidel. Je me souviens parfaitement de l'altération de son visage tandis que, furieux, il hurlait en parlant de Fidel : « Communiste ! Communiste ! » Il avait l'air d'un maniaque, d'un désaxé, même si, apparemment, cela enchantait les anticastristes et encourageait les dons.

« Bienvenue a bord »

Au cours de ces rencontres, je fis la connaissance de Frank Nelson, un obscur personnage lié à la mafia de l'Ohio. Son domicile, situé au n° 240 de Central Park Sud, un luxueux appartement rempli de lumières rouges à la manière d'un bordel chinois, constituait un autre des points de rendez-vous où l'on planifiait des activités contre Castro. Nelson était également chargé de gérer les finances de Frank Fiorini, et je le rencontrai à nouveau dans cet appartement pour la première fois depuis le départ de Cuba. Le jour où je revis Frank, il m'accueillit par un « À la bonne heure, bienvenue à bord ! » et se dit désolé de ce qui m'était arrivé, me promit qu'il me dédommagerait. Il commença à parler avec enthousiasme des plans destinés à renverser Fidel, en déclarant fièrement qu'ils avaient une « armée » pour mener à bien ces projets.

Parallèlement à ces réunions avec les anticastristes, j'assistais aussi à des rencontres du Mouvement du 26 Juillet à New York ; j'y reçus ma carte et je finis par être nommée « secrétaire à la Commission de propagande dans la cellule H ». Je me rendis approximativement à une vingtaine de ces séances procastristes et prorévolutionnaires qui se tenaient soit à l'hôtel Belvedere dans la 48ᵉ rue, soit au club Casa Cuba sur Colombus Avenue, ou encore à *La Barraca*, un restaurant que j'adorais dans le *midtown* de Manhattan. On y échangeait et commentait les dernières nouvelles sur ce qui se passait sur l'île et parmi les exilés, ainsi que celles concernant la politique nord-américaine, latino-américaine et mondiale. On y organisait, en outre, des campagnes d'information et de propagande financées par les contributions des membres, car, avec nos 75 cents par semaine, nous étions supposés aider aussi à réunir des fonds afin que Fidel puisse acheter du matériel militaire. Lors de ces réunions, il y avait de la musique et une nourriture délicieuse, la compagnie de gens qui me plaisaient, telle Olga Blanca, que j'avais connue au cours d'une croisière sur le *Berlín*, où nous nous étions fait photographier ensemble, avec ma mère et *papou*, dans la cabine du capitaine. Personnellement, je me sentais bien plus heureuse dans ces moments en compagnie des Cubains qui défendaient la révolution et Fidel que lorsque je me trouvais entourée de personnages tels que Fiorini, Nelson, Artime ou Masferrer, mais ma présence dans ces rencontres avait également des raisons profession- nelles. C'est ainsi que, le 19 décembre 1959, j'allai à La Barraca avec Yáñez Pelletier, une entrevue dont je rendis compte aux agents du FBI, comme de tout ce qui se passait dans le groupe castriste ; quand Yáñez m'appela peu après et me dit qu'il songeait à déserter, j'en informai aussi ces mêmes agents.

Cette période-là ne fut pas facile et je dus finir par prendre mes distances avec les uns et les autres. À cette époque, personne n'avait confiance en per- sonne, tout le monde suspectait tout le monde et je ne faisais pas exception. Cela me fit souffrir, parce qu'être aux côtés des Cubains m'offrait une opportu- nité de rester en contact avec leur pays, une manière de penser que la porte ne s'était pas totalement refer- mée, m'autorisant peut-être à revenir un jour, or je m'étais juré de retourner là-bas. Olga Blanca était une des femmes que je fréquentais dans ces réunions. Je l'avais rencontrée une fois et j'avais même été prise en photo avec elle dans la cabine de *papou*, quand il avait jeté l'ancre de son bateau à New York. Elle m'encou- rageait à retourner à Cuba par des propos tels que : « Le roi t'attend. » Je savais néanmoins que ce n'était pas le moment. Si je tentais de partir, j'étais convain- cue que les Nord-Américains m'enfermeraient ou puniraient ma mère.

De même, c'est à la fin de l'année 1959, tandis que j'habitais encore chez mes parents, que je reçus un télégramme de Cuba me disant d'y appeler un numéro. Je ne savais pas qui était derrière cette demande, ni quel pouvait être l'objet de cette communication, mais, toujours torturée par la perte de mon enfant, j'avais besoin de parler à quelqu'un, quel qu'il fût, à toute personne capable de m'apporter un début de réponse. Persuadée que notre ligne téléphonique était placée sur écoute, et profitant d'une absence des agents qui me surveillaient, je quittai notre appartement pour appeler depuis une cabine de Riverside Drive, l'avenue voisine. Alors que je parlais déjà au téléphone, deux ou trois coups de feu brisèrent les vitres de la cabine. Terrorisée et avec quelques coupures dues au verre cassé, je retournai comme je pus chez nous et les agents, qui étaient rentrés, accoururent vers moi ; immédiatement, ils me dirent que les responsables ne pouvaient être que les hommes de Fidel. Jamais je n'ai su clairement si cela avait été le cas, mais, comme à maintes reprises en ce temps-là, je ne peux pas non plus prouver le contraire ni désigner des coupables avec certitude. Les Cubains y étaient-ils vraiment pour quelque chose ? Et pourquoi ? Était-ce un autre des stratagèmes du FBI afin de me dresser contre Fidel ? Les questions jaillirent à profusion dans mon esprit, les réponses faisaient défaut et ma seule certitude, c'était que désormais je me trouvais être une cible au milieu d'une quelconque opération.

De toute évidence, j'étais gênante pour quelqu'un et, dans cette période de déchirement émotionnel, également manipulable, mais, surtout, je me révélais très utile à une faction. Mon importance se renforçait en tant que membre actif dans la multitude de plans ébauchés qui cherchaient à en finir avec Fidel. Derrière tout cela, opérant parfois séparément et parfois ensemble, on trouvait les exilés anticastristes, les mafieux qui avaient vu se fermer le robinet de leurs affaires lucratives à La Havane et le gouvernement des États-Unis lui-même. Sur les écrans radars de ces groupes, peu de gens avaient leurs entrées auprès de Fidel et de manière aussi particulière que moi, or arriver jusqu'à lui était un élément fondamental dans plus d'une de ces sombres machinations.

Tout ce qu'il restait à faire, c'était de s'assurer que malgré mon départ dramatique de l'île j'y jouissais encore d'un accès illimité. Aussi Frank Fiorini décida-t-il de m'envoyer à Cuba en décembre 1959, afin de vérifier que je pouvais continuer à évoluer en toute liberté dans le cercle des intimes de Fidel et parvenir jusqu'à lui. Il organisa une très brève incursion, une mission de vérification exclusivement, et je fis l'aller-retour en avion dans la journée, sans avoir le temps ni la force de penser ou ressentir quoi que ce soit. La seule certitude que je retirai de ce voyage, c'était la confirmation que ma clé du Habana Libre ouvrait toujours la porte de la chambre 2408. Je rapportai également aux États-Unis des lettres d'admiratrices ainsi que quelques documents et cartes, des papiers de peu d'importance, j'imagine, mais qui démontraient que j'étais entrée dans la *suite* de Fidel.

On organisa rapidement le voyage. Il devait avoir lieu en décembre, parce qu'une campagne de manipulation allait bientôt débuter à propos de ce qui m'était arrivé à Cuba, une opération de propagande qui, ils le savaient, n'allait pas du tout être du goût de mon amant de La Havane. Premièrement, le 1er janvier 1960, mes parents écrivirent une lettre ouverte adressée à Fidel dans laquelle ils le priaient, s'il possédait « un quelconque sens moral, de l'honneur ou de la justice », de me dédommager pour la perte de « mon honneur et de ma réputation ». Ils lui demandaient aussi d'assumer les frais de mes traitements médicaux et psychologiques rendus nécessaires par les suites de l'opération durant laquelle je perdais mon enfant, car j'avais dû passer plusieurs fois par l'hôpital Roosevelt à New York depuis que j'étais revenue de Cuba, souffrant de fréquentes hémorragies. Pour couronner le tout, ils décidèrent de conclure la missive par leur propre version de l'une des phrases emblématiques de Fidel et ils écrivirent : « Que l'Histoire vous absolve... si elle le peut. » Ils envoyèrent des copies du document à des présidents, des ambassadeurs et des personnalités influentes des États-Unis, d'Allemagne et de Cuba, et même à divers médias, à des sénateurs, au FBI, ainsi qu'au pape lui-même. Je me mis en rage quand je découvris cela, mais j'aurais dû maîtriser ma colère : cette maudite lettre n'était qu'un avant-goût de ce qui restait à venir.

Peu après, mon cher Alex Rorke allait être le cerveau d'un autre épisode de la campagne de diffamation ébauchée contre Fidel par les autorités nord-américaines, en m'utilisant telle une marionnette, un pantin cassé émotionnellement et physiquement qu'il ne leur était pas difficile de mener par le bout du nez. C'est Alex qui conçut un article publié dans *Confidential*, un tabloïd trimestriel spécialisé dans des scandales impliquant des célébrités et des politiciens, lequel avait notamment révélé que Bing Crosby maltraitait son épouse ou que l'acteur Rock Hudson et le musicien Liberace étaient homosexuels. Selon la définition donnée un jour par *Newsweek*, *Confidential* proposait « du péché et du sexe, le tout assaisonné d'un discours politique de droite ». Avec plusieurs millions de lecteurs, son succès était indéniable, en dépit du caractère éhonté de cette presse jaune[9] et, comme l'avait si bien dit une fois Humphrey Bogart : « Tout le monde le lit, mais on dit que c'est la cuisinière qui l'a rapporté à la maison. » L'histoire falsifiée de mon aventure à Cuba qui allait paraître dans ces pages était parfaite pour une publication de ce genre, dont la large audience constituait un terrain idéal pour atteindre l'objectif de diffamer Fidel et alimenter la haine à son égard.

---

9. *NDT* : l'*amarillismo*, ou « presse jaune », désigne les journaux et magazines à sensation.

Mensonges et propagande

L'article en question, auquel ma mère avait prêté sa collaboration en acceptant qu'on le rédige à la première personne et en le signant de sa main, s'intitulait : « Fidel a violé ma fille, encore adolescente » ; c'était un tissu de mensonges grossiers. D'après ce qui était écrit, Fidel m'avait dupée afin de m'amener à Cuba, où il m'avait retenue prisonnière. Il m'avait violée, dépossédée de ma virginité, et m'avait droguée et quasiment séquestrée, pour disposer de moi à sa guise, tel un objet sexuel. Ce texte infâme disait aussi que Fidel s'était montré très irrité lorsque je fus enceinte, et que ses hommes commencèrent à me donner des produits destinés à provoquer une fausse couche. On racontait que je tentai un jour de m'échapper, et que Yáñez Pelletier me flanqua alors une raclée, voire des coups de pied dans le ventre, pour essayer, sans succès, de me faire perdre le bébé. De même, l'article expliquait que finalement le Dr. Ferrer avait été contraint d'effectuer un avortement bâclé sous la menace du pistolet de Yáñez et, d'après ce qui était écrit, « sur ordre direct de Fidel ». Après l'opération, le médecin fut assassiné. Fidel était dépeint comme un meurtrier cruel qui exécutait les gens en pleine rue. Dans l'article, on lui attribuait, de surcroît, des déclarations disant textuellement : « Dans une dictature, l'Église doit disparaître », sentences que je ne lui avais jamais entendu prononcer et derrière lesquelles je pouvais clairement deviner la main d'Alex, il était totalement anticommuniste et, par ailleurs, catholique convaincu.

Quand l'article parut, je continuais à avoir de nombreuses discussions avec ma mère.

— Cette propagande de merde ne marchera pas, protestais-je.

— Peaches[10], me répondait maman très calmement, tu es en colère. Ce n'est pas bon. Tu oublieras Fidel.

Elle se trompait. Comment allais-je oublier Fidel, Cuba, mon petit enfant et tout ce qui m'était arrivé ne sortaient de mon esprit, et pas plus de ma vie ? Décidément, tout allait mal pour moi. J'avais le cœur brisé, il ne me restait plus d'espoir et je sentais que nul ne s'en préoccupait, que personne ne voulait parler sérieusement ou m'aider comme j'en aurais eu besoin, et que je n'étais qu'un pion dans une partie d'échecs, mue par un intérêt politique et de propagande. Et, bien que ma mère fût auprès de moi, je me sentais seule, aussi décidai-je de partir en Allemagne, de revenir vers celui qui me donnait l'image d'un roc, de me réfugier chez *papou*.

Lors de nos retrouvailles, je pleurai abondamment, rongée par le sentiment de l'avoir déçu ou de lui avoir fait honte, et je lui promis de faire en sorte qu'il soit fier de moi. Je constatai néanmoins très vite qu'il ne voulait pas parler de ce qui s'était passé.

— Tout va bien, ne t'en fais pas. Tu as commis une erreur, c'est tout. Tu dois la surmonter et progresser,

---

10. *NDT* : en anglais dans l'édition originale (« mon petit cœur »).

me disait-il en essayant de me calmer, évitant d'appro-
fondir toute conversation.

Papou semblait heureux que je sois là, dans sa maison d'Am Leher Thor 1C à Bremerhaven. Je voulais
rester, apprendre à faire la cuisine et travailler dans
la restauration à l'hôtel de l'oncle Fritz, effectuer mes
premiers pas vers une vie normale et tranquille, même
si les hémorragies qui m'obligeaient à me rendre plusieurs fois à l'hôpital étaient un douloureux rappel de
ce qui m'était arrivé.

Je n'avais aucune intention de quitter l'Allemagne,
mais c'est à ce moment que le maudit article de *Confidential* traversa l'océan et fit son apparition dans la
presse allemande. Avec l'irruption d'une telle publicité, c'en était fini de mon anonymat et de ma tranquillité. En revanche, je commençais à être en butte à
des regards mauvais, à des commentaires de voisins et
à recevoir des appels téléphoniques, dans certains cas
insultants, voire menaçants dans d'autres. De surcroît,
Alex Rorke se mit à m'écrire tous les jours, me tenant
au courant de tout ce qui se passait. Ses lettres étaient
captivantes. Il me demandait de revenir, et c'est ce
que je fis en septembre 1960 : je rentrai.

Dans les marais

Après mon retour aux États-Unis, je commençai à participer à des activités manifestement illégales. Je me
souviens parfaitement du premier voyage que je fis
alors à Miami, une affaire de trafic d'armes, nécessitant

un trajet en voiture dans un convoi qui allait passer par la Géorgie. Les coffres à bagages remplis d'armement, nous passions prendre des gens tout au long du chemin. Déjà, à ce moment-là, maman pressentait que j'allais me retrouver mêlée à quelque chose d'excessivement louche, même pour quelqu'un comme elle, qui était tellement accoutumée au monde du secret. Aussi s'opposa-t-elle à mon départ. Mais elle finit par céder et me laissa partir, étant donné qu'Alex, en qui elle avait une entière confiance, était également impliqué dans l'opération et participerait à ce voyage, lors duquel au moins deux ou trois de ceux qui nous accompagnaient prenaient des drogues afin de se maintenir éveillés.

Lorsque le périple s'acheva et que nous arrivâmes à Miami, nous logeâmes dans un immeuble de trois ou quatre étages, un de ces motels bon marché typiques de la Floride, de couleur rose, pourpre ou bleue ; ici habitaient les « soldats » qui étaient en train de préparer l'invasion de Cuba afin de renverser Fidel. C'était un vieil établissement qui se trouvait dans un secteur proche d'usines, et il y avait là surtout des jeunes vêtus de tenues militaires et de camouflage, mais aussi des soldats de fortune, des mercenaires et des gens de toute évidence formés et entraînés militairement, et bien que la majorité d'entre eux furent cubains, il existait un certain mélange. Je me rappelle notamment avoir connu dans cet hôtel au moins deux ou trois « combattants pour la liberté » hongrois, sanguinaires, pervers, très engagés et bien préparés. Ils étaient plus âgés que presque tous ces fils de grands propriétaires fonciers cubains et latino-américains qui, pour la plupart, avaient une vingtaine d'années.

C'est là que je rencontrai à nouveau Fiorini et, que je le veuille ou non, je me vis totalement engagée dans cette entreprise qui avait pour objectif de chasser Fidel du pouvoir, une action dont Frank, je le sus par la suite, était l'un des chefs, notamment celui d'une section prête à assassiner. Il l'assurait, affirmant même que cette action était financée avec de l'argent de la CIA. Il s'agissait de ce qu'on appela l'« Opération 40 », une machination gouvernementale classée secrète, qu'Eisenhower avait approuvée en mars 1960 et à la tête de laquelle se trouvaient le vice-président Nixon ainsi qu'Allen Dulles, alors directeur de la CIA. La directive du Conseil de sécurité nationale, signée par le Président et tenue secrète pendant des années, autorisait l'agence à former et équiper des réfugiés cubains à la manière d'une guérilla, afin de renverser le gouvernement de Fidel.

Des années plus tard, Fiorini lui-même expliqua publiquement comment cela fonctionnait : d'une part, beaucoup d'agents opérationnels de la CIA y participaient, y compris des agents doubles du Renseignement cubain ; leur principal travail consistait à entraîner les agents à s'infiltrer dans un pays étranger et à établir des contacts avec des membres de mouvements clandestins, du gouvernement et des forces armées du pays. D'autre part, il y avait un second groupe, celui que Frank appelait la « section des assassinats », dont il avoua faire partie et au sein duquel j'ai travaillé avec lui. C'était un commando prêt à agir quand il en recevrait l'ordre, à exécuter des politiques ou des membres des forces armées et, si cela se révélait nécessaire, jusqu'à des membres du groupe lui-même suspectés d'être des agents doubles travaillant non pour les États-Unis mais pour le pays que l'on cherchait à infiltrer. Fiorini parlait de pays au pluriel mais, il le reconnaissait, à ce moment-là, une seule nation occupait son esprit, un point central sur lequel il se focalisait exclusivement : Cuba.

Les premiers jours, je passais la majeure partie de mon temps dans ce motel reconverti en base opérationnelle, même si je séjournai à l'occasion aussi chez un cadre dirigeant de la société Cobbs Fruit, Irwin Charles Cardin, que m'avait présenté Alex Rorke et avait une fille de mon âge, Robin. Cardin n'était pas un mercenaire comme ceux qui pullulaient à cette époque en Floride : c'était un homme fortuné qui aspirait à figurer parmi les chefs ; il voulait s'investir dans l'organisation et les questions financières, non seulement en matière d'offensives contre Fidel mais, surtout, dans les plans ultérieurs pour préparer l'avenir de l'île, si on parvenait à renverser le régime révolutionnaire et à en réinstaurer un plus favorable aux intérêts du patronat nord-américain. D'autres fois, je partais dans les camps d'entraînement des Everglades, la zone humide du sud de la Floride, infestée de serpents et de moustiques, avec lesquels cohabitaient ces mercenaires et ces jeunots. Avec l'appui d'exilés comme Artime et du gouvernement nord-américain, tous projetaient de renverser Fidel, ce qui finirait par se réaliser avec l'invasion manquée de la baie des Cochons.

Nous mettions à profit les voyages depuis Miami pour transporter des armes. Au cours des entraînements dans les Everglades, on voyait des gens tels que Gerry Patrick Hemming, un combattant membre de la CIA qui, de même que Fiorini, avait aussi collaboré avec Fidel et le Mouvement du 26 Juillet dans la Sierra Maestra durant les affrontements contre le régime de Batista. À l'époque où il était du côté des Cubains, il avait effectué des missions aériennes contre les avions nord-américains qui cherchaient à détruire l'une des principales sources de revenus de l'île, les plantations de canne à sucre. Comme Frank, Hemming n'avait pas beaucoup tardé à se retourner contre la révolution cubaine peu après le triomphe de celle-ci. Je crois toutefois que, dans son cas, c'est sous l'emprise d'un fervent anticommunisme qu'il l'avait fait, et non, comme Fiorini, à cause de motivations et d'alliances plus qu'opaques. Ce qui expliquerait que Gerry soit devenu par la suite commandant d'Interpen, le sigle d'un groupe baptisé « Force intercontinentale d'infiltration », une organisation fantôme qui servirait de couverture au gouvernement nord-américain afin de dissimuler et pouvoir nier tout lien avec des opérations montées contre Cuba depuis la Floride et le Guatemala. Mais cela viendrait plus tard : quand je fis sa connaissance, il participait à l'Opération 40, en tant qu'assesseur militaire.

Hemming était un type attirant et costaud, qui baragouinait un peu d'allemand parce qu'il avait été détaché en Allemagne pendant la Seconde Guerre mondiale, à titre de spécialiste en techniques de sabotage ; dans les Everglades, il était l'un des éléments clés de ces entraînements durant lesquels on enseignait des tactiques militaires, et où l'on reproduisait le *modus operandi* d'une armée, avec des instructeurs, de la discipline et des cours. Très grand, portant constamment ses rangers et son chapeau australien, Hemming formait les gens aux techniques de survie, au tir avec divers types d'armes – fusils, carabines M-1, armes automatiques, pistolets et baïonnettes –, et il enseignait même le lancer de couteau. De plus, il aimait se vanter de pouvoir faire exploser tout ce qu'il voulait.

Dans une telle ambiance, je changeai peu à peu sans le vouloir ou, du moins, sans que ce soit de manière consciente. Je continuais à me sentir perdue, de plus en plus, et il m'était alors impossible de savoir qui était bon et qui était mauvais. Peut-être étaient-ils tous à la fois bons et mauvais, rendant toute distinction limpide impossible, probablement pas du tout souhaitable et très certainement erronée, dans un monde où la désinformation et le fait de montrer deux ou trois visages différents font partie des règles du jeu. Ce dont je pouvais être certaine, c'était qu'il s'agissait là de la plus stupide « armée invisible » jamais inventée, pas secrète pour un sou, où une parole sur deux était : « invasion », « tuer le bâtard » ou « assassiner Fidel ».

Il arriva un moment où je sentis que je n'étais plus à ma place là-bas, et je dis à Frank que je partais, mais celui-ci s'y opposa, me répliquant que je n'avais aucun endroit où aller, que j'étais très importante pour eux et que j'avais déjà suivi les entraînements.

— Chacun d'entre nous a un travail à accomplir, m'expliqua-t-il.

Un objectif : changer le cours de l'histoire

Dans l'univers de tâches assignées dont parlait Fiorini, je ne savais pas laquelle m'incomberait. Cela commença à devenir plus clair pour moi peu après, quand à la fin de 1960 ou au début de 1961 je pus faire un voyage à New York avec Alex Rorke afin de voir ma mère ainsi que Frank & Frank, O'Brien et Lundquist. C'est au cours de cette visite à Manhattan que, pour la première fois, ils me parlèrent de tuer Fidel, bien que ce ne fût pas l'expression qu'ils utilisèrent, mais une forme atténuée et cependant non moins meurtrière : « Ce serait très bien de le neutraliser. »

Le message était brutal, même s'ils le revêtaient de mots qui essayaient d'en occulter la dureté et Alex, de surcroît, embrouillait tout avec son discours religieux. Cette conversation où j'entendis parler de ma mission pour la première fois se déroula dans l'immeuble du FBI de la 69ᵉ rue, non pas dans un bureau mais dans un couloir, parce que Rorke avait peur d'être sur écoute. Puis ils commencèrent à me dévoiler la stratégie : nous utiliserions des pilules, une méthode qu'ils assuraient « convenir à une demoiselle » ; nous n'aurions qu'à mettre le contenu des capsules dans la nourriture ou la boisson de Fidel et à partir. Il ne souffrirait pas trop et, bien entendu, moi non plus.

Une fois que j'eus digéré la portée de ce que je venais d'entendre, je m'adressai à Alex :

— Tu es en train de me demander de le tuer, lui dis-je.

— Les œuvres de Dieu revêtent quelquefois des formes que nous ne pouvons pas comprendre, répliqua-t-il. Telle est sa volonté. Il t'absoudra. Tu le feras au nom de Dieu et de ton pays.

— Pourquoi devrais-je faire cela, Alex ? demandai-je, encore incrédule.

— Fidel a ruiné ta vie, me rappela-t-il.

— Je ne le tuerai pas. Je ne peux pas ôter la vie à qui que ce soit.

J'étais convaincue que tout était absurde, illogique, insensé, incroyable et ridicule, et je le crois toujours, mais ce que je pensais leur importait peu, et ils laissèrent à Rorke le soin de tenter de me convaincre, de sorte que nous eûmes, lui et moi, une deuxième

conversation, puis une troisième, une quatrième...
Jusqu'à ce qu'Alex commence à mêler à son message
de mission divine quelque chose de beaucoup plus
profane – l'argent –, en me montrant la devise inscrite
sur les dollars : « *In God we trust*[11] », « nous croyons en
Dieu ». Il me faisait comprendre que si j'exécutais la
mission qui m'était confiée, jamais plus je n'aurais à
me préoccuper de trouver de l'argent et que mes problèmes seraient résolus toute ma vie durant, du moins
du point de vue financier.

Je ne sais pas combien il y eut de réunions, je dirais
environ une vingtaine, avec O'Brien et Lundquist, des
agents de la CIA, dans des bureaux du FBI, chez moi...
Jusqu'à ce que, progressivement, j'arrive à accepter
tout cela. Je crois qu'en réalité, avec toutes les « vitamines » qu'ils continuaient à me faire prendre, j'aurais consenti à n'importe quoi. En tout état de cause,
des capsules remplies de poison et supposées provoquer une mort indolore semblaient, sans aucun doute,
une méthode plus douce que de tirer un coup de feu
ou planter un poignard dans le corps de Fidel, que je
connaissais si bien et qui m'avait donné tant de plaisir.

Les moyens pour s'en prendre à cet homme que
j'avais aimé à la folie ne manquaient pas. Les plans
secrets de la CIA visant à en finir avec Fidel avaient
déjà commencé à se mettre en place en 1959, incluant
des idées saugrenues, telles que lui administrer des
drogues hallucinogènes afin qu'il perde son contrôle

---

11. *NDT* : en anglais dans l'édition originale.

et donne une impression pathétique qui réduirait à néant son image de leader charismatique ; contaminer au moyen d'une substance semblable au LSD l'air de la station de radio depuis laquelle il prononçait certains discours, pour qu'il perde toute crédibilité ; injecter dans l'un de ses *puros* quelque substance chimique qui affecterait son raisonnement, jusqu'à lui faire perdre sa barbe emblématique en mettant des sels toxiques de thallium dans ses bottes. Ce qui se projetait dans mon cas allait beaucoup plus loin : il s'agissait carrément d'un assassinat.

D'après ce que l'on me dit, les capsules dont je devais vider le contenu dans la nourriture ou la boisson de Fidel avaient été « tout spécialement confectionnées à Chicago », et c'est un certain Johnny Rosselli qui allait me les procurer. Je l'avais probablement côtoyé sans le savoir à Cuba, car Rosselli était patron du club Sans-Souci, un autre lieu emblématique de La Havane. Rosselli était un des hommes clés de Sam Giancana, parrain de la mafia de Chicago sur l'île.

Quoi qu'il en fût, je connus personnellement Rosselli sans nul doute à Miami, lorsque Frank Fiorini – encore lui – me présenta cet homme de belle allure, séduisant, au regard pénétrant, toujours élégant, et que l'on appelait *Mr. Hollywood*. Les présentations eurent lieu au cours d'une réunion au Fontainebleau, un hôtel de Miami. C'était Robert Maheu qui dirigeait toute cette rencontre, un type qui avait représenté à Washington les intérêts du milliardaire Howard Hughes, dont la société d'aviation avait signé des contrats secrets avec la CIA et le département de la Défense. Recruté en 1954 par le Bureau de la sécurité de la CIA, Maheu entretenait de bonnes relations avec la mafia et avait mené des négociations en d'autres occasions aux côtés de Rosselli, ce dernier ayant quelques problèmes avec le département du Trésor, ce qui l'amenait à rechercher des alliances intéressées avec le pouvoir. Maheu organisa une entrevue à l'hôtel Plaza de New York en septembre 1960 entre Jim O'Connell, haut fonctionnaire du Bureau de la sécurité de la CIA, et Rosselli. C'est là que l'on commença à concevoir la tentative d'assassinat. À l'époque, les laboratoires de la CIA avaient déjà donné un coup d'accélérateur en envisageant diverses possibilités d'en finir avec Fidel, parmi lesquelles figurait l'utilisation de la toxine botulique, la plus mortelle de toutes.

Quelques mois après cette première assemblée décisive au Plaza de New York, je finis par rencontrer Maheu et Rosselli au Fontainebleau de Miami, dans une réunion à laquelle participèrent aussi Frank Fiorini, Alex Rorke et deux ou trois hommes que je ne pourrais identifier. Je me rappelle les avoir entendus parler de moi à voix basse, de ce qui était arrivé à mon bébé et du fait que je tiendrais là ma vengeance. Ils discutaient plus ouvertement des plans. Parmi eux, avec la couverture qui me servait de lettre de recommandation, celle d'une maîtresse dépitée qui pouvait se changer en meurtrière parfaite, je me sentis à la fois stupide, importante, effrayée, et également acculée. Je pensais que je ne pouvais pas dire non face à tous ces gens. Pourtant, à un moment donné je trouvai la force d'oser dire :

— Je ne sais pas si je pourrai le faire.

— Tu le feras pour ton pays, répondit Frank d'un ton coupant.

— Que se passera-t-il si j'échoue ?

— Tu n'échoueras pas.

Il ouvrit alors une boîte à l'intérieur de laquelle était enfermée une enveloppe contenant les deux capsules et affirma avec gravité :

— Ceci va changer le cours de l'Histoire.

« Ne fais pas ça »

Cette nuit-là, je retournai à l'hôtel où logeait la guérilla et tentai sans grand succès de dormir, en essayant d'ignorer que je détenais ces deux pilules au contenu mortel, mais sans pouvoir m'empêcher de me sentir terriblement coupable. Que s'était-il passé ? Comment avais-je pu me retrouver dans cette situation ? Deux ans auparavant, j'étais à peine une adolescente dont la rébellion s'était limitée à échapper à la discipline, désobéir à ses parents et se faufiler de temps à autre comme passagère clandestine sur les bateaux que commandait *papou*. Deux ans plus tôt, je n'étais qu'une petite jeune fille qui, au premier instant, était tombée éperdument amoureuse d'un barbu de haute taille, au beau visage, au regard intense et possédant un charisme hors du commun. Une jeune fille qui s'était abandonnée follement et passionnément à l'amour, sans autre pensée. À ce moment-là, tout était différent. C'est dans la douleur que j'étais devenue une femme, et je l'avais déjà payé cher en perdant mon enfant. J'évoluais parmi des agents spéciaux, des agents secrets, des exilés, des patrons de société, des mafieux et des mercenaires, et ils m'avaient donné les armes pour que je devienne une meurtrière, l'auteure d'un magnicide qui non seulement m'aurait marquée à vie, mais aurait marqué aussi l'Histoire elle-même.

Après cette nuit d'angoisse, Alex et Frank vinrent me chercher. J'étais prête, avec mon sac de la compagnie aérienne Pan Am et une petite mallette de maquillage blanche. J'étais morte de peur mais ne voulais pas le leur montrer. Ils m'emmenèrent à l'aéroport de Miami et, juste au moment où j'allais monter dans l'avion, Alex s'approcha de moi en parlant tout bas, presque sans bouger les lèvres, afin que Fiorini ne puisse ni le voir ni l'entendre, et il me dit :

— Ne fais pas ça.

« Ne fais pas ça. » Quatre petits mots qui sortaient de la bouche de cet homme, le même que j'avais entendu proposer de « neutraliser Fidel » pour la première fois. « Ne fais pas ça. » S'agissait-il d'une prière ? d'un conseil ? d'un avertissement ? Cette phrase me révélait que je n'étais pas la seule à être tourmentée par la culpabilité, et l'idée me vint que le pauvre Alex était peut-être rongé par le doute et ses principes moraux. Il était également possible que là, dans cet aéroport, il se soit à nouveau glissé dans la peau du personnage paternel qu'il avait si souvent joué avec moi depuis que nous nous connaissions et qu'il soit en train de m'avertir, du mieux qu'il le pouvait, que tout n'était pas aussi simple que ce qu'on m'avait raconté, qu'il y avait des plans pour se débarrasser de moi ou rejeter toute la faute sur ma personne si je parvenais à exécuter la mission. Qu'il ait changé d'avis ou éprouvé de la compassion n'avait, de toute façon, aucune importance. Le « Ne fais pas ça » d'Alex ne changeait rien, parce que j'avais déjà pris une décision et savais que je n'allais pas tuer Fidel : je m'en sentais incapable.

Les retrouvailles

Cette détermination à ne pas assassiner Fidel ne m'empêchait pas d'être sur les nerfs pendant ce voyage en avion. Contrairement à l'escapade de décembre 1959 – un aller-retour dans la journée organisé par Fiorini afin de s'assurer que le moment présent, bien plus décisif, pouvait arriver –, cette fois ma mission n'était pas un coup d'essai et j'embarquai en éprouvant des sensations bien différentes. Je savais que non seulement la lettre de mes parents, l'article de *Confidential* ainsi que toute la publicité faite autour de mon histoire m'avaient fait honte et m'avaient poussée à prendre mes distances avec le Mouvement du 26 Juillet à New York, mais aussi, et surtout, que tout cela n'avait pas plu du tout à Fidel. Par-dessus le marché, durant le vol entre Miami et La Havane, je fus prise de panique à l'idée qu'on me fouille à l'arrivée à Cuba et qu'on découvre les capsules, que je décidai alors de retirer aussitôt de la poche de mon pantalon pour les cacher dans un pot de crème pour le visage Ponds.

La crainte d'être fouillée se révéla peu après infondée : il n'y eut ni examen de mes bagages ni interrogatoires à l'aéroport lorsque j'atterris, de sorte que je me rendis sans délai à la première étape prévue, l'hôtel Colina. Je me changeai, revêtis encore une fois mon uniforme, et de là je pris le chemin du Habana Libre. J'étais très tendue mais réussis à ne pas le montrer : je saluai tout le monde dans le hall et pénétrai dans l'ascenseur, arrivai au 24e étage, me dirigeai vers la chambre et introduisis de nouveau la clé dans la serrure. La porte s'ouvrit, j'entrai et vis que Fidel n'était pas là. Je sortis le pot de crème de la mallette et, en ôtant le couvercle, je remarquai que les capsules s'étaient quasiment désagrégées, transformées en une sorte de masse pâteuse. Elles étaient détruites, et de toute façon je n'avais pas l'intention de m'en servir, si bien que les jeter dans le bidet me parut l'option la plus sûre. Elles se refusaient à partir par la canalisation et je dus m'y prendre à plusieurs reprises, mais je les vis finalement disparaître ; lorsque cela fut effectué, je me détendis et respirai profondément. Je me sentis libre.

Fidel arriva dans la chambre peu de temps après et je fus très contente de le voir, même s'il semblait distant et toujours aussi occupé.

— Oh, ma petite Allemande ! s'exclama-t-il quand il me vit.

Un « Tu me manques beaucoup » parvint à sortir de ma bouche, ce fut la première chose que je trouvai à lui dire.

Où étais-tu passée ? Chez ces gens de Miami, avec les contre-révolutionnaires ? me demanda-t-il.

Je sais qu'en réalité il n'attendait pas de réponse, et il poussa un grand soupir qui voulait dire « Ne me réponds pas, je le sais très bien ». Puis il s'assit sur le lit, retira ses bottes pleines de boue et s'allongea. Le cendrier était rempli de restes de *puros*, ces fameux Roméo et Juliette que l'on faisait spécialement pour lui avec son portrait ainsi que la date de la libération de l'île sur la bague.

— Il faut que je te demande ce qui m'est arrivé le jour de cette intervention. Que s'est-il passé avec notre enfant ? C'est la principale raison pour laquelle je suis ici, dis-je.

— Pas pour me tuer ? rétorqua-t-il.

Ainsi qu'il le faisait toujours avec tout le monde, Fidel me parla en me regardant droit dans les yeux et je n'eus pas d'autre choix que de lui dire la vérité :

— Si.

Il sortit alors son pistolet de l'étui, le posa d'abord sur sa poitrine, puis il me le tendit. J'empoignai l'arme, je la regardai et le regardai, lui, toujours étendu. Il avait fermé les yeux et dit :

— Nul ne peut me tuer. Personne. Jamais, au grand jamais.

— Moi je peux, répondis-je.

— Tu ne le feras pas, trancha-t-il.

Il avait raison : je n'allais pas le faire. J'avais beau tâcher de me persuader que je le haïssais suffisamment pour le tuer, je ne voulais pas lui faire de mal et ne l'avais jamais voulu. Je lâchai le pistolet et éprouvai tout à coup un grand sentiment de libération.

Je me mis à pleurer. Fidel s'en aperçut et me dit de m'approcher du lit. Je m'agenouillai près de lui et, sans pouvoir contenir mes pleurs, au bord de l'hystérie, perdant tout contrôle, j'exigeai à nouveau à cor et à cri des réponses à propos de notre enfant. Je donnai des coups sur le lit, je frappai même Fidel et me jetai sur lui ; il demeurait très calme et, avec beaucoup de douceur, tenta de m'apaiser.

— Tout va bien, tout va bien.

— Non, répliquai-je, insatisfaite. Qu'est-ce qui s'est passé ?

— J'ai tout arrangé. Le docteur a été liquidé.

— Mais je ne sais pas ce qui s'est passé, protestai-je.

— Je sais, je sais.

— Comment ça, tu sais ?

— Moi, je sais tout. Il n'y a pas de problème. Le petit garçon va bien.

« Le petit garçon va bien. » Mon fils était vivant !
Je voulais le voir, le prendre dans les bras et j'entrepris d'en convaincre Fidel, mais il s'y refusa, me coupant la parole d'un « Il est entre de bonnes mains ».
Il me raconta qu'il était confié à la garde des Fernández, ces professeurs auxquels j'avais rendu visite plusieurs fois. Je voulus partir en courant, aller chez eux,
mais je savais que c'était impossible parce que mon
temps sur l'île était limité. On attendait que je rentre
à Miami une fois ma mission criminelle accomplie, et
j'étais sûre que du personnel de la CIA était présent,
en train de surveiller mes déplacements sur l'île. De
plus, Fidel me dit que son fils était « un enfant de
Cuba ».

— C'est le mien aussi, lui répondis-je.

Je me mis alors à menacer de revenir avec *papou*
pour récupérer mon fils, ce qui ne plut pas du tout à
Fidel, mais, malgré cette irritation, il se montra pratiquement tout le temps compréhensif à mon égard.
Je m'allongeai à côté de lui et nous commençâmes
à échanger des caresses et des cajoleries. Il tenta de
s'endormir, il voulait se reposer parce qu'il devait prononcer ce soir-là un discours axé sur le racisme et la
haine, mais j'avais encore et toujours des questions.
En adolescente amoureuse, inconsciente et jalouse
que j'étais, j'en vins à lui demander s'il me trompait
et il répondit, amusé :

— Que veux-tu que je fasse ici, tout seul ? Bien sûr
que tu es toujours ma petite Allemande.

Au bout d'un moment, il se leva du lit, alla se laver le visage dans la salle de bains, enfila des bottes propres, me dit qu'il devait partir et me serra très fort dans les bras. Je répondis que je devais partir moi aussi ; il me répondit de ne pas le faire, de rester, mais nous savions tous les deux que c'était impossible. Ce furent de tristes adieux. Il n'y eut pas de vainqueur.

Une fois seule dans cette chambre, je me mis à réfléchir : s'il y avait une chose que je n'avais pas le droit de faire, c'était d'ôter la vie à quelqu'un pour quelque raison que ce fût, et encore moins pour des motifs politiques dont je me fichais pas mal en outre. Je crois que Fidel le comprit parfaitement, ainsi que la façon dont il avait semé la confusion dans mon esprit et essayé de se servir de moi. Je me dis à moi-même que je voulais m'efforcer de recommencer à vivre, mais, alors qu'à cet instant précis je comprenais clairement tout cela, je me sentais désorientée. J'aimais Fidel et je désirais ardemment rester ici, mais il me fallait partir. Qu'allais-je faire des 6 000 dollars que l'on m'avait donnés au cas où j'aurais besoin de soudoyer quelqu'un, de me cacher ou de fuir ? Devais-je rester et me battre pour mon fils, parler avec Celia ou avec quelqu'un d'autre de l'entourage de Fidel pour tenter de retrouver mon enfant ? Je songeai que si je ne rentrais pas aux États-Unis comme cela était prévu, on viendrait me chercher. Si je revenais, qu'allais-je dire ? Comment allais-je m'en sortir ? Je commençai à être accablée à la pensée de devoir expliquer à Fiorini que je n'avais pas mené à bien la mission, et une terrible onde de frayeur me parcourut, une sensation difficile à traduire par des mots, mais qui ressemblait à celle de se trouver au milieu d'un ouragan et de savoir qu'on ne pouvait pas s'échapper. Ce dont j'avais peur, c'était de rentrer.

Les larmes aux yeux, je laissai ces 6 000 dollars avec une note demandant à Fidel de se servir de l'argent pour notre fils, ramassai des bagues de *puro* en souvenir ainsi que ma mallette de maquillage, sortis de la chambre et descendis. Après avoir de nouveau salué les employés qui se trouvaient derrière le bureau de la réception, je remarquai qu'un homme muni d'un journal se tenait près de la boutique et j'eus l'impression qu'il s'agissait d'un agent nord-américain, en particulier quand il me fit un signe de la tête comme pour me saluer. Je lui répondis de la même façon. Il pensa probablement que j'avais tué Fidel et que je m'en allais en pleurant, submergée par l'émotion.

Je repassai par l'hôtel Colina pour me changer de nouveau, me rendis à l'aéroport et embarquai dans l'avion qui écollait en direction de Miami à 6 heures du soir.

Fière de leur avoir fait faux bond

Après un vol de courte durée, j'atterris fatiguée, déprimée et moralement épuisée, mais je n'eus pas le temps de réfléchir ou de m'occuper de ma propre personne. Dès que la porte de l'avion s'ouvrit, je vis Fiorini, Rorke et une dizaine d'autres hommes m'entourer, quelques-uns habillés en militaires, d'autres en civil. Leur anxiété était évidente et j'avais même peur de parler.

— Eh bien, comment ça s'est passé ? les entendis-je me demander.

— Je ne l'ai pas fait, parvins-je à dire.

Ils ne pouvaient pas le croire. Tous se mirent à pousser des cris et des exclamations, je vis les yeux de Frank lancer des éclairs, il m'attrapa brutalement par le bras, m'emmena jusqu'à une fourgonnette et me jeta à l'arrière du véhicule. Je commençai à balbutier des excuses : j'avais déjà dit que Fidel n'avait pas d'emploi du temps fixe, qu'il était impossible de savoir quand il va manger ou boire, de connaître ses allées et venues Il était imprévisible.

Au fur et à mesure que je parlais, les cris de rage allaient crescendo. Quand Alex se mit à discuter avec Frank pour tenter de me défendre, je m'excusai de mon côté en disant quelque chose comme « Ce n'était pas la volonté de Dieu de toute façon », un argument qui fit sortir Frank, déjà passablement énervé, un peu plus de ses gonds.

Je continuais à percevoir chez eux de l'incrédulité tandis qu'ils me conduisirent en lieu sûr à la périphérie de la ville, dans un bâtiment en ciment sans fenêtres, équipé de quelques lits superposés et où Frank me dit que je devais attendre. Ils durent brancher la radio autre part et écoutèrent Fidel en train de prononcer son discours. Cela n'aurait pu se produire si je l'avais empoisonné avec les deux capsules, aussi confirmèrent-ils que la mission avait échoué.

À partir de ce moment-là, je vécus avec cet « échec ». En réalité, jusqu'à aujourd'hui, je ne suis pas arrivée à m'en débarrasser, puisqu'on dit encore que je suis connue non seulement pour avoir raté l'une des premières tentatives d'en finir avec Fidel, mais également parce que j'étais celle qui avait le plus de chances de réussir. C'est la vision que l'on peut avoir de l'extérieur, mais je suis fière de moi-même, très fière, et je me réjouis d'avoir réussi à envoyer au diable tout le lavage de cerveau auquel on m'avait soumise. Je me réjouis de ne pas avoir avalé tous les cachets qu'on voulait me faire ingurgiter avant de me rendre à La Havane dans le but de me troubler l'esprit, pour que je devienne folle ou que je commence à me battre avec Fidel, des drogues qui m'auraient mise dans un tel état qu'il aurait été facile, si je l'avais tué, d'y trouver une excuse à mon geste.

Fidel sait exactement ce qui se passa ce jour-là et je crois que, secrètement, il doit continuer à en rire. Si j'avais été quelqu'un d'autre, peut-être ces gens seraient-ils parvenus à leurs fins, sait-on jamais. Je n'ai pas pu, tout simplement. Le faire ne m'était pas impossible. Mais je ne l'ai pas fait.

4

Pérez Jiménez,
mon second dictateur

Dans la chambre 2408 de l'hôtel Habana Libre, j'avais saisi d'une main ferme le gouvernail d'un très gros bateau et avais réussi à maintenir le cap, empêchant que le contenu de deux gélules ne change le cours de l'Histoire ; je l'avais cependant payé très cher, en laissant derrière moi mon fils. Je pensai que je pourrais retourner à Cuba pour essayer de le récupérer et que mes parents m'aideraient à faire pression d'une manière ou d'une autre, mais le FBI se chargea de me faire comprendre que je devais abandonner toute tentative en ce sens. En outre, maman et *papou* revinrent peu à peu à leur vie normale, et il ne me resta qu'à commencer à envoyer des lettres à Cuba, lettres que je n'ai pas cessé de transmettre toute ma vie durant.

J'étais de retour à Miami et piégée, une nouvelle fois, dans des eaux où je ne pouvais rien faire d'autre que me laisser porter, consciente que la seule chose que j'aurais obtenue en tentant d'affronter les courants contraires aurait été de mourir noyée. Toutes les personnes impliquées dans l'Opération 40 et dans l'épais maquis de mouvements qui luttaient pour les mêmes objectifs, contre Fidel, me détestaient profondément et me méprisaient, et me le faire savoir ne leur posait aucun problème. En même temps, elles ne pouvaient pas me laisser partir parce que j'étais trop impliquée et que, désormais, j'en savais déjà plus qu'il ne le fallait.

Bateaux, armes et voyages en avion

Je tentai d'abandonner ce marécage et cherchai un travail en tant que serveuse, mais il ne s'écoula pas plus d'un jour avant que Frank Fiorini et quelques-uns de ses hommes n'apparaissent aux alentours de l'établissement ; je sus alors que je ne pourrais pas m'empêcher de retourner avec eux. Même si j'avais échoué dans l'attentat mené contre la vie de Fidel, je leur étais encore utile.

Grâce aux connaissances que j'avais acquises aux côtés de *papou*, j'étais devenue une personne compétente au sein du groupe pour diriger les fréquents voyages maritimes organisés à travers toute la zone dans le but de transporter des armes. Bien que je sois restée parfois à l'hôtel, me consacrant à nettoyer celles-ci, à les trier, l'un de mes plus importants atouts pour le groupe était que je savais lire les courants et les marées, que je pouvais identifier quand une tempête approchait et que j'étais capable de naviguer. Aucun talent personnel n'était mis de côté et à diverses

Avec mes parents, Alice et Heinrich Lorenz, peu après ma naissance, en 1939.

Pendant la guerre, ma mère travailla comme asistante personnelle d'un militaire américain, le major Davis.
Cela fut son premier contact avec l'espionnage, qui représenterait ensuite une partie de sa vie.

Souriante (en bas), à côté de ma mère, ma sœur Valerie et mes frères Philip et Joachim, un portrait de famille.

Le viol dont je fus victime à l'âge de 7 ans me changera en une petite fille renfermée.

Ma sœur Valerie et moi, devant un local d'officiers de l'armée nord-américaine à Bremerhaven, Allemagne, en 1945.

J'ai passé de nombreuses années de ma jeunesse à bord des bateaux que commandait mon père.

Le *Berlin*, le premier paquebot de ligne à faire la route entre l'Europe et les États-Unis après la guerre. C'est à son bord que nous arrivâmes à la Havane en 1959.

Sur une plage de sable noir à Cuba, en 1959, peu de temps avant de rencontrer Fidel.

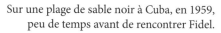

Sur la photo, de bas en haut, ma mère, mon père, une passagère et moi, à bord d'un bateau sur lequel travaillait *Papa*.

Heinrich Lorenz, *Papa*, photographiés à bord du *Berlin* avec le Maire de New York, Robert Wagner .

Lorsque les *barbus*, commandés par Fidel, voulurent monter à bord, je leur dis qu'ils pouvaient le faire, mais je les invitais à déposer leurs armes.

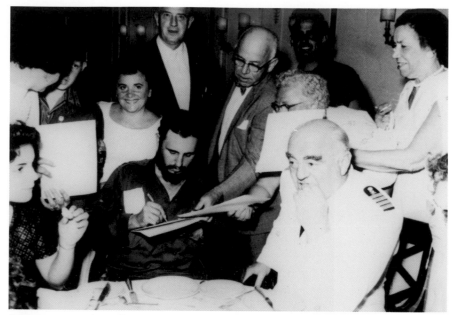

Après une visite des différentes parties du *Berlin*, Fidel, *Papa* et moi nous dirigeâmes vers le restaurant des premières classes. Curieux, le reste des passagers s'approcha pour demander des autographes à Fidel.

Les *barbus* de Fidel se mêlèrent aux touristes de la première classe au restaurant, à côté de la table de mon père..

En 1959, Fidel se rendit aux États-Unis. Sur la photo *El Comandante* en compagnie du vice-président Richard Nixon.

Une de mes photos préférées de Fidel - elle fût prise au zoo du Bronx. Pour moi, elle est une métaphore parfaite de lui-même : un animal majestueux et fier qui comprend la tragédie de la captivité.

Durant tout ce voyage je fus avec Fidel. J'avais revêtu l'uniforme du Mouvement du 26 juillet pour me fondre dans le groupe. J'étais une femme amoureuse et jalouse.

occasions je participai aussi bien au vol de bateaux qu'à des voyages dans des lieux tels que Key West et Marathon Island. Nous y déchargions des armes qui étaient ensuite envoyées vers des destinations telles que le Guatemala ou le Nicaragua, des pays dans lesquels, comme à La Nouvelle-Orléans, aux États-Unis, les tentacules des opérations menées contre Fidel s'étendaient.

Les traversées maritimes étaient ma principale occupation et, même si elles se faisaient à bord de bateaux volés et chargés d'armes, pour moi, elles représentaient l'opportunité de vivre de petits moments de bonheur. À cette époque, j'exerçais un autre travail, moins épanouissant, consistant à transporter par la route des armes que nous volions de temps en temps dans des arsenaux militaires, missions au cours desquelles je travaillais parfois avec Fiorini. De la même façon que je pouvais concevoir que nous volions des bateaux amarrés aux quais des villas à Miami, je ne comprenais pas pourquoi il nous fallait voler l'armée si le gouvernement soutenait ce que nous étions en train de faire en Floride. J'avais néanmoins passé assez de temps auprès du groupe pour apprendre qu'ici il valait mieux ne pas poser de questions, bien que j'aie toujours suspecté qu'une partie de ces armes aient été échangées contre de la drogue.

Ma tâche lors de ces vols était simple : une fois arrivée à l'arsenal, une installation militaire dans laquelle les excédents d'armes étaient gardés, il fallait que je reste dans la voiture pour guetter tandis que Frank et ses hommes commettaient les vols, ou alors je devais embobiner la police s'ils nous arrêtaient quand nous conduisions à bord d'un véhicule déjà chargé. Une fois, je dus semer les gardes qui surveillaient l'endroit : je descendis de la voiture et prétendis qu'elle avait été accidentée. C'était une manière d'amorcer une conversation qui me permettait de me mettre à flirter un peu. Et à ce moment-là, pendant que les vigiles étaient occupés avec moi, Frank et le reste de l'équipe entraient dans l'arsenal et emportaient ce que nous étions venus chercher.

Il y eut aussi cette fois où je voyageai avec Frank dans l'un des petits avions qu'ils faisaient décoller de Floride pour lancer sur Cuba des tracts, des documents couverts de propagande sur lesquels on encourageait les Cubains à se soulever contre Fidel. Alex Rorke avait également accompagné Frank dans un autre de ces vols, durant lequel 250 000 feuilles de littérature anticastriste avaient été lancées sur l'île, et il fut questionné à ce sujet par le FBI, un interrogatoire qui le surprenait parce que le bureau de la CIA à Miami était au courant des actions de Fiorini, que celui-ci attribuait à des ordres directs de l'agence à Washington. En fait, Alex assurait que si Frank et lui étaient un jour arrêtés par des autorités qui ne seraient pas informées de leurs activités, ils n'avaient qu'à donner un numéro de téléphone aux agents, celui du contact du bureau de la CIA à Miami, où on préciserait leur fonction. D'ailleurs, au cas où, Alex gardait dans sa manche l'as de ses bons contacts dans la presse, des relations qu'il avait développées grâce à son travail de journaliste et de photographe free-lance. Frank et lui avaient convenu d'un plan afin de mettre dans l'embarras les agences officielles qui tenteraient de se désolidariser d'eux s'ils étaient arrêtés. Moi, en revanche, je me laissai simplement porter, et au cours de ces voyages en avion avec Fiorini, je ne fis qu'une seule chose : en profiter pour écrire sur une poignée de tracts mes propres messages. Je gribouillai des phrases comme « Je t'aime, Fidel » ou « Vive Cuba LIBRE ! » et je les signai du nom de la « petite Allemande ». C'était un enfantillage, je le sais, mais encore aujourd'hui cela me fait sourire.

Femme dans un monde d'hommes

Je pouvais m'emporter de façon immature, et pourtant je devenais peu à peu plus forte et plus sûre de moi, même si ce n'était que pour une question de survie. J'étais l'unique femme dans ce petit monde dominé par des hommes et, bien que je n'aie jamais été victime d'aucune agression sexuelle quand je me trouvai en Floride, je décidai d'établir une frontière qui aurait pour but de freiner tout éventuel assaut de testostérone. Un jour, alors que nous étions dans les Everglades, où l'humidité et les moustiques rendaient la sensation d'asphyxie et le manque de confort presque insupportables, certains des garçons commencèrent à faire des blagues sur mon compte. Je me sentis prise au piège, je ne pus penser alors qu'à enfiler des vêtements propres et à me friser les cheveux. Je n'étais pas d'humeur à écouter des plaisanteries ou des élucubrations, si bien que je montai sur un camion et tirai des coups de feu en l'air.

— Si quelqu'un s'avise d'entrer dans ma tente, je ne viserai pas vers le haut la prochaine fois que j'appuierai sur la détente ! proclamai-je depuis mon podium improvisé.

Le message produisit son effet et prouva suffisamment ma détermination pour qu'ils comprennent que, dans ce lieu, je n'étais pas une femme mais un des leurs. Jamais personne n'osa entrer sous la tente où je dormais dans ce camp au milieu des marécages.

Frank me traita toujours comme un membre à part entière durant ce temps passé au sein du groupe, sans faire aucune espèce de distinction entre les autres garçons et moi. Cependant, tout le monde ne semblait pas saisir que je sois encore là après l'épisode des pilules jetées dans le bidet, et quelqu'un voulut peut-être me rappeler que j'étais vulnérable. Cela expliquerait ce qui arriva au cours de l'un des entraînements quand une balle tirée derrière mon dos effleura ma nuque. Elle ne pénétra pas dans mon cou, mais la blessure saignait beaucoup et Frank, bien qu'il ait attendu, malgré l'hémorragie profuse, que la nuit tombe, décida de m'envoyer à Miami chez Orlando Bosch, l'un des anticastristes les plus virulents de l'époque. Des années plus tard, celui-ci se vit accusé, avec Luis Posada Carriles, d'avoir organisé l'attentat contre un avion de la Cubana qui volait entre la Barbade et la Jamaïque, en 1976, dans lequel périrent 73 personnes.

En ce temps-là, Bosch n'était pour moi qu'un exilé cubain de plus parmi ceux déjà nombreux qui faisaient partie du groupe de Fiorini – j'avais vu les deux hommes plusieurs fois ensemble –, et ce jour-là il fut mon sauveur. Bien qu'il fût pédiatre, ses connaissances médicales et le matériel qu'il gardait chez lui suffirent pour que je n'aie pas à passer par un hôpital, où d'après la loi on se doit d'informer les autorités chaque fois qu'un blessé par balle entre. J'étais vivante, mais je ne savais pas si quelqu'un m'avait visée par accident, si le manque de précision du tireur m'avait sauvée ou si, délibérément, on m'avait envoyé un avertissement. Aucune de ces trois options ne m'apportait la tranquillité d'esprit.

Parmi les personnes que je voyais de temps en temps avec Fiorini en Floride se trouvait quelqu'un que je connaissais alors sous le nom d'*Eduardo*, un Blanc dont je me souviens comme d'une ombre obscure et qui devint un visage familier. J'avais vu cet homme pour la première fois en 1960, dans les appartements Brickle Garden à Miami. Nous étions alors plusieurs dans une voiture ; Frank déclara qu'il lui fallait aller chercher quelque chose et quand il descendit il se retrouva face à cet homme, qui lui donna une enveloppe. Les rencontres et les échanges d'enveloppes se répétèrent des dizaines de fois, peut-être plus de trente fois, et bien que nous ne sachions rien d'*Eduardo* nous étions tous conscients que lorsque Frank et lui se voyaient l'argent qui nous permettait de poursuivre nos activités coulait à flots. Ce fut seulement des années plus tard, quand le scandale du Watergate éclata et que Fiorini/Sturgis fut arrêté, que je découvris le nom réel et l'importance de ce mystère nommé *Eduardo*. Il s'agissait d'E. Howard Hunt, dont on trouva le numéro de téléphone dans les carnets d'adresses des suspects arrêtés dans les bureaux de campagne du parti démocrate. Hunt, agent de la CIA depuis 1949, avait aidé à planifier l'opération clandestine qui chassa du pouvoir le président Jacobo Arbenz au Guatemala et laissa place à quarante ans de dictature militaire dans ce pays d'Amérique centrale. Lorsque je le voyais en Floride, il finançait la préparation de l'invasion de la baie des Cochons.

De l'anticipation à l'échec : la baie des Cochons

À l'hôtel de Miami et aux Everglades venaient aussi parfois des conseillers militaires qui non seulement entraînaient les jeunes mais donnaient également des conférences et des discours pour les encourager, leur remonter le moral et leur apprendre en même temps la patience, bien que cette dernière partie de la leçon n'ait pas semblé pénétrer leurs esprits. À cette époque, début 1961, lorsqu'on ne s'entraînait pas dans les marais, on passait la majeure partie du temps à attendre et écouter sans cesse une angoissante question : « Quand est-ce qu'on y va ? »

Que le jour *J* n'arrive pas relevait en bonne partie de la responsabilité des propres membres du groupe, car on n'entendait que des conversations chargées de haine contre Fidel, contre le communisme ou en rapport avec les plans d'invasion. Peut-être que s'il ne s'était pas consommé tant de cocaïne dans cette « armée » le niveau d'excitation et d'insouciance aurait été plus bas et les fuites, moins nuisibles aux objectifs. Mais ces plans étaient dans toutes les bouches. Même les médias publiaient à ce moment-là des histoires qui racontaient ouvertement comment les choses se préparaient en Floride, et bien sûr, à Cuba, on ne manquait pas d'informations sur la menace imminente. De fait, comme tous parlaient tant, il fallut suspendre le lancement de l'opération à maintes reprises et plusieurs fausses alertes eurent lieu.

De toute façon, l'ensemble des projets qu'ils faisaient me semblait stupide et me posait une multitude de doutes, notamment parce que j'avais vécu à Cuba, où j'avais vu que la majorité du peuple soutenait Fidel. Il me paraissait improbable que les « rebelles » obtiennent le soutien intérieur qui représentait une pièce indispensable pour pouvoir mener à bien le plan de changement de régime une fois qu'ils arriveraient sur l'île et commenceraient leur invasion. En outre, je connaissais très bien l'un des points désignés pour le débarquement, le marécage de Zapata, car je l'avais visité un jour avec Fidel. Je savais que ce plan ne fonctionnerait pas et que beaucoup se noieraient, et je les avertis que penser qu'ils pouvaient y faire entrer leurs vedettes n'était que pure folie.

Finalement, le 17 avril 1961, la prétendue invasion de Cuba dans la baie des Cochons fut lancée. Le secrétaire d'État, Dean Rusk, eut beau nier que le gouvernement des États-Unis s'impliquerait dans la situation, tout le monde savait que ces 1 500 hommes qui s'essayèrent à affronter les 30 000 soldats de Fidel avaient été entraînés par la CIA. Il fut confirmé officiellement par la suite que c'était bien l'« agence » qui en 1960, sous l'Administration Eisenhower, avait imaginé le plan ; John F. Kennedy avait approuvé celui-ci dès qu'il en avait été informé lors de sa victoire aux élections de novembre de cette même année, après avoir battu Nixon. En réalité, Kennedy avait été avisé de ce qui se tramait alors qu'il n'était encore que candidat à la présidence, et il utilisa ces informations comme une arme politique. Conscient que ces plans devaient rester secrets et que Nixon ne pourrait pas les évoquer publiquement, le candidat démocrate attaqua sournoisement son rival dans des déclarations et des débats, l'accusant de ne rien faire pour freiner Castro, et le républicain, pieds et poings liés, ne put pas le contredire ni empêcher, par conséquent, de faire en sorte qu'il apparaisse comme faible dans son traitement de la question cubaine.

Une fois élu président, Kennedy donna le feu vert en février 1961 au plan d'invasion, qui comprenait deux attaques aériennes sur les bases cubaines avant l'arrivée de l'armée des exilés, la Brigade 2506, qui allait lever l'ancre depuis le Guatemala. La première de ces actions menées depuis les airs eut lieu le 15 avril, et non seulement ce fut un échec qui laissa presque intactes les forces aériennes de Fidel, mais cela permit aussi que les gens voient à quoi ressemblaient les vieux bombardiers américains B-26 alors repeints, avec l'aide de la CIA, dans le but de les faire passer pour des avions cubains. L'ambassadeur des États-Unis aux Nations Unies, Adlai Stevenson, entreprit de défendre l'idée qu'il s'agissait d'une rébellion interne, et pour avérer ses propos, il montra une photo de ces avions peints, sans s'apercevoir que ces images confirmaient bien qu'on avait essayé sans trop de succès de maquiller les avions. Devant la pression croissante à la suite de l'irréfutable implication de Washington, Kennedy suspendit la deuxième vague de bombardements prévue.

Le 17, près de 1 300 membres de la Brigade 2506 arrivèrent à la baie des Cochons et se trouvèrent immédiatement sous un feu cubain intense qui les isola, coula leurs bateaux de soutien et abattit les avions censés les protéger depuis les airs. Fidel intensifiait le siège, une mission aérienne d'urgence autorisée par Kennedy échouait et, le 19, la tentative de changer par la force le régime sur l'île s'effondrait.

Une centaine d'exilés moururent et près de 1 200 d'entre eux furent faits prisonniers. En trois jours, Fidel réussit à en finir avec cette prétendue invasion. Pendant ce temps-là, pour Kennedy, les problèmes commençaient. Peu importait que la CIA ait été en bonne partie responsable de l'« abandon » que dénonçaient les exilés cubains et les membres de la Brigade 2506 : la haine du mouvement anticastriste et des autres acteurs qui s'étaient engagés à renverser Fidel changeait immédiatement de cible et se retournait contre l'occupant de la Maison-Blanche.

Le général du Venezuela

À Cuba, l'échec fracassant de la baie des Cochons ne fit que renforcer Fidel et le rapprocher encore plus de l'Union soviétique. Pourtant, et peut-être pour cette raison, aux États-Unis, les activistes anticastristes n'avaient pas renoncé, même si la haine envers Kennedy avait grandi. Fiorini et sa « section d'assassinat » n'avaient pas participé personnellement à l'invasion et étaient restés en retrait. Frank commença à me confier des missions moins dangereuses que les vols dans les arsenaux ou les transferts d'armement, comme rapporter de l'argent ou récolter des informations auprès de « donateurs » qui adhéraient à notre cause. Ce fut à cet effet que, un jour de mai 1961, il m'envoya dans une villa située à Miami Beach, au 4609 de Pine Tree Drive. Il m'avait juste dit que cette fois-ci le donateur était un « général à la retraite » qui me donnerait sa contribution durant une fête : je devais me rendre chez cet homme, prendre le sac avec l'argent, ressortir et Frank en personne m'attendrait dehors, dans la même voiture que celle avec laquelle il allait me conduire à cette maison.

J'appuyai sur la sonnette ; deux gardes du corps au service du « général » sortirent et me menèrent jusqu'à la résidence, me faisant passer par un garage où se trouvaient 11 voitures, dont une Mercedes tape-à-l'œil, blanche avec l'intérieur rouge. Chaque pas que j'effectuais me faisait pénétrer plus avant dans un monde de luxe manifeste, avec tout un jardin rempli de palmiers, et en entendant la musique de la fête je pensai : « Il a de la chance, ce général ! Il a l'air de bien vivre. »

Quand nous arrivâmes dans une dépendance de la résidence principale, on me fit attendre dans un salon et je ne pus m'empêcher de me sentir un peu stupide, assise là seule pendant qu'à côté de moi les invités profitaient d'une fête qui avait l'air délicieuse, et cela d'autant plus pour quelqu'un comme moi qui avait passé les derniers mois dans des marais et des motels, dans la boue ou au milieu des armes, dévorée par les moustiques. Voilà à quoi je rêvassais lorsque le « général à la retraite » fit son apparition et me salua d'un simple « bonjour ». Aussi petit que l'acteur Danny DeVito, il me parut charmant. Bien que gros et presque dégarni, il affichait un sourire très doux qui l'éclairait. Je me mis debout pour le saluer et sans détour je l'informai que j'étais venue récupérer un sac, certaine qu'il savait ce à quoi je me référais. Mais il me sembla n'avoir aucune intention de l'apporter, me pressa de m'asseoir de nouveau et demanda :

— Vous êtes allemande ?

D'entrée de jeu, il avait l'air d'en savoir plus sur moi que moi sur lui, et il ne mit pas fin à ce déséquilibre légèrement gênant pour moi quand il me révéla seulement dans un premier temps qu'il s'appelait Marcos. Puis il se leva et partit. Il ne revint pas avec l'argent mais avec un plateau, deux verres et un vin allemand du Rhin. Malgré mon refus de boire, il se servit un verre et entreprit de me poser des questions et de me draguer. Une certaine inquiétude m'envahit quand je pensai à Frank, resté dehors à m'attendre, et je rappelai à mon hôte que je voulais seulement récupérer ce que j'étais venue chercher, l'informant par ailleurs qu'on m'attendait à sa porte, ce à quoi il répondit, sûr de lui et catégorique :

— Qu'ils attendent.

J'eus l'impression qu'il n'était pas en mon pouvoir de décider comment les choses allaient se dérouler dans cette pièce, aussi décidai-je de prendre un peu de vin. Ce à quoi je ne m'attendais pas, c'était que Marcos commença immédiatement à se montrer trop audacieux, posant ses mains sur moi et glissant son corps vers le mien dans le canapé en cuir rouge. Je tentai comme je pus de le repousser, lui répétai que des gens m'attendaient dehors et qu'il fallait donc qu'il me donne ce que j'étais venue chercher ; il sembla jeter l'éponge et contint ses avances mais se montra aussi décidé à ce que cette rencontre ne soit pas la dernière.

Quand il me lança, avec un mélange de prière et d'exigence, un « Je dois te voir une autre fois », la phrase me parut familière, faisant écho à celle que Fidel m'avait dite avant de descendre du *Berlín* lors de notre première rencontre. Marcos insista alors sur le fait que je devais sortir avec lui, aller dîner en sa compagnie, le revoir, me disant qu'il avait beaucoup entendu parler de moi, et je finis par céder, lui donnant comme réponse un « Peut-être un jour » qui eut l'air de le satisfaire. Il me laissa partir, me donna le sac et je quittai les lieux avec celui-ci en main. En sortant de la maison, je vis, à mon grand soulagement, que la voiture de Frank était toujours là. Je pouvais souffler : je n'aurais pas aimé marcher seule à travers les rues de Miami avec plus de 400 000 dollars dans un sac. Une fois dans la voiture, je demandai à Frank qui diable je venais de rencontrer et il rit :

— Il nous permet d'exister. C'est le général du Venezuela. Tu viens de faire la connaissance d'un autre dictateur.

Je n'appréciai pas du tout cette remarque, mais je me mis à réfléchir à qui pouvait être ce « général ». J'avais débarqué dans ce pays lors de l'une de mes traversées avec *papou*, je ne savais néanmoins presque rien du Venezuela ni de la politique qui y était menée.

En tant qu'homme, Marcos m'avait semblé effronté et j'étais contente d'avoir résisté à ses avances. Toutefois, je devais admettre que, malgré son audace, je le trouvais agréable : sa poignée de main avait été ferme, son sourire m'avait plu. J'avais senti qu'il était sincère et qu'il voulait vraiment me revoir.

Voler de mes propres ailes

Je décidai d'essayer de rompre avec ma vie récente, c'est-à-dire de m'éloigner des opérations clandestines, des entraînements militaires, des vols, des tentatives d'assassinat et des invasions de pays manquées, pour tenter de voler de mes propres ailes. Afin de me diriger vers cet objectif, rien ne me parut plus approprié que de m'inscrire à une école de la Pan Am, la ligne aérienne créée pour transporter des passagers et du courrier entre Key West et Cuba, qui était la principale compagnie des États-Unis à cette époque, au début des années 1960. Elle offrait un cours de six semaines pour former des hôtesses de l'air ; je parlais un peu espagnol, en plus de l'allemand et de l'anglais, et j'adorais voyager, si bien que tout me semblait parfait, et j'abordai cette formation avec beaucoup d'enthousiasme, sachant qu'ensuite m'attendait un travail qui me plaisait vraiment.

Un jour, à la sortie des cours, je vis une petite silhouette de l'autre côté de la rue et je ne tardai pas à le reconnaître : c'était Marcos, qui démontrait que ce qu'il avait déclaré lors de notre première rencontre était vrai, qu'il voulait vraiment me revoir. Après nous être salués, il m'invita à sortir ; j'acceptai et nous nous rendîmes dans un restaurant de poisson où, tout en mangeant, nous eûmes une conversation très agréable. Nous ne fîmes aucune allusion ni à la politique ni à Cuba ni au Venezuela et, de même, nous ne parlâmes ni d'argent ni de Frank. Moi, je l'écoutais surtout.

Marcos commença à venir plus souvent à l'école pour passer me prendre et m'emmener en balade. Au cours de ces premières rencontres, il était toujours très cordial, mais il voulait aussi être plus proche de moi physiquement et je m'y opposai, du moins au début, jusqu'à ce que je m'habitue à lui. Maman m'avait dit de ne pas sortir seule avec un homme et de ne pas me laisser amadouer par les cadeaux, car selon elle tout ce que la gent masculine voulait obtenir avec ces présents, c'était mon corps, mais avec Marcos je n'appliquais pas tous les conseils d'Alice. Lors de l'une de nos sorties, il m'emmena dans un restaurant polynésien et m'offrit un bracelet en or de 18 carats orné d'une pièce de monnaie dont l'une des faces représentait son visage, avec l'inscription « Présidents du Venezuela ». Je ne pus m'empêcher de rire en voyant sur une pièce en or ce petit homme rond qui, pour sortir avec moi, s'était présenté plusieurs fois à l'école vêtu d'un simple bermuda et de tennis...

Les jours suivants, nos rencontres et les cadeaux se poursuivirent : des perles de l'île Margarita, des bijoux en or blanc ou jaune... À chaque bijou qu'il me donnait, il en profitait pour me raconter des choses sur son pays et sur les merveilles qu'on y trouvait, et par le biais de ces histoires et de ma propre initiative j'en appris plus sur le Venezuela et sur lui-même. Il avait pour habitude de se vanter de la beauté de la terre où il était né, rappelant également combien il avait fait pour la nation, me dressant la liste des autoroutes, des infrastructures et des logements pour les pauvres qu'il avait construits. Cependant, il taisait le fait qu'il ait été un dictateur connu pour sa brutalité et sa corruption. Membre de la junte de gouvernement entre 1948 et 1952, élevé par lui-même au rang de général et autoproclamé président en 1952, Marcos Pérez Jiménez avait dirigé le Venezuela d'une poigne de fer en politique mais d'une main légère lorsqu'il s'était agi de gérer les finances publiques, jusqu'à ce qu'un coup d'État le force à fuir en 1958. On le jugeait responsable d'avoir brutalement éliminé ses ennemis politiques, parmi lesquels Leonardo Ruiz Pineda et Antonio Pinto Salinas, et d'avoir forcé à l'exil, emprisonné et torturé des centaines d'autres dans des lieux infâmes tels que la colonie pénitentiaire de Guasina. Marcos ne disait pas non plus que Pedro Estrada, l'homme qui était toujours à ses côtés à Miami, avait été le chef de sa redoutée Sécurité nationale. Une fois, je lui demandai combien de gens il avait tués, et il me donna de rares et évasives réponses comme :

— Si tu as une pomme pourrie, tu dois t'en débarrasser parce que si tu ne le fais pas, elle gâtera tout ton panier et tu n'auras plus qu'à tout jeter.

Je ne savais pas non plus combien d'argent il avait sorti du pays, bien que certaines personnes calculèrent qu'il avait volé des centaines de millions de Bolivar. Rómulo Betancourt, qui lui succéda à la présidence, porta des accusations officielles pour, outre quatre assassinats politiques, le vol de 13,5 millions de dollars. On croyait pourtant que Pérez Jiménez avait sorti beaucoup plus d'argent du Venezuela ; en réalité, ce montant correspond à la quantité d'argent retrouvée, avec des documents compromettants, dans une valise oubliée le 23 janvier 1958, quand il s'embarqua précipitamment pour la République dominicaine.

Après avoir passé trois mois sur l'île, alors dirigée par son ami le dictateur Rafael Leónidas Trujillo y Molina, il s'exila à Miami, mais, peu après son arrivée, en 1959 plus précisément, Caracas réclama formellement son extradition. Marcos avait payé une caution de 100 000 dollars pour rester libre et il menait en Floride la vie de luxe que j'avais entrevue, bien que derrière l'opulence se cachât également une réalité plus sombre qui se rappelait à lui. Depuis que la demande d'extradition avait été faite, il lui fallait se présenter tous les premiers lundis du mois devant les Services d'immigration et de naturalisation.

Tel était l'homme qui s'était amouraché de moi. Il venait aussi quelquefois me chercher à l'hôtel de la guérilla, où je vivais toujours malheureusement, étant encore incapable de m'émanciper du groupe de Frank tant que je n'aurais pas obtenu ce travail d'hôtesse. Marcos me dit qu'il m'aiderait à quitter ce lieu et à ne plus fréquenter ces gens, il me donna de l'argent pour que je puisse payer d'avance une année de loyer ; je pus ainsi m'installer dans l'appartement où vivait Margarita Flaquer, une amie que j'avais connue durant mes études et avec qui j'emménageai. Margarita entretenait une relation amoureuse avec un Cubain et son logement, auquel on accédait par un pont, était très joli. Ce fut là que je couchai pour la première fois avec Marcos, un jour où mon amie était sortie avec son copain et où j'avais bu trop de vin mousseux.

Le sexe avec lui, ce ne fut pas merveilleux, et pas même agréable. Il est bien sûr impossible de comparer cela à mes expériences avec Fidel. Marcos n'était pas un bon amant, il était égoïste, et les relations sexuelles avaient l'air de n'être pour lui qu'une formalité à remplir et non une chose à laquelle on se livre pour prendre du plaisir en oubliant le temps qui passe. Ce qu'il aimait vraiment, c'était qu'on se serre dans les bras.

Une relation faussée

Après cette première rencontre sexuelle, je me tourmentai en m'interrogeant sur mes motivations, en me disant qu'en réalité je n'aimais pas Marcos. Cependant, ce ne furent que des craintes initiales, parce que j'en vins à l'aimer. Il était amusant et doux, avec un sourire brillant et communicatif. Grâce à lui, j'appris à m'épanouir auprès d'une autre personne, à aimer et à être aimée, des choses que j'ignorais avant de le connaître. Nous avions une bonne relation, solide et pleine d'amour, quoique également faussée, car Marcos était marié à une femme nommée Flor Chalbaud, avec qui il avait quatre filles.

C'était aussi un type jaloux. Après plusieurs semaines passées ensemble, quelques jours avant que je n'aille retirer mon diplôme à la Pan Am, il me vit vêtue de mon uniforme bleu et ses craintes firent surface ; il commença par me faire clairement comprendre qu'il ne voulait pas que je poursuive mes projets, se plaignant que durant toute la journée des hommes allaient me regarder. J'avais déjà effectué un vol d'essai jusqu'à Rio de Janeiro, et la perspective de devenir hôtesse m'enchantait, mais je ne pus empêcher mes rêves de s'envoler une nouvelle fois. Et ils ne furent pas brisés seulement à cause des jalousies de Marcos.

Un jour, lors de l'un de mes vols avec la Pan Am, je me sentis malade, nauséeuse, éprouvant exactement les mêmes symptômes qu'à Cuba. Les signes étaient évidents ; néanmoins, j'étais surprise et incrédule, me disant en moi-même que cela ne pouvait pas être ce à quoi je pensais. Lors de mes relations sexuelles avec ce nouvel amant, je n'avais pris aucune sorte de précaution. En effet, ma mère ne m'avait jamais appris quoi que ce soit en matière d'éducation sexuelle, de contraceptifs ou de planification familiale, et par ailleurs j'avais cru ce qu'on m'avait répété tant de fois à New York : que je ne serais plus capable d'avoir d'enfants, que l'opération bâclée à Cuba avait détruit mon corps et m'avait laissée stérile. J'eus la preuve la plus accablante que tout ce qu'on m'avait raconté était un chapelet de mensonges : Marcos m'avait mise enceinte.

Quand j'annonçai la nouvelle à ce dernier, il fut heureux et entreprit de m'aider dans mon quotidien, par exemple en allant me chercher chez le gynécologue qui s'occuperait de moi à Miami pendant ma grossesse, Harry P. Wolck, qui donnait sa consultation dans Brickle Avenue. Il était clair que je ne pourrais pas continuer ma formation à la Pan Am, et abandonner cette voie me causait non seulement de la peine, mais aussi de la peur, parce que je ne savais pas comment j'allais être capable de survivre. Marcos me rassura, me certifiant qu'il se chargerait de tout. « Tout va bien se passer », telle était une des phrases qu'il me répétait souvent à cette époque.

La grossesse fut une joie pour nous deux mais servit également de combustible en nourrissant la rivalité que Marcos ressentait à l'égard de Fidel, qu'il détestait profondément. Quant à moi, je ne lui avais jamais raconté grand-chose de ma relation précédente ; toutefois, Marcos connaissait cette histoire jusque dans les moindres détails et parfois, lorsqu'il se trouvait avec moi et qu'il avait bu plus qu'il n'aurait dû, il téléphonait à Fidel à La Havane pour l'insulter, des appels dans lesquels il se mit à se targuer que la petite amie de ce dernier lui appartenait désormais et qu'il l'avait mise enceinte. Cette idée récurrente dans ses soûleries devint si fréquente qu'un jour des agents secrets frappèrent à ma porte et me chargèrent de convaincre Marcos d'arrêter de passer de tels coups de fil à Cuba.

Des agents envoyés par Fiorini rôdèrent aussi parfois autour de l'appartement. Ils voulaient voir comment j'allais, mais ils posaient surtout beaucoup de questions sur Marcos. J'essayais de me débarrasser d'eux, de leur expliquer que j'avais quitté le groupe et que je ne travaillais plus ni avec eux ni pour eux ; néanmoins, je ne disposais d'aucun moyen de les freiner et j'en arrivai à prendre peur quand l'une des visites commença à inclure des menaces. Ainsi apparut un jour quelqu'un que je n'avais jamais vu auparavant mais dont je me rappelle très bien le visage. En effet, cet homme qui m'effrayait avait un problème à un œil et il me pria vivement de quitter la maison et d'abandonner mon amant. J'ai toujours pensé que ce qu'ils voulaient, c'était séquestrer Marcos afin d'obtenir de l'argent.

Mis à part ces visites me rappelant un passé auquel il semblait impossible d'échapper, ma vie durant ces mois-là fut très tranquille. Je me consacrai à des passe-temps tels que les puzzles ou la musique, je sortais faire des courses avec Margarita et j'attendais Marcos, qui, disant chez lui qu'il allait jouer au tennis, me rendait visite deux ou trois fois par semaine. Marcos était un mari infidèle très discret, une compétence acquise par l'expérience, et il cachait tellement parfaitement ses aventures que Flor Chalbaud ne savait ni qu'il entretenait une relation sentimentale et sexuelle avec moi ni que j'attendais un enfant de lui.

Le refuge d'une mère

Personne de ma famille ne savait non plus que j'étais enceinte, et je voulus l'annoncer à ma mère. Mais quand je l'appelai à la maison, je ne tombai pas sur elle mais sur *Joe*. Je l'informai de ma situation et, lorsqu'il apprit qui était le père, il poussa de hauts cris. *JoJo* décrivait Marcos comme un assassin, comme l'un des dictateurs les plus cruels qui aient existé, comme un monstre, des définitions que j'avais déjà entendues et lues auparavant, mais qui ne dressaient pas le portrait de l'homme que je connaissais intimement. La peur commença tout de même à s'emparer de moi et les souvenirs de ce qui s'était passé à Cuba refirent surface pour me hanter comme des fantômes. J'étais vraiment terrorisée à l'idée que quelqu'un veuille peut-être désormais aussi m'enlever mon bébé, je le craignais et j'étais si effrayée que j'arrêtai toute activité et ne sortis pratiquement plus de chez moi. Quand arriva le huitième mois de grossesse, je ne quittais l'appartement qu'accompagnée des gardes du corps de Marcos, pour me rendre chez le médecin.

Cette angoisse, c'était trop pour moi, et je ne voulais pas passer la fin de ma grossesse seule ; c'était la raison pour laquelle j'avais besoin de parler à maman, qui travaillait alors en tant que secrétaire à Cadwalader, Wickersham & Taft, un cabinet international d'avocats de Wall Street. Lorsque nous réussîmes finalement à nous joindre, la conversation fut intense et amère, et je me rappelle les détails de ce coup de fil comme s'il avait eu lieu aujourd'hui même. Il s'agissait d'un dialogue quasi unilatéral, plein de récriminations de sa part pour n'avoir pas écouté son conseil de me tenir éloignée des hommes, suivies d'une explosion de fureur quand elle sut que le père du bébé que j'attendais était Pérez Jiménez. Pour maman, Marcos était comme Fidel, et peu importa que je lui assure que cette fois les choses étaient différentes et que cet homme-là m'aimait, qu'il n'allait pas permettre que quelque chose nous arrive, à moi ou au bébé, et qu'il allait prendre soin de nous. Ces paroles aggravèrent presque mon cas et je n'oublierai jamais le cri enragé qu'elle poussa en explosant de colère :

— Tu te fais entretenir, en plus !

Au lieu de faire le bonheur de ma mère, je me voyais condamnée de nouveau et je ne pus m'empêcher de fondre en larmes ; à ce moment-là, Marcos prit le téléphone pour essayer de parler avec elle.

— Alice, ne t'inquiète pas ! Je m'occuperai de Marita. Je vais prendre soin d'elle et du bébé, je vais tout faire bien. Ne crie pas, Alice, ne crie pas.

Au cours de cette dramatique conversation téléphonique, maman avait exigé que je la rejoigne dans le Nord et elle menaçait d'envoyer quelqu'un me chercher si je n'y allais pas, si bien que Marcos et moi eûmes une longue et sereine conversation. Nous nous mîmes d'accord sur le fait que j'irais vivre avec ma mère dans le New Jersey et que j'accoucherais de notre bébé là-bas. Je fis le voyage avec ses gardes du corps, alors enceinte de presque neuf mois, et quand j'arrivai au n° 206 de Wilson Avenue, à Fort Lee, je retrouvai maman et toutes ses récriminations. Les cris et la tension se dissipèrent : nous nous serrâmes dans les bras, nous pleurâmes et je me sentis heureuse.

Maman prit un congé pour être tout le temps avec moi et m'accompagner à mes rendez-vous médicaux ; Marcos appelait chaque jour et ses gardes du corps, chargés de surveiller un club de tennis dont il était propriétaire dans l'État, passaient aussi fréquemment, en apportant de la nourriture et des cadeaux. Lors de l'un de ses coups de fil, Marcos m'indiqua qu'il devait voir Roy Cohn, un grand avocat de la mafia, un gangster qui allait créer deux fonds de 75 000 dollars, l'un pour moi et l'autre pour le bébé, lequel aurait également un compte à part pour les dépenses éducatives, médicales et autres nécessités. Marcos tenait sa

promesse : il nous avait assuré que nous ne manque-
rions de rien.

Donner naissance en pleine tourmente

Quoique la grossesse fût arrivée à terme en février,
précisément le même jour que celui où j'avais connu
Fidel trois ans plus tôt, ce ne fut qu'à partir du 8 mars
que je commençai à sentir des contractions, et je m'estime contente qu'une coïncidence pareille n'ait pas
marqué, comme un rappel ironique, ma vie. Douée
comme je suis pour attirer les catastrophes, qui me
collent à la peau semble-t-il, ce jour-là une énorme
tempête de neige survint, gagna le nom de « tour-
mente du Mercredi des Cendres de 1962 » et entra
dans l'Histoire comme l'une des dix pires tempêtes
du XXe siècle aux États-Unis. Elle s'abattit pendant
trois jours sur six États de la côte Atlantique, faisant
des dizaines de morts et causant des millions de dollars de pertes. L'hôpital où j'avais prévu d'accoucher
se trouvait à Manhattan, et maman et moi vivions
dans le New Jersey. Il était impossible de trouver une
ambulance, si bien qu'il fallut que la police vienne
nous chercher et, comme tant de fois dans ma vie, le
voyage fut une odyssée et ressembla à un film : maman
était hystérique, quant à moi je pleurais, tandis que
le pauvre policier novice chargé de nous conduire
durant ce voyage me priait de ne pas accoucher dans
sa voiture, alors qu'il s'agissait de l'une de ses premières missions.

Nous arrivâmes à l'hôpital et le matin suivant, le 9 mars 1962, je donnai le jour à un gros bébé de quatre kilos. On fut obligé d'utiliser des forceps et on ne m'administra aucune anesthésie, sous quelque forme que ce fût, transformant l'accouchement en une expérience effroyable et déchirante. Cependant, lorsque j'entendis les pleurs de ma fille, toute la souffrance et l'angoisse disparurent, et je ne pus contenir mon émotion et mon bonheur. Lors de l'accouchement précédent, les drogues m'avaient empêchée de sentir quoi que ce soit, et cette fois, même la douleur la plus insupportable était une bénédiction pour moi. J'avais enfin réussi, j'avais amené en ce monde un petit être vivant qui palpitait désormais dans mes bras.

Marcos fut le premier à m'appeler, et à l'autre bout du téléphone il me parut anxieux et heureux, me demandant où était l'enfant.

— C'est une petite fille, lui dis-je à moitié honteuse.

— Oh non ! Je ne veux plus de petites filles ! s'exclama-t-il, déçu.

— Désolée, désolée, j'ai accouché d'une petite fille, marmonnai-je en m'excusant, sans pouvoir m'empêcher de me mettre à pleurer.

Comme elle avait fait avec ses quatre enfants et sa petite-fille, maman fit également en sorte que le père ait peu à dire dans le choix du prénom. Marcos voulait que notre petite s'appelle Adela María, comme sa mère à lui, mais Alice n'en fit une nouvelle fois qu'à sa tête et mon bébé prit le nom de Mónica. L'unique consolation pour Marcos fut que ma mère le laissa choisir le second nom : Mercedes.

Durant mon séjour à la maternité, Marcos s'occupa aussi de toutes les questions financières. Nous étions au New York Lion Hospital, dans une immense chambre avec vue sur la rivière, la même où Jackie Kennedy se trouva après avoir donné naissance à Caroline, et comme je n'avais aucun type d'assurance maladie, Marcos payait pour tout, et toujours en espèces. Il dut régler entre 10 000 et 20 000 dollars de frais. Il remplit de fleurs toute la pièce et nous fit parvenir des cadeaux, des figurines de Lladró, des fruits... Il envoya, en outre, ses gardes du corps et ordonna que l'un d'entre eux ne cesse de surveiller devant la vitre de la salle des nouveau-nés. Dans ces mondes où Marcos évoluait et où il m'avait fait évoluer, les peurs qui auraient pu sembler exagérées à d'autres personnes ou dans d'autres circonstances n'étaient jamais complètement infondées. Et il craignait que quelqu'un tente d'échanger le bébé.

Après l'accouchement et le séjour à l'hôpital, je revins chez maman, qui vivait dans un appartement de deux étages, et je passai là quelques-uns des jours les plus heureux de ma vie. Ma fille m'émerveillait ; je ne pouvais cesser de la regarder, pas même une seconde, aimant d'une forme unique et suprême, apprenant et découvrant quelque chose de nouveau à chaque minute, bouche bée... Je l'allaitais et il m'était impossible d'arrêter d'observer ses petites mains, son petit visage... C'était une expérience fabuleuse, la plus merveilleuse que j'ai jamais vécue. Je me laissais posséder par le sentiment maternel, l'amour, l'étonnement, l'incrédulité et la magie à la pensée que ce nourrisson était sorti de mon ventre, qu'il était à moi. Je n'ai ressenti une telle extase qu'à ce moment-là et des années plus tard, quand j'ai mon fils Mark est né. Évidemment, dans les deux cas, il me fallut compter sur les pères respectifs pour procréer, mais il y a des expériences qui n'appartiennent qu'aux femmes.

Je restai vivre avec Alice au moins deux mois et continuais tout de même à parler chaque jour avec Marcos, qui me manquait ; tout ce que je voulais, c'était retourner à Miami afin d'être avec lui. Je sais que je lui manquais aussi, qu'il était impatient de connaître sa fille, et il paya un billet d'avion en première classe pour que Mónica et moi allions à Miami, où il nous attendait à notre arrivée. Il m'installa, près du canal, dans un duplex où tout était blanc : le cuir, les tapis, les marbres... De plus, il engagea une infirmière, non seulement pour qu'elle m'aide mais également pour qu'elle me tienne compagnie, parce que je passais beaucoup de temps seule. L'épouse de Marcos, qui durant un temps était partie de Miami pour se rendre au Pérou, était revenue aux États-Unis et, par conséquent, Marcos ne pouvait venir pour être avec nous qu'à certains moments, certains jours.

Si Flor Chalbaud avait été le seul obstacle pour que nous soyons ensemble, je crois que nous aurions pu le franchir, mais la situation légale de Marcos aux États-Unis commença alors à se compliquer grandement et les forces politiques – tant publiques que souterraines – qui s'agitaient après ces complications étaient impossibles à apaiser. Bobby Kennedy, à cette époque procureur général des États-Unis, travaillait avec le président vénézuélien, Betancourt, qui mettait la pression pour obtenir l'extradition. Peu importait que Marcos, pour marquer sa bonne volonté, ait donné de l'argent pour la campagne de réélection de JFK ou qu'il ait essayé d'établir sa crédibilité en tant que bon résident des États-Unis en offrant aussi un million de dollars pour entreprendre la construction d'une partie du parc de Disneyland à Orlando. On se mit à dire qu'il existait un risque que Marcos s'enfuie et cet homme sans doute disposé à offrir une caution de 300 000 dollars ne convainquit personne de son intention de rester aux États-Unis.

Son avocat David Walters, un ancien agent de frontière entretenant des liens avec la CIA, ne trouvait aucun moyen d'annuler l'extradition et la situation plongeait de plus en plus Marcos dans une dépression. Mónica et moi le voyions de moins en moins et finalement, en décembre 1962, il fut emprisonné dans la prison du comté de Dade, depuis laquelle il me téléphonait tous les soirs après avoir payé, pour un seul appel, 300 dollars en pots-de-vin aux gardiens. Ce fut à ce moment-là que je sus que j'étais de nouveau tombée enceinte.

L'homme le plus détesté

Walters, aussi chargé de me représenter dans le fonds en fidéicommis, me déménagea du duplex, dans lequel Marcos m'avait installé quand il était retourné à Miami, jusqu'à une *suite* dans les tours Baypark. J'étais une pièce clé dans le stratagème qu'il avait imaginé pour tenter de freiner l'extradition de Marcos. Ce plan, je ne le compris pas au début, finirait par me coûter très cher, et il fut le point de départ d'une relation tortueuse avec cet avocat qui atteindrait un valider svp.

Pour empêcher l'extradition de Marcos, selon les dires de Walters, nous devions présenter une demande de paternité en partant de la thèse selon laquelle, tant que cette affaire serait traitée, ils ne pourraient pas sortir Marcos du pays. Quelque chose m'inquiétait : dans l'accord fidéicommis figurait une clause de confidentialité sur la paternité, et si je poursuivais ce plan, je risquais de tout perdre. Cependant, Walters essaya de me calmer en m'assurant qu'il ne se passerait rien, et il me chercha un avocat pour lancer la procédure ; il le trouva en la personne de Montague Rosenberg, qui présenta les documents d'une affaire dans laquelle tous deux décidèrent, sans me consulter, de réclamer 5 millions de dollars à Marcos.

J'étais de nouveau un pion, un jeton dans une partie jouée par d'autres, une marionnette dont les fils étaient agités au bon vouloir d'autrui, avec un rôle discret dans une œuvre dont les dimensions échappaient à ma compréhension. Je pus le vérifier en juin 1963 quand apparurent à ma porte deux types énormes qui déclarèrent venir du bureau de Bobby Kennedy et qui, sans me laisser d'autre choix, me firent m'asseoir pour que je les écoute ; ils exigeaient que je retire la demande de paternité. Je tentai de leur expliquer que je ne pouvais pas le faire parce que cette demande permettait à l'homme que j'aimais d'être encore aux États-Unis et qu'elle me garantissait aussi qu'il reste vivant, car Marcos était convaincu que s'il retournait à Caracas, Betancourt allait l'exécuter. Ils écoutèrent mais me firent remarquer qu'avec ou sans mon aide Pérez Jiménez allait être extradé. Alors ils placèrent des papiers devant moi et m'expliquèrent que si j'apposais ma signature sur ces documents, la procédure judiciaire s'arrêterait ; en échange, m'assurèrent-ils, ils envisageraient de me rembourser le fonds que j'allais perdre. Je pouvais voir ce stratagème comme ce qu'il était : une sale ruse et une pure subordination. Je refusai de signer. Ce fut la carte que je jouai. Et je perdis.

La procédure judiciaire continua et, au cours de l'une des séances, le juge Wiseheart, saisi de la demande de paternité, voulut savoir qui était le donateur anonyme du fonds. Walters s'approcha du magistrat et prononça le nom de Marcos Pérez Jiménez suffisamment fort pour que plusieurs reporters présents dans la salle l'entendent. La confidentialité, une condition indispensable pour maintenir les fonds que

Marcos nous avait accordés, à Mónica et à moi, disparaissait. Nous nous retrouvions sans ressources financières. Walters, ce maudit Walters, me dit :

— Pas de chance.

Aujourd'hui encore, je le déteste profondément, comme je n'ai jamais détesté qui que ce soit.

Je restai seule et sans argent, mais mes problèmes allaient devenir beaucoup plus graves et plus douloureux. Je pus le constater dans de terribles circonstances lorsque, enceinte de trois ou quatre mois, je sortis me promener avec Mónica et qu'une voiture, une Chevy rouge, surgit par-derrière et s'élança sur nous. J'eus le temps d'écarter la poussette et d'éviter que ma fille soit percutée, mais je ne pus me sauver, moi. Le véhicule prit la fuite après m'avoir renversée et laissée là, en sang ; on me transféra dans un centre médical où il fallut m'opérer. Je sus que l'impensable était de nouveau arrivé. J'avais perdu un autre bébé.

Le général Carlos Pulido, un collaborateur de Marcos, vint me voir à l'hôpital. Il tenta de me consoler en me disant qu'au moins j'avais Mónica, et il essaya de me tranquilliser également en m'assurant que j'allais être bien. Toutefois, il ne réussit pas à me débarrasser de mes peurs quand, après que je lui eus demandé qui avait pu commettre une telle barbarie, il me répondit :

— Tu dois faire très attention à ce que personne ne trouve Mónica.

Ce fut Pulido précisément qui m'emmena chez lui lorsqu'on m'accorda un arrêt de quelques jours après cette agression, et je vécus là avec ma fille un temps, sans mettre le nez dehors, terrorisée. Bien que je ne pusse savoir avec certitude qui se trouvait derrière la tentative d'assassinat de ma fille et la mort de mon bébé à naître, tous mes soupçons se tournaient vers Walters, lequel avait déjà voulu auparavant que je me déclare inapte à la maternité et que je cède la garde.

Dans la mesure où Walters était l'avocat de Marcos, il m'était difficile de l'éviter. Un jour, il me fit venir à son bureau afin de me faire signer des papiers supposés être en rapport avec l'appartement que le général m'avait payé, mais en regardant sous la première feuille, je vis un document sur lequel il était noté que je cédais la garde de ma fille. Je devins comme folle en découvrant cette vile tentative de tromperie : je voulais tuer Walters, je me mis à lui jeter des objets, en le maudissant. Je lui criai alors que je savais que c'était lui qui avait essayé de me tuer. Je ne faisais pas de l'esbroufe ni ne mentais : après mon accident, un détective avait peu à peu démêlé l'écheveau et appris que, durant l'agression, on avait utilisé une voiture louée par quelqu'un du nom de Frank Russo, un type venu de Chicago. Le jour de mon accident, ce n'était pas Russo qui conduisait mais un enquêteur du bureau de Richard Gerstein, le procureur général de Miami, aussi ancien agent du FBI et très proche de Walters. Le cabinet de Walters portait le nom de

Walters, Moore & Costanzo, ce dernier représentant la connexion avec Chicago et Russo. Walters resta pétrifié et il semblait ne pas pouvoir croire que j'aie été capable de découvrir tout cela. Quant à moi, je ne comprenais rien. Qui voulait prendre Mónica ? Et pourquoi ? Quel mal une petite fille pouvait-elle faire à quelqu'un ? Une marionnette, oui. C'était ainsi que je me sentais.

Dans la salle d'attente du bureau était assise une adolescente qui m'applaudit à tous crins quand je sortis. Il s'agissait de Margot, l'aînée des quatre filles légitimes de Marcos, qui, comme moi, détestait Walters et dépendait en même temps également de lui. Elle s'était soi-disant échappée de chez elle à 17 ans pour se marier avec son petit copain de l'école, Lee Brook, de trois ans son aîné. En réalité, la mère de Margot avait mis sa fille à la porte en apprenant que celle-ci était enceinte, et l'adolescente était revenue se glisser dans la maison et avait emporté quelques bijoux qu'elle avait ensuite mis en gage.

Je tentai de raconter à Marcos tout ce qui s'était passé avec Walters, mais je ne pouvais plus parler franchement avec lui parce qu'ils écoutaient toutes ses conversations. Le 12 août, après une intense bataille légale de quatre ans sur divers fronts qui arriva, par deux fois, au Tribunal suprême, le secrétaire d'État des États-Unis, Dean Rusk, approuva l'extradition du père de ma fille, la première d'un personnage politique de ce niveau. Cette décision montrait le tournant qu'avait pris l'Administration Kennedy par rapport à celle d'Eisenhower, qui était allée jusqu'à décerner à Marcos en 1952 une décoration militaire, la Légion du Mérite.

Peu après, il y eut cette rencontre à l'aéroport de Miami entre Bobby Kennedy, Walters et un représentant de Betancourt. Le juge Robert Anderson interdit l'exécution de l'extradition si Marcos ne payait pas une caution de 300 000 dollars liée à sa demande de paternité, et mon avocat essaya de porter plainte au bureau du *sheriff* pour empêcher que Marcos soit livré aux autorités vénézuéliennes. Le 17 août 1963, ce dernier sortit néanmoins de la cellule dans laquelle il avait passé les huit derniers mois et il arriva, menotté et escorté par un cortège de six voitures véhiculant des *marshals* et la police métropolitaine, à l'aéroport de Miami, où deux équipages, des gardes, des officiers, un docteur et une infirmière avaient passé les cinq derniers jours à attendre, sur suggestion du Département d'État.

Un télégramme de Washington confirma que les États-Unis pouvaient transférer la garde du détenu et à 12 heures 25, après avoir parcouru un couloir où se trouvaient 30 agents américains et vénézuéliens, Marcos Pérez Jiménez fut embarqué dans l'avion dans lequel il effectuerait, en compagnie de 12 agents, son vol de retour à Caracas. À l'aéroport, il n'y avait que sa fille Margot, Mónica et moi. Margot tomba à genoux et pleura. Quant à moi, ils me menottèrent au volant d'une voiture quand je tentai de sortir pour le prendre dans les bras et lui dire au revoir.

Tombés en disgrâce

Les jours suivants, alors que j'étais une nouvelle fois reçue chez Pulido, tout fut frénétique ; je ne pouvais pas arrêter de pleurer ni ne savais quoi faire et faisais face au harcèlement constant des journalistes. À ce moment-là, un juge qui avait participé à l'une des affaires judiciaires de Marcos trouva la mort dans une explosion de son bateau à Miami et je pris peur. Quelqu'un avait la main de plus en plus légère avec l'explosif C-4. L'angoisse commença à me gagner, je me sentis seule et je ne pouvais plus faire appel aux gens de Cuba, qui ne voulaient avoir affaire à moi, si bien que la seule idée qui me vint à l'esprit fut de me tourner vers Alex Rorke.

— Je suis en train de tomber en disgrâce auprès de Fiorini, me confessa-t-il.

Ce furent les dernières paroles que j'entendis de mon cher Alex. Le 24 septembre, l'avion à bord duquel il embarqua depuis Fort Lauderdale, en Floride, disparut alors qu'il survolait Cuba. Dans une conférence de presse organisée la semaine suivant cette disparition, Jacqueline, l'épouse de Rorke, expliqua que le dernier vol de son époux avait été financé par Luis Somoza, ancien président du Nicaragua et fervent anticommuniste. Elle assura aussi que bien qu'Alex lui ait dit qu'il se rendait à Managua pour négocier avec Somoza l'ouverture d'une entreprise d'importation et d'exportation, Geoffrey Sullivan et lui, le pilote avec lequel il avait effectué un vol au-dessus de Cuba peu de jours avant pour attaquer des raffineries de pétrole, avaient présenté en Floride un plan de vol dont la destination était le Panamá et que lorsqu'ils s'arrêtèrent pour se ravitailler en carburant à Cozumel, au Mexique, ils changèrent ce plan de vol et notèrent comme nouvelle destination Tegucigalpa, au Honduras. Les corps d'Alex, de Sullivan et d'un troisième passager identifié comme Enrique Molina García ne furent jamais retrouvés.

5

Dallas, novembre 1963

Seule avec ma petite fille, sans ressources et bloquée
à Miami, je voulus récupérer mon argent et celui de
Mónica, et je déposai une requête afin de tenter de
me faire restituer les fonds que nous avait laissés Marcos. Je finis par faire appel deux ou trois fois au tribunal, mais mon affaire n'aboutit pas. On m'imputait
la responsabilité d'avoir violé la clause de confidentialité, bien que ce ne fût pas moi qui aie manigancé
la demande de reconnaissance en paternité pour
essayer de freiner le processus d'extradition de Marcos, ni prononcé le nom de ce dernier devant un
juge de manière à ce que les reporters l'entendent.
La voie légale s'était refermée, et il ne me restait
plus que celle de l'affrontement direct avec Walters,
ce traître immonde. Je devais me protéger de celui
qui avait tenté de nous écraser ma fille et moi, mais
il me fallait aussi trouver le moyen de faire pression
sur lui afin qu'il cesse de nous menacer et qu'il me
rende l'argent, car j'étais sûre qu'il l'avait gardé pour
lui. Je ne connaissais personne qui fût plus apte que

Fiorini pour m'aider dans cette tentative, de telle sorte qu'une fois de plus je me voyais forcée à revenir vers lui.

Je savais que les Cubains se souvenaient toujours de moi à cause de l'épisode des capsules destinées à Fidel et qu'ils ne voulaient rien avoir à faire avec moi, mais j'étais également certaine que Frank saurait comment les manipuler pour qu'ils ne me créent pas de problèmes. Il était mon unique espoir et, dès le départ, il ne me laissa pas tomber. Quand je me rapprochai de lui, je lui expliquai ma situation et le priai de me venir en aide. Il commença par me laisser me charger de messages et de petites commissions pour lui, bien que je fusse principalement occupée à rôder dans les environs, en attendant qu'il puisse consacrer un peu de son temps à m'aider.

C'est ainsi que, une fois de plus, je me vis de nouveau intégrée à l'ancienne équipe. Il y avait là Pedro Díaz Lanz, les frères Ignacio et Guillermo Novo, Manuel Artime… Tout autour gravitaient quelquefois d'autres soldats de fortune et des « donateurs », tels que Cardin, Mary Alice Firestone et quelqu'un dont je ne me rappelle pas le nom, mais je sais qu'il était l'héritier de la société des rasoirs Gillette. Parmi eux, j'eus la confirmation qu'après l'échec de la baie des Cochons, en 1961, le discours s'était radicalement transformé et que la haine qui était auparavant dirigée contre Fidel prenait maintenant pour cible John Fitzgerald Kennedy. Peut-être ces gens pensaient-ils

– à tort – que je haïssais la famille du président en raison du rôle déterminant qu'avait joué Bobby Kennedy
dans la déportation de Marcos. C'est pourquoi ils
montraient ouvertement leur rancœur, accusant
Kennedy de s'être laissé intimider et d'avoir provoqué
la débâcle de l'invasion en ne fournissant pas l'appui
aérien promis. Ils ne laissaient pas planer le doute : ils
voulaient la mort du Président.

Il y eut un jour une réunion chez Orlando Bosch ;
je m'y rendis parce qu'il fallait que je parle à Frank
au sujet de Walters. Mon esprit était occupé par mes
propres pensées et je ne prêtai pas trop attention à
ce qui se passait, ni aux détails de la conversation. Ce
dont je me souviens bien, de ce fameux jour de septembre ou d'octobre, c'est que les enfants de Bosch
se trouvaient également dans la maison, et qu'on les
éloigna du lieu où le groupe s'était réuni. Ils avaient
tiré les rideaux et commencèrent à sortir différentes
cartes qu'ils déplièrent sur la table du salon. Ils se
mirent à y dessiner des cercles où divers points étaient
marqués et sur lesquels je pus lire « Dallas ». Ils faisaient des commentaires, mais je m'efforçai de ne pas
prêter attention à la conversation, tandis que j'aidais
la femme de Bosch à servir le café. J'en déduisis simplement qu'il s'agissait d'un nouveau voyage, comme
tant d'autres effectués auparavant par le groupe pour
transporter ou voler des armes, quoique je ne saisisse
pas bien pourquoi il fallait aller jusqu'au Texas, et je
ne le demandai pas non plus. À ce moment-là, seul

Walters occupait mon esprit. Même si, dans un sens, je sentais que d'un point de vue personnel les choses avaient bien changé pour moi et que la maternité m'avait donné un sens nouveau des responsabilités, me poussant à me tenir éloignée de toute action illégale, j'avais désespérément besoin d'argent.

Lee Harvey Oswald

La réunion dura près d'une heure. En plus de Frank et Bosch, étaient présents au moins un des frères Novo et également un jeune homme que j'avais vu trois ou quatre fois en Floride auparavant, tant dans un refuge sûr que le groupe de Fiorini détenait dans les quartiers sud-ouest de Miami que lors des entraînements dans les Everglades. En fait, le jeune homme et moi apparaissons ensemble, à côté de Fiorini et d'autres personnes sur un film et une photo de groupe. Ce sont quelques-unes des images prises dans ces marécages par Alex Rorke avant de disparaître : celles des participants à l'Opération 40 et sur lesquelles, comme d'habitude, je suis la seule femme.

La première fois que j'avais vu ce garçon – que je retrouvais maintenant à la réunion dans la résidence de Bosch –, c'était dans la maison de Miami, où nous exécutions des tâches telles que nettoyer des armes et préparer les tracts qu'on lâchait ensuite sur Cuba depuis de petits avions de tourisme. Lorsque je le vis à l'entrée, je demandai à Frank de qui il s'agissait, ce à quoi il me répondit :

— Il va être des nôtres. Il travaillera à nos objectifs.

Fiorini me le présenta comme étant Lee Oswald. Quant à moi, dès le départ, je me mis à l'appeler *Ozzie*. Je sus par la suite son nom en entier : Lee Harvey Oswald.

Dès le début, *Ozzie* éveilla en moi de la méfiance. Parmi les gens du groupe de Floride, tous se connaissaient bien, nous avions une relation de confiance, et lui, je le percevais comme un *outsider*. Le jour où nous fîmes connaissance, je plaisantai avec lui en disant qu'il ne me paraissait pas suffisamment fort pour tenir un fusil M-16 ; il donnait une impression de faiblesse, un peu comme s'il était affamé, et la réflexion ne lui plut pas du tout. Dès lors, quand nous nous rencontrions à un moment ou à un autre au cours des entraînements dans les Everglades, il adoptait une attitude froide et distante à mon égard. Je le trouvais de plus prétentieux et, lorsqu'il se vantait de tous les lieux qu'il avait visités dans le monde, je commençais à détailler également la longue liste des pays où j'étais allée grâce à mes voyages avec *papou*. Oswald affirmait qu'il parlait plusieurs langues, bien que, pour moi, son espagnol laisse pour le moins passablement à désirer. J'arrivais à le comprendre, mais il parlait avec un fort accent et donnait l'impression que tout ce qu'il avait fait, c'était de prendre des morceaux de phrases ici ou là.

Après la rencontre chez Bosch avec *Ozzie*, Fiorini et les autres, je retournai au motel où j'habitais depuis que j'avais perdu la maison payée par Marcos, et je restai en contact avec Frank jusqu'à ce que, à la mi-novembre, celui-ci me dise que l'heure était venue d'entreprendre le déplacement. Je laissai ma petite fille à Willie Mae Taylor, une employée noire du foyer ; elle m'avait aidée à faire le ménage dans l'appartement et à m'occuper de Mónica. Comme je ne pouvais pas la payer, Willie me dit qu'elle emmènerait la petite chez elle, avec ses propres enfants. Puis Frank, Oswald, les Novo, Pedro Díaz Lanz, Gerry Patrick Hemming, Bosch et moi, nous nous retrouvâmes devant cette même maison où nous nous étions réunis afin de planifier le voyage à Dallas : la résidence du docteur cubain ; répartis dans deux vieilles voitures, nous entreprîmes le périple vers l'ouest.

Je voyageais en compagnie de Frank, l'un des frères Novo et Hemming, et ce dernier protesta maintes fois du manque de confort. Très grand, il ne pouvait étirer ses longues jambes à l'arrière du véhicule dont le plancher, ainsi que le coffre, étaient pleins d'armes ; je pensais que nous laisserions cet armement en divers endroits sur notre route, comme lors des livraisons que nous avions effectuées précédemment. Cette fois, néanmoins, tout semblait beaucoup plus rigoureux que d'habitude. Nous reçûmes notamment la consigne de porter des habits ordinaires, rien qui ressemble à du camouflage ou à des vêtements militaires ; il était aussi formellement interdit de parler espagnol. On insista maintes et maintes fois sur la nécessité de conduire très calmement et prudemment, afin d'éviter tout incident ou de se trouver retenus à cause d'une quelconque infraction à la circulation, et nous ne nous arrêtions même pas pour manger. De fait, nous fîmes halte seulement dans quelques *drive-in*, ces restaurants où l'on n'a pas besoin de descendre de la voiture – on retire les repas à un guichet. Comme nous n'avions même pas le temps de dormir, mes compagnons de voyage se relayaient pour conduire, sans s'arrêter pour se reposer. Durant le trajet, je trouvais que tous ressemblaient à des zombies, bourrés de cocaïne ou de *speed*.

À un moment donné, j'en vins à demander à quoi bon avoir voulu emporter tout l'armement dont nous étions chargés, et quelqu'un me répondit :

— Oh ! Ça va bien faire notre affaire.

Un autre alla jusqu'à plaisanter :

— Nous allons tuer Kennedy.

Naturellement, je ne l'ai pas cru.

L'homme aux chaussettes blanches

Après deux jours de route, nous passâmes près d'un panneau sur lequel on pouvait lire « *Welcome to Dallas*[12] », et je sus que nous étions arrivés à destination. Nous nous installâmes dans un motel des environs de la ville, dans deux chambres équipées chacune de deux lits doubles et réunies par une porte communicante. Là aussi des instructions très rigoureuses devaient être respectées au pied de la lettre :

---

12. *NDT* : en anglais dans l'édition originale.

l'interdiction totale de l'espagnol était maintenue, il était absolument défendu de passer ou de recevoir des appels téléphoniques ou d'amener quelqu'un ; on ne pouvait sortir sous aucun prétexte, même pas pour manger : on nous apporterait de quoi préparer des sandwichs. Nous commençâmes à nous installer et ils récupérèrent les sacs remplis d'armes dans les voitures, qu'ils déposèrent sur le sol des chambres, à côté de nos lits.

Durant mon séjour là-bas, je remarquai un personnage venu de l'extérieur pour parler à Frank. C'était un homme d'âge mûr, de corpulence forte, voire grassouillette, avec des chaussettes blanches, un pantalon et une veste foncés. Son visage m'était familier, il avait l'allure de ces *mafiosi* un peu maquereaux que j'avais appris à connaître. Je réalisai alors que j'avais vu cet homme une fois à Cuba à l'hôtel Riviera, du moins je crus m'en souvenir. À ce moment-là, à La Havane, je ne connaissais pas son nom, et pas davantage quand je le revis dans le motel de Dallas, mais je le découvrirais quelques jours plus tard : il s'agissait de Jack Ruby.

Frank sortit à sa rencontre à la porte de la chambre et lorsque Ruby s'aperçut de ma présence, je l'entendis apostropher Fiorini :

— Qu'est-ce que cette maudite putain fait ici ?

Je pus les entendre discuter, bien qu'ils sortissent de la chambre pour continuer leur conversation. Quand ils eurent fini de parler et que Frank revint, il s'approcha de moi pour me dire que rester avec eux n'était pas une bonne idée.

— Je crois que j'ai commis une erreur. Ils ne veulent pas qu'une femme soit mêlée à tout cela.

Je lui répondis que j'avais participé à des besognes similaires. Sans plus d'explications, Frank me répliqua :

— Pas comme celle-ci.

Je cessai de discuter et ne le contredis pas davantage. En vérité, partir ne me dérangeait pas du tout et, en réalité, c'était ce que je voulais. Je ne me sentais pas bien, j'avais mes règles accompagnées de fortes douleurs et pas de serviettes périodiques. Je ne jouissais d'aucune intimité et, de plus, j'avais dû dormir la première nuit sur le sol entre deux lits, parce que je ne voulais partager un matelas avec aucun des hommes. J'avais remarqué dès le début qu'ils regrettaient que je sois là, au milieu d'eux. Mais, surtout, je voulais m'en aller parce que ma fille me manquait.

Ce concours de circonstances, joint à mes propres sentiments, facilita ma décision de partir. Frank me donna de l'argent afin que je prenne un vol de retour à Miami et m'emmena à l'aéroport, où arriva également Gerry Patrick Hemming, qui paraissait contrarié ou mécontent de l'opération. Je ne sais pas dans quelle direction il s'envola, mais je pris un avion pour Miami et, dès l'atterrissage en Floride, j'allai rechercher Mónica chez Willie Mae ; celle-ci habitait à Homestead, où se trouvait une ancienne base militaire. Je fus horrifiée de ce que je vis : ma chère Willie Mae vivait dans une extrême pauvreté avec ses huit enfants, dans une véritable cahute sans eau potable, avec des poules courant de tous côtés et *Moniquita* dormait sur un matelas plein de bestioles. Willie Mae s'efforçait de tenir cet endroit propre, elle lavait et faisait la cuisine à l'extérieur des quatre murs délabrés, mais tout cela était vraiment désolant. Je la remerciai et lui donnai tout l'argent que je possédais, récupérai ma fille et, après une ou deux nuits passées à Miami, je décidai de retourner auprès de ma mère. À Miami, je me sentais réduite au désespoir, effrayée et vulnérable. Dans une ville pleine de factions opposées, j'étais pleinement consciente que je ne plaisais à aucune d'entre elles.

Le vendredi 22 novembre, je pris un avion de la compagnie Eastern en partance de Miami et qui devait atterrir à Idlewild, à New York. À mi-parcours, le commandant nous informa que l'appareil devait être redirigé vers Newark, au New Jersey. On nous dit seulement que quelque chose s'était passé à Dallas, un cas d'urgence, mais je ressentis intérieurement un choc qui me fit songer à l'impensable. J'arrivai tout juste à me dire :

— Oh, mon Dieu ! J'espère que non.

Lorsque j'atterris, maman vint me chercher. Elle s'approcha de moi, prit sa petite-fille dans les bras et me dit une phrase qui démontrait le bien-fondé de mon pressentiment et de mes craintes :

— Quelqu'un a tiré sur Kennedy.

Une fois à la maison, à Fort Lee, nous allumâmes la télévision et, comme des millions de Nord-Américains, nous restâmes collées au petit écran.

Deux jours plus tard, Oswald, arrêté ce même 22 novembre – et qui déclara être un « bouc émissaire » –, fut assassiné dans les sous-sols de la prison municipale de Dallas, juste au moment où il était transféré vers une cellule de haute sécurité de la prison du comté. L'homme qui fit feu sur Oswald, tandis que les caméras retransmettaient le transfert de celui-ci en direct dans tout le pays, était ce grossier personnage que j'avais croisé à l'hôtel Riviera à Cuba et qui s'était énervé en me voyant dans le motel de Dallas : Jacob Leon Rubenstein, connu sous le nom de Jack Ruby.

Je racontai à maman que j'étais allée à Dallas et elle en informa alors Frank Lundquist et Frank O'Brien. Ils vinrent plusieurs fois à la maison, m'interrogèrent et me montrèrent des photos sur lesquelles j'identifiai tous ceux que je connaissais. Je ne pensai plus à cela jusqu'en 1978, quinze ans plus tard, quand je fus appelée à témoigne devant la Commission spéciale sur les assassinats de la Chambre des Représentants qui enquêtait à propos de la mort de John F. Kennedy et de Martin Luther King. Mon récit fut identique à ce que j'ai écrit ici. Je n'y songeai pas outre mesure au cours des années qui suivirent parce que ce voyage ne représenta que deux jours de ma vie. Quoique tout le monde dise que c'est très important, que j'ai des informations sur le magnicide, que je me suis trouvée près de ceux qui l'ont commis, je ne sais rien de plus que ce que je viens de relater. Est-ce que j'étais près d'eux ? Oui, mais c'est tout, parce qu'ils me tinrent toujours à l'écart. Je sais que Fiorini, les Novo, Bosch et les autres disaient qu'ils voulaient la mort de JFK. Je suis sûre qu'ils n'étaient pas les seuls, mais ce sont les seuls que j'entendis dire cela.

6

En lieu sûr dans la selva

Dans un pays où on peut assassiner un président sans que la lumière soit jamais faite sur la véritable identité du meurtrier, une vie ne vaut pas grand-chose, et celle de quelqu'un comme moi, qui a fréquenté quelques-unes des forces qui s'agitent dans l'ombre et pour lesquelles il n'y a pas de frontières entre le légal et l'illégal, présente encore moins d'intérêt.

En revenant du voyage à Dallas, après un énième arrêt à Miami, j'avais décidé de rester vivre avec maman à Fort Lee et je décrochai un travail au Prentice Hall, une maison d'édition de livres éducatifs. C'était mon quatrième emploi « normal ». Il faisait suite à mon passage par la Pan Am, à ma très brève tentative de devenir serveuse au retour de Cuba, après l'épisode des gélules, et à un poste que j'avais obtenu dans les années 1950, consistant à payer les dockers pour la compagnie de navigation où travaillait *papou*, la Nord-deutscher Lloyd. Mais bientôt je compris clairement que survivre n'allait pas être aussi simple que d'aller au bureau et que de toucher un salaire. Un jour, au travail, je sentis qu'on me tapait sur l'épaule et quand je me retournai, je vis deux détectives près de moi et deux autres qui attendaient un peu plus loin ; ils me demandèrent de les accompagner, ce qui m'amena tout d'abord à penser qu'il était arrivé malheur à Mónica. La terreur me saisit et la première chose que je trouvai à faire fut de demander des nouvelles de mon enfant.

— Où est ma fille ? Elle va bien ?

Ils me rassurèrent immédiatement, mais ils ne voulaient pas que mon comportement inquiète les autres employés, si bien qu'ils me demandèrent de sortir. Une fois que nous fûmes en dehors des locaux de la maison d'édition, ils me dirent avoir reçu un télégramme du bureau d'un *sheriff* de Floride les avertissant qu'une voiture se dirigeait vers le New Jersey, avec à son bord cinq individus qui cherchaient à nous faire du mal, à Mónica et à moi. Nous étions toutes deux de nouveau en ligne de mire, mais il m'était impossible de savoir de qui nous étions la cible. Je pensai aussitôt à un nouveau coup de Walters, la seule personne à avoir, j'en étais certaine, essayé de nous tuer, mais il pouvait s'agir aussi des exilés cubains, voire de Frank ou de quelqu'un pour qui il était dérangeant, encore actuellement, que j'aie participé à ce convoi en direction de Dallas.

Bien que cette voiture repérée par le *sheriff* ait été arrêtée quelque part en Virginie, je compris qu'une nouvelle fois je n'allais pas pouvoir vivre en paix et que mon projet de commencer une vie sereine, tranquille et ordinaire tombait à l'eau sans que je puisse faire quoi que ce soit face à une menace dont je ne pouvais même pas déterminer l'origine. Cette incertitude et la réalité du danger me firent accepter à contrecœur la protection offerte par les autorités, qui le temps de l'enquête nous installèrent, maman, Mónica et moi, dans une maison surveillée située dans le New Jersey. Cette supposée garde rapprochée me faisait plus penser à une vraie prison, car si on autorisait ma mère à aller travailler, moi, en revanche, je devais toujours rester là et je n'avais pas le droit de sortir plus loin que le jardin. Cela dura des jours et des jours, une première expérience d'une vie terriblement claustrophobique et étouffante dans laquelle il te faut échanger la liberté contre la sécurité et où tu restes vivant au prix d'un ennui accablant et d'une exaspération dont la fin ne dépend pas de toi-même.

Finalement, après plusieurs semaines, on me laissa mettre un terme à cette surveillance et je retrouvai ma vie d'avant, mais pas ma tranquillité, car malgré l'enquête qui fut réalisée on ne me dit jamais qui étaient les types de la voiture venus pour nous attaquer ni qui les avait envoyés. Je revenais à mon point de départ.

J'allais vivre alors un temps avec mon frère Philip, qui possédait un *brownstone* près de Central Park. Il m'emmenait à ses concerts et avec *JoJo* et maman, il se chargeait de me protéger. Ma famille était de nouveau mon salut, mais même avec son aide je me sentais perdue : je dépendais d'eux malgré moi, je n'avais pas d'argent, je ne pouvais pas retourner à Miami et je ne savais pas quoi faire de ma vie. J'avais envie d'être invisible. Cependant, j'avais désormais une fille et je devais m'en sortir, non plus uniquement pour moi-même, mais aussi pour elle, et je fus de plus en plus convaincue qu'il me fallait revoir Marcos, lui expliquer tout ce qui s'était passé avec Walters et chercher avec lui une solution : c'était le seul chemin possible. Pour ce faire, il faudrait que j'aille à Caracas, où il était emprisonné, et ce fut ainsi que partir pour le Venezuela devint mon but : je me rendrais là-bas avec Mónica quoi qu'il se passe.

Je fis part à Frank Fiorini de mes plans et, à m'entendre, il en conclut clairement que j'étais folle, mais je lui précisai que je ne voyais pas d'autre option et qu'en plus, à ce stade, je n'avais absolument plus rien à perdre. Bien que je fusse pleinement consciente que Walters n'était pas mon allié mais mon ennemi, je l'appelai également pour tenter d'obtenir de l'argent afin de financer mon voyage ; comme je devais déjà bien m'y attendre, il refusa ma demande. Il fallut que ce soit maman, une fois de plus, qui me porte secours. Elle s'opposait à mon départ et me dit à plusieurs reprises que c'était une mauvaise idée. Elle finit néanmoins par m'aider financièrement pour que je puisse prendre cet avion.

« À Caracas, fais bien attention »

Lorsque j'embarquai avec Mónica, je n'eus jamais l'impression que nous étions seules. Il me sembla toujours que quelqu'un nous observait et je pus constater qu'il ne s'agissait pas que de paranoïa ou de peurs infondées quand déjà dans la cabine d'avion, immédiatement avant de s'asseoir juste derrière moi, un homme m'accosta et, s'inclinant jusqu'à être tout près de moi, me dit en chuchotant :

— À Caracas, fais bien attention.

Cet avertissement me coupa le sifflet. De qui ou de quoi devais-je avoir peur dans une ville et un pays où je ne connaissais personne ? De qui fallait-il que je me protège ? J'ignorais l'identité de cet homme – et je ne l'ai d'ailleurs jamais connue –, mais il réussit à faire de l'inquiétude ma compagne de voyage.

À l'atterrissage, j'étais à peine descendue de l'avion que quatre hommes du Sifa[13] – l'intelligence militaire du Venezuela –, deux en uniforme et deux habillés en civil, m'entourèrent. Sans poser aucune question, ils me prièrent instamment de les accompagner et, dans un premier temps, je pensai qu'il s'agissait d'un contrôle de routine, si bien que je m'efforçai de bien faire comprendre que je n'avais rien à déclarer. J'expliquai, avec l'honnêteté la plus absolue, que j'étais partie en voyage au Venezuela pour voir Pérez Jiménez, mais ils n'avaient pas du tout l'air intéressés par

---

13. *NDT* : Servicio de Inteligencia de la Fuerza Armada.

ce que j'aurais pu leur dire ; en revanche, ils se char-
geaient bel et bien d'exécuter comme des automates
les ordres qu'on leur avait donnés. Les seules réponses
qu'ils m'offraient étaient des monosyllabes et, seulement après que j'eus insisté plusieurs fois pour savoir
où nous allions, ils me dirent :

— Tu ne voulais pas aller voir Marcos ? Allons-y.

Ils me firent monter dans une voiture avec ma
petite et nous conduisirent directement de l'aéroport jusqu'à la prison Modelo, une prison militaire en
pleine ville, au pied des montagnes du parc El Ávila.
Là-bas me reçurent deux hommes en complet-veston,
aimables et très bien élevés, en compagnie de qui j'entrai dans la prison, un bâtiment avec un beau jardin
au milieu. Ils savaient qui nous étions et avaient également trouvé le moyen de savoir quand j'arriverais
avec ma fille à Caracas. Par conséquent, je supposai
qu'ils connaissaient aussi le motif de mon voyage et
je pensai, au fur et à mesure que nous montions l'escalier pour rejoindre le deuxième étage et que nous
arrivions dans une zone de cellules, qu'ils m'emmenaient voir Marcos.

Je me trompai. Ils me demandèrent d'attendre et
quelqu'un se présentant comme le capitaine Durán
apparut alors, après quoi les hommes en costume
ouvrirent la porte d'une cellule et m'y firent entrer
avec Mónica. Je ne comprenais pas ce qui était en
train de se passer ni pourquoi ils voulaient m'enfer-
mer là, mais j'étais si épuisée du voyage que j'entrai

dans la pièce simplement, sans même poser de questions. Lorsque le capitaine Durán emmena Mónica avec lui et qu'ils fermèrent la porte, me laissant seule à l'intérieur, alors, oui, je pris peur ; je me mis à pleurer, cognant contre les barreaux comme une folle, comme un singe en cage, et je hurlai :

— Capitaine Durán ! Mónica ! Marcos !

Durant les heures que je passai enfermée seule dans cette cellule, je ressentis une angoisse que j'ai peu souvent éprouvée dans ma vie, que ce soit avant ou après cet événement, et je ne peux même pas dire combien de temps s'écoula jusqu'à ce qu'ils me sortent de là. Une fois dehors, après qu'ils m'eurent amenée au bureau du capitaine Durán, je passai de la situation la plus horrible pour une mère – qu'on lui enlève son enfant – à une vision adorable et si douce, celle de cet homme énorme s'occupant de Mónica et lui faisant des mamours. Je continuai à pleurer, mais à ce moment-là, c'étaient déjà des larmes de joie, et à partir de cet instant je me sentis totalement sereine.

Ils me donnèrent un sandwich à manger, prirent mon passeport ainsi que tous mes papiers et me demandèrent si je voulais rentrer aux États-Unis. Cette question me fit commencer à suspecter qu'au Venezuela il n'y avait peut-être pas pour moi de plan aussi prédéterminé que je l'avais pensé et qu'en réalité ces hommes ne savaient pas quoi faire de moi. J'expliquai que pour le moment, ce dont j'avais urgemment besoin, c'était du lait pour ma fille et un endroit où dormir, et ils me déplacèrent alors dans une belle *suite* de l'hôtel Ávila. Tant dans la prison que sur le chemin vers l'hôtel, j'insistai sur le fait qu'il était nécessaire pour moi de voir Marcos, mais ils ne me répondaient que par de vagues « Demain, demain ». Je sus ensuite que j'avais été seulement à quelques cellules de distance de lui et j'appris aussi que dans cette prison les gardiens qui s'occupaient de l'ancien dictateur avaient été spécialement choisis pour leur haine envers lui : c'étaient des parents de prisonniers torturés par son régime.

Une fois que je fus installée dans l'hôtel, ils m'obtinrent le lait et un berceau, et apportèrent également des fleurs et des fruits dans une chambre à la porte de laquelle ils postèrent un garde. Ils m'avaient aussi laissé un journal dont ma photo faisait la une, sous le gros titre : « La maîtresse et la fille de Marcos Pérez Jiménez détenues à Caracas ». Tout était assez étrange ; cependant, je ne sais pas bien pourquoi, je ne ressentais aucune peur et, cette nuit-là, je dormis très bien. Quand je me réveillai le matin, le capitaine Durán, accompagné de quatre autres officiers, revint à l'hôtel et ils m'emmenèrent au Palais de Miraflores, où, d'après leurs explications, ils voulaient simplement s'entretenir avec moi. Après avoir franchi un perron en marbre, nous entrâmes dans une grande salle avec une très longue table autour de laquelle étaient assis des militaires en uniforme, que je saluai et qui répondirent de façon très polie. Je n'avais toujours pas peur.

J'étais assise d'un côté de l'énorme table, au milieu, et sous le regard attentif des militaires et de Simón Bolívar, l'une des personnalités vénézuéliennes dont les portraits ornaient les murs, je me mis à répondre à une rafale de questions – une centaine. Ils me demandèrent tout d'abord pourquoi j'étais venue en voyage à Caracas, ce à quoi je répondis, comme je l'avais déjà fait tant de fois, que j'étais venue pour voir Marcos. Il ne fut pas nécessaire de donner davantage d'explications parce que j'avais Mónica dans les bras et son physique voulait tout dire : elle était la copie conforme de son père, ses traits prouvant que du sang indigène courait dans ses veines.

L'interrogatoire passa aussi par Cuba, et ils me demandèrent si j'étais allée à Caracas pour initier une révolution, si je prétendais diffuser les idées de Fidel dans le pays… Évidemment, ils étaient au courant de cette relation amoureuse, mais je les rassurai en précisant que je ne poursuivais aucun but politique. Ils devaient également avoir quelques informations sur ma collaboration avec Fiorini et sur l'Opération 40 parce qu'ils m'interrogèrent pour savoir si j'avais transporté des armes au Venezuela, ce que je niai catégoriquement. J'essayai de leur expliquer que, désormais, ma fille était toute ma vie et que mes aventures les plus controversées appartenaient déjà au passé.

Après cette longue séance de questions-réponses, ils m'informèrent que je devrais signer un papier m'engageant à ne pas essayer de revoir Pérez Jiménez. Ils m'expliquèrent qu'ils ne me rendraient mon passeport et que je ne serais libre de rester au Venezuela ou de rentrer aux États-Unis qu'à cette seule condition. Je me trouvais devant une alternative qui n'offrait aucune porte de sortie vraiment logique ou attrayante. J'étais venue dans ce pays uniquement pour voir Marcos, pour pouvoir parler avec lui, lui expliquer les trahisons de Walters et tenter de chercher une solution ou une voie à suivre. Si je signais cet accord, tout cela deviendrait impossible. Je pourrais rester au Venezuela, mais je n'aurais rien à y faire ; d'ailleurs, je ne connaissais personne et n'avais pas de ressources pour subvenir à mes besoins, car maman m'avait tout juste donné un peu plus que l'argent nécessaire pour payer le billet d'avion. Si je signais, j'aurais le feu vert pour revenir aux États-Unis, où quelqu'un continuait à me menacer, où je n'avais pas de travail et ne voulais pas dépendre de ma famille, bref, où je n'imaginais aucun avenir non plus. En fait, je ne voulais pas rentrer. Quoi qu'il en fût, et sans bien savoir ce que je ferais par la suite, je signai.

En voyage touristique au Venezuela

Ils avaient déjà mon engagement que je n'essaierais pas de revoir Marcos. Pourtant, ils ne me redonnèrent pas immédiatement mon passeport mais me ramenèrent à l'hôtel Ávila. Le lendemain, à 5 heures du matin, ils vinrent me chercher et, pour pallier mon manque de plans immédiats, ils m'informèrent qu'ils allaient nous emmener, ma petite et moi, « en voyage touristique ». Nous nous rendîmes dans un aéroport militaire et embarquâmes dans un petit avion du Sifa de quatre places seulement sans que j'aie la moindre idée de notre destination. Quand j'interrogeais à ce sujet le pilote, qui se présenta comme Pedro Fernández, il me répondait : « Tu verras bien. »

L'idée que les militaires m'emmènent en balade touristique me paraissait bizarre, et je pensais qu'ils se méfiaient peut-être de mes promesses de ne pas tenter de voir Marcos, qu'ils voulaient probablement garder un œil sur moi, me mettre à l'abri, mais de qui ? Comme il était impossible pour moi d'obtenir ces réponses, je choisis de me livrer au plaisir de découvrir du ciel la dramatique beauté de ce pays dont mon amant vénézuélien m'avait toujours décrit avec enthousiasme et fierté les merveilles naturelles. Juste après avoir survolé la rivière Orinoco, nous atterrîmes, et je me retrouvai à quelque 600 kilomètres de Caracas, à Ciudad Bolívar, une ville qu'on appelait, je le sus par la suite, « la dernière porte de la civilisation » avant qu'au sud la *selva* ne commence à tout conquérir et ne devienne une reine dominante.

Une voiture nous attendait. Elle nous conduisit à une charmante maison de style colonial, entourée de végétation et d'un jardin ressemblant à une petite oasis, où se trouvaient une femme et un homme âgé qui prirent mon sac et m'amenèrent dans une chambre à l'étage. Pedro me laissa là et me dit qu'il lui fallait partir pour aller chercher du carburant. Je n'avais aucune raison de ne pas le croire et je ne lui demandai pas quand il reviendrait ou quoi que ce fût d'autre, mais il ne revint pas ce jour-là, ni le jour d'après, ni le suivant... Quand j'interrogeai mes hôtes à son sujet, ils me dirent qu'il faisait toujours la même chose et qu'à un moment il réapparaîtrait par là, si bien que je me laissai porter une nouvelle fois et, en attendant son retour, je m'installai dans une routine agréable.

Je prenais mon petit déjeuner chaque matin avec la maîtresse de maison, une femme très douce et aimable. Je me mis à l'aider dans le jardin et, durant ces jours de travail de la terre, la graine d'un amour pour le jardinage se planta en moi, amour qui ne m'a jamais quittée par la suite. J'aimais voir pousser les plantes et les fleurs. Cette dame m'enseigna aussi à cuisiner ; j'appris depuis l'épluchage de l'ail jusqu'à la préparation d'aliments tropicaux comme la *yuca*[14] et l'avocat, et la cuisine de plats typiques comme les *arepas*[15]. Pendant ce temps, Mónica passait la journée à jouer, mémorisa quelques mots en espagnol, et moi, je prenais du plaisir à la regarder et à sentir, pour

---

14. *NDT* : terme utilisé pour désigner le manioc en Amérique latine.
15. *NDT* : galette de maïs ; spécialité du Venezuela et de la Colombie.

une fois, que nous vivions libérées de toute menace et tension. La maison n'avait pas de téléphone, aussi ne pouvais-je pas appeler maman pour lui dire que j'allais bien, que je me trouvais en lieu sûr, que j'étais un peu dans l'incertitude, bien sûr, mais que je ne m'inquiétais pas plus que ça. J'avais beau savoir pertinemment que je me trouvais dans une situation où nous vivions à crédit, j'étais résolue à ne pas perdre la première opportunité que j'avais depuis longtemps de mener une vie confortable et paisible, sans souci.

Je ne peux pas dire exactement combien de temps je restai là-bas, disons au moins plusieurs semaines, jusqu'à ce qu'un jour Pedro, le pilote, revienne à l'improviste, comme on me l'avait dit. Sans me donner d'explications sur les raisons pour lesquelles il n'était pas revenu avant, il me fit récupérer ma valise et dire au revoir à nos hôtes. Je pleurai beaucoup lors de l'adieu à ces gens merveilleux qui avaient été si bons avec ma fille comme avec moi et qui nous avaient offert la sécurité et la paix dont nous avions tant besoin. Nous embarquâmes de nouveau dans le petit avion de Pedro, alors accompagné d'un copilote, et l'appareil décolla sans que je sache, une fois de plus, quelle était notre destination ni qui décidait des conditions de notre séjour dans le pays. Tout ce que Pedro me dit, ce fut qu'il allait me montrer le Venezuela.

« Ne souris pas ou ils nous dévoreront »

Durant le vol, le paysage apparaissait beaucoup plus vert et plus dramatique que lors de notre trajet de Caracas à Ciudad Bolívar ; tout à coup, des montagnes surgirent du néant, et moi, j'étais émerveillée, bien que la manière de piloter de Pedro me dérangeât également. Il faisait de brusques descentes sans prévenir et volait dangereusement bas ou montrait son habileté aux commandes en exécutant des manœuvres et des pirouettes qui me semblaient absolument superflues et qui faisaient peur à Mónica. Nous avions passé encore plus de temps dans les airs que lors de notre premier voyage ensemble quand j'entendis soudain un bruit. Je pensai que Pedro avait sorti les roues afin d'atterrir, mais celui-ci ou son copilote me dirent que quelqu'un était en train de nous lancer quelque chose dessus, des flèches plus précisément. Je regardai en bas et vis des silhouettes petites comme des fourmis ; au fur et à mesure que Pedro descendait, l'image gagna en netteté et se précisa. C'étaient des gens à la peau foncée, et au début j'aurais pu jurer qu'ils portaient des chapeaux rouges, mais je constatai ensuite qu'il s'agissait de peintures sur leurs visages. Je remarquai également que les enfants qui couraient près des adultes étaient nus. J'interrogeai Pedro sur l'identité de ces gens et il me répondit qu'il s'agissait d'Indiens.

— Ils sont laids et brutaux, ils essaieront de nous manger. Lorsque nous descendrons, ne souris pas ou ils nous dévoreront, me prévint-il – c'était un sadique.

Je pus apercevoir une clairière entre les arbres et je compris bientôt que nous allions tenter d'atterrir là ; bien que cela me parût dangereux, cet espace étant trop petit, je pensai aussi que Pedro devait avoir de l'expérience. Lui, pendant ce temps-là, s'obstinait à me faire peur et me disait que des chercheurs d'or étaient passés par là, mais qu'il ne restait plus personne parce que les Indiens les avaient mangés.

Malgré ces commentaires macabres, pour moi, la peur de nous écraser était la plus forte et je ressentis un certain soulagement quand nous atterrîmes sains et saufs. À peine la porte ouverte, un groupe d'enfants nus courut vers l'avion. Je me trouvai face à une tribu dont j'apprendrais par la suite qu'il s'agissait d'Indiens yanomamis, et peut-être parce que ces petits êtres représentaient mon premier contact direct avec ce monde totalement inconnu, je n'éprouvai aucune peur. Plus encore, je me sentis même chanceuse d'être arrivée dans un lieu si isolé, si reculé, et d'avoir l'opportunité de connaître des gens dont le contact avec d'autres humains avait, de toute évidence, été minime.

Nous descendîmes du petit avion et je me mis à marcher vers une cahute, une construction rudimentaire faite de quatre planches de bois et d'une frêle toiture, qui comme je pus le voir servait en quelque sorte de bar, car il y avait là des bouteilles. J'avais en tête les paroles de Pedro, je me montrais donc sérieuse et ne souriais pas, mais ma petite Mónica se chargea de rompre la glace en se mettant immédiatement à batifoler et à rire avec les enfants yanomamis. Pedro sortit de l'avion mon bagage de la Pan Am et un autre petit sac dans lequel j'avais mis des couches et différentes choses que j'étais allée acheter pour Mónica dans une pharmacie à Ciudad Bolívar, puis il revint vers l'avion, où je crus qu'il allait s'asseoir pour nous attendre. C'est alors qu'il dit :

— Au revoir.

Au début, je ne compris pas. Du moins, je ne pouvais pas croire ce que j'étais en train d'entendre. Je commençai à lui dire que l'endroit me semblait très intéressant, mais que ma fille et moi repartions avec lui. Il ne me laissa pas même terminer.

— Je reviendrai.

À ce moment, je pris vraiment peur. Ce n'était pas pareil que lorsqu'il m'avait laissée dans la maison de Ciudad Bolívar en m'assurant qu'il s'en allait chercher du carburant. Cette fois-ci, il ne se donnait même pas la peine de me fournir une excuse. Il ne m'offrait que ce « Je reviendrai », qui m'était impossible à comprendre, à assumer. Je pris Mónica et les sacs, et je me mis à marcher vers l'avion. J'essayai de forcer le passage pour entrer, mais il me repoussa en me disant que je ne monterais pas. Les forces pour rester debout me manquèrent, je me sentis abattue et j'éclatai en sanglots, si bien que ma fille pleura elle aussi. Lorsque je vis Pedro monter dans l'avion, je tentai à nouveau d'entrer, mais le copilote tenait la porte fermée depuis l'intérieur, m'empêchant de l'ouvrir. En larmes, tombant à chaque instant un peu plus prisonnière dans les griffes du désespoir, je priai et j'implorai son aide. J'étais terrifiée et incapable de penser clairement, quoique tout en moi me dise qu'il fallait monter dans cet avion, rentrer avec eux à Ciudad Bolívar ou à n'importe quel endroit où ils voleraient. Si je n'y arrivais pas, je serais coincée. Je ne pourrais jamais sortir de là seule.

Les moteurs se mirent à rugir et je me vis forcée de m'éloigner de l'appareil avec ma fille pour nous protéger. Je ne pouvais pas m'empêcher de continuer à pleurer, de plus en plus paniquée, et j'eus alors un moment de lucidité, je réalisai : quelqu'un voulait se débarrasser de moi et m'abandonner là pour que je meure. Je ne connaissais personne qui pût avoir la moindre idée de l'endroit où je me trouvais ; tout ce qu'on savait, c'était que j'étais partie en avion à Caracas, mais je n'avais prévenu personne qu'on m'avait emmenée à Ciudad Bolívar, et nul ne pouvait encore moins savoir que j'étais arrivée jusque dans cette *selva* qui à chaque seconde se transformait un peu plus en un cimetière à mes yeux.

Dans mon corps tout entier éclata le plus grand désespoir que j'aie jamais vécu. Je ne pouvais le comparer à aucune autre angoisse éprouvée durant ma vie, pas même à celle que je connus lors de mon passage par le camp de Bergen-Belsen. Dans toutes les situations difficiles que j'avais traversées jusqu'alors, il y avait toujours eu une fente par laquelle perçait un rayon d'espoir, une fissure qui me permettait de penser à une sortie, à un moyen de m'échapper ou de survivre. Là, cependant, c'était différent. Je me sentis totalement abandonnée.

L'avion décolla et je ne pus rien faire d'autre que le regarder s'éloigner en pleurant. Au fur et à mesure qu'il rapetissait, mon incrédulité grandissait. Ma vie s'en allait avec cet appareil volant au-dessus de la jungle. Ce fut l'horreur absolue, et encore aujourd'hui, si on interroge Mónica, l'un de ses premiers souvenirs est d'avoir senti, quand elle serrait ma jambe, à quel point circulait en moi la terreur dans sa forme la plus pure.

J'étais effondrée. Je m'assis et restai immobile. Je ne savais pas où aller et, pendant un instant, je pensai que le pilote était en train de me faire l'une de ses blagues macabres et sadiques. J'imaginais qu'il ferait demi-tour et qu'il viendrait nous chercher, mais j'attendis et j'attendis, et je n'entendis rien, si ce n'est des insectes, des singes et des enfants en train de jouer. Je n'avais que ce que je portais sur moi et ce qui se trouvait dans mes sacs : un jean bleu, des chaussures de sport, un biberon et les produits de la pharmacie de Ciudad Bolívar. Mónica était arrivée avec un pantalon en cuir et de petites bottes blanches mais à peine avais-je tourné mon regard vers ma fille que les enfants yanomamis lui avaient déjà tout enlevé.

Les adultes commencèrent à arriver près de moi, les hommes vêtus de caleçons de type boxer, les femmes le sexe couvert d'une petite corde, une nudité qui n'attira même pas mon attention. Ces gens ne souriaient pas et ne faisaient rien pour que je me sente mieux, mais je crois qu'ils comprenaient qu'on m'avait abandonnée là. Une femme s'approcha de moi et me releva tandis que d'autres acquiesçaient de la tête. Elles m'emmenèrent dans une autre construction rudimentaire sous laquelle passait la rivière avec ses eaux totalement brunes, dans lesquelles elles pêchaient et se lavaient. Les hommes étaient allongés dans des hamacs. L'une des femmes s'occupait d'un feu à côté duquel une autre dépouillait un singe et brûlait les poils de la peau de l'animal, dont l'odeur empestait ; d'autres épluchaient de la *yuca*, des bananes vertes, des fruits… Elles parlaient entre elles, et moi, en larmes, je tentais en vain de communiquer. Tous mes efforts furent inutiles, mais quelque chose en moi commença à me dire que, d'une certaine manière, tout allait bien et que ces personnes ne correspondaient pas à l'image de monstres sauvages que Pedro avait essayé de me mettre en tête pour me terroriser. Je ne sais pas comment ni pourquoi, mais je sus qu'ils n'allaient me faire aucun mal.

La nuit tomba et la seule chose que je pus faire fut de pleurer. Mon esprit était vide et rien n'était silencieux, au contraire. Je découvris lors de cette première nuit là-bas que la *selva* produit un son tonitruant et incessant, mais malgré cette nature bruissante et l'angoisse, l'épouvantable angoisse, j'étais si exténuée que je m'écroulai, épuisée, et que je m'endormis. Par gestes, ils m'avaient proposé un hamac. Je l'avais refusé et m'étais allongée au sol, sur des feuilles.

Un chez-soi dans la selva

J'ouvris les yeux avant que le soleil se lève, réveillée par le bruit que les Yanomamis, qui se levaient tôt, commençaient à vaquer à leurs occupations matinales. Les femmes, par exemple, étaient déjà en train de préparer un feu. Ce fut aussi l'angoisse qui me réveilla. Je continuais à regarder le ciel, attendant inutilement que l'avion réapparaisse. Je faisais des gestes aux Yanomamis, mais je n'arrivais pas à communiquer, et je me mis à tourner en rond, sans savoir avec qui parler ni comment. J'ai une peur panique des serpents et chaque chose qui pouvait bouger me faisait peur, or cet endroit regorgeait de bestioles, d'insectes qui entreprirent de me dévorer. Asphyxiée par une intense chaleur humide et gluante qui rendait ma peau tout le temps moite, et sans que coure pas même un brin de brise, je tentai de chercher refuge en m'asseyant sur une pierre près de la rivière et les sentiments les plus tristes et les plus angoissants me dominèrent alors. Je me sentais condamnée et seule, perplexe et perdue, prise dans un piège monté par Walters ou par la CIA, je ne savais pas. Durant cette journée, je ne mangeai presque rien, seulement quelques racines, une petite banane marron qu'on me donna et un peu de poisson.

Je mis trois ou quatre jours avant de tomber malade. L'estomac commença à me faire mal et j'avais de la diarrhée, des nausées et des douleurs de tête très intenses ; j'étais transie de froid bien qu'il fasse chaud, je tremblais de façon incontrôlable et ne pouvais pas me mettre debout. Ces horribles sensations furent par ailleurs un soulagement, parce que j'étais si concentrée sur la douleur qu'il me fallut arrêter de penser à la possibilité de fuir. Une femme yanomami me maintint en vie en me faisant mettre dans la bouche des feuilles qu'elle pilait. Elles étaient très amères, mais je m'habituai à les mâcher et elles m'aidèrent à me sentir mieux. C'était comme des feuilles magiques, et quand je les mettais dans ma bouche et que je les mâchonnais, il ne me fallait que quelques minutes pour sentir les douleurs s'évaporer. Peu à peu, aidée par ces herbes sauvages, je me sentis revivre et mangeai de nouveau. Je devais dorénavant la vie à ces gens que Pedro m'avait décrits comme non civilisés et sauvages.

J'avais perdu beaucoup de poids, mais lorsque j'eus récupéré mes forces, je commençai à participer aux activités des femmes : nous cherchions du bois, le coupions et faisions du feu, nous cuisinions aussi tandis que les hommes restaient dans leurs hamacs, souvent ivres, buvant un alcool qu'ils faisaient fermenter. Je surmontai ma répugnance en me mettant à manger de la viande de singe et de serpent, ainsi que des vers blancs que nous cuisions en brochettes au feu. J'essayai également d'imiter les femmes dans leurs travaux manuels, où elles étaient incroyablement adroites. Elles ramassaient des feuilles et en les raclant avec un instrument aiguisé, elles en faisaient des cordes avec lesquelles elles tissaient des paniers à une vitesse surprenante. Ce que je ne sus jamais, ce fut comment elles identifiaient les plantes aux propriétés médicinales ; elles les connaissaient toutes. Quand j'apparaissais avec des égratignures ou des piqûres, elles s'enfonçaient dans la *selva* et revenaient avec des feuilles servant à la préparation d'onguents. Ceux-ci permettaient à mes blessures de ne pas s'infecter, de guérir, et favorisaient aussi la disparition des démangeaisons.

Dans un premier temps, je vécus sous un énorme arbre, mais dès que les pluies et les orages arrivèrent, ce ne fut plus suffisant pour me protéger ; je dus leur faire de la peine ou leur inspirer de la compassion, car ils me construisirent une espèce de cabane dans un coin, sous la structure principale, une construction allongée où ils vivaient et se réunissaient tous.

C'était ma vie et, à ma plus grande satisfaction, je voyais Mónica grandir heureuse et libre. Rendue complètement sauvage, elle galopait pieds nus et jouait toute la journée avec les petits Yanomamis. Elle apprit à pêcher avec des flèches comme les autres enfants, s'amusait lors de courses qu'ils organisaient avec de grands insectes, possédait un singe, devenu son animal de compagnie... Elle avait été acceptée comme l'une des leurs. En la regardant, je ne pouvais m'empêcher de penser que les enfants restent des enfants et que, dans leur monde, la haine ou le racisme n'existent pas, une chose que nous, les adultes, nous devrions à tant d'occasions essayer de nous rappeler. Parfois également, quand je la voyais parmi ces enfants, je songeais au sang indigène qui était le sien et j'en arrivais à envisager que cet ADN était peut-être si fort que notre destin nous amenait à revenir aux origines de Mónica.

Dans cette *selva* qui était désormais mon chez-moi, je découvris aussi un monde différent, riche d'une immense variété de plantes et de feuilles, un monde de sept orchidées qui me fit me souvenir des jours pendant lesquels Marcos me parlait de cette fleur nationale du Venezuela. J'y appris à croire en la science de chaque arbre, de chaque plante et de chaque goutte d'eau pour me maintenir en vie et me libérer de toute douleur. Les enfants m'enseignèrent des leçons qui me furent utiles, comme laisser derrière moi une trace à l'aide de branches pour savoir retrouver mon chemin quand je pénétrais plus avant dans la jungle. Ma propre fille m'apprit beaucoup là-bas : elle, elle n'avait pas peur.

J'eus également un prétendant. Il s'appelait Catchu ; c'était un homme pas très grand – 1,70 mètre environ –, avec de grands yeux très ronds, foncés comme sa peau. Au début, il me suivait seulement et me regardait. Puis il m'indiqua par des gestes qu'il allait me fabriquer un hamac, le plus beau cadeau qui peut se faire dans la communauté, une sorte de compromis de mariage. Moi, je ne voulais ni n'allais me marier avec lui, mais je lui étais reconnaissante de sa compagnie et de ses attentions. Le reste de la communauté savait que je lui plaisais ; on permettait qu'il me fasse la cour et, souvent, on nous laissait seuls. Il s'approchait et me caressait doucement le bras ou la main, en utilisant des gestes toujours tendres, jamais agressifs ni impérieux comme ceux que les hommes ont trop souvent pour habitude d'avoir dans le monde prétendument civilisé.

C'était en quelque sorte une vie placide. J'étais heureuse d'être toujours vivante, d'avoir au moins ma fille avec moi, et je me mis à penser que c'était peut-être notre destin. Je voulais encore m'en aller, mais le temps qui s'écoulait était mon ennemi lorsque je n'avais pas de réponse du ciel. Peu à peu, je baissais les bras et je cessais de regarder vers le haut ; je ne priais pas parce que je ne savais pas quoi demander ni qui prier. Au fond, je n'avais jamais arrêté d'attendre qu'ils viennent me chercher et je continuais à espérer que quelqu'un se souviendrait de nous, serait rongé par la culpabilité, éprouverait de la peine pour une femme et une petite fille abandonnées dans la jungle... Quoique, en réalité, non, je crois que c'est faux : je n'avais confiance en personne. Si j'avais encore de l'espoir, c'était en pensant à Marcos. Je croyais qu'il serait capable de nous sortir de là, que s'il ne sauvait pas sa maîtresse il viendrait du moins au secours de sa fille. Il me fallait seulement attendre qu'il sorte de prison.

Au lieu de placer mes espoirs en lui, j'aurais dû mieux savoir qui s'était toujours préoccupé réellement et sincèrement pour moi durant toute ma vie : maman. Après plusieurs mois sans nouvelles, elle s'efforça de nous localiser. D'abord, elle me fit plusieurs virements afin que je les reçoive à Caracas, et comme je ne me rendis pas à la banque, elle comprit que nous n'étions plus dans la capitale, le seul endroit par où elle était sûre que nous étions passées. Elle se mit alors en contact avec Walters et la CIA, exigeant de savoir où je me trouvais, demandant qu'on remue ciel et terre pour que quelqu'un lui donne des pistes, des explications sur ce qu'il était advenu de sa fille et sa petite-fille. Personne n'avait de réponses à lui offrir, mais maman obtint finalement un contact – je n'ai jamais su qui –, une personne qui mena des recherches et parvint à me situer. Ainsi apparut un jour, au milieu de la *selva* et grâce à maman, un avion, qui n'appartenait pas à la Sifa, dont j'avais imaginé l'appareil tant de fois, mais à la Croix-Rouge.

Quand je vis arriver ce petit avion, je tombai à genoux sur cette terre qui avait été mon chez-moi pendant des mois, peut-être huit ou neuf, et pleurai jusqu'à épuiser mes larmes. J'étais si heureuse ! Ces Yanomamis étaient devenus ma famille et je ne voulais pas les quitter. Désormais, penser à mon retour me faisait plus peur que continuer à vivre dans la *selva*, bien que je sache également que je devais embarquer. Je me retrouvais dans un sale état : pleine de parasites, couverte de piqûres d'insectes et atteinte de dysente-rie, je pesais quelque 40 kilos et j'empestais. Mónica avait elle aussi ses cicatrices. Il était temps que nous partions.

Je me mis à serrer dans les bras ces hommes, femmes et enfants, nos sauveurs, nos amis, et avec des larmes dans les yeux je leur dis au revoir. Mon cœur se serra, surtout quand vint le moment de dire adieu à cette dame âgée qui s'était occupée de moi lorsque j'étais tombée malade juste après mon arrivée et qui, avec ses feuilles et ses herbes, avait réussi à faire en sorte que je reste vivante durant tout le temps passé là-bas. Eux me caressaient le visage et montraient une tristesse sincère. Catchu resta à l'écart, regardant vers le sol, envahi par la peine, et je crois qu'il se crut éconduit. Peu de temps auparavant, il avait terminé le hamac qui m'était destiné.

Deux des hommes qui venaient d'arriver nous accompagnèrent, Mónica et moi, à l'avion et, dès que nous fûmes montées à bord, je sus que j'étais saine et sauve, que j'allais sortir de cette situation et, une fois de plus, survivre.

Durant ce vol, ils nous donnèrent de l'eau en bou-teille et quelques gélules, me dirent-ils, contre le palu-disme, qui me rendirent somnolente. Les hommes me parlaient et je me souviens qu'ils me dirent quelque chose comme « ta mère » et autre chose en rapport avec une « enquête », mais je n'étais ni assez consciente ni suffisamment cohérente dans mes propos pour bien saisir tout ce qu'ils me disaient. C'était comme si tout mon être succombait après s'être battu pour rester en vie. Et je m'évanouis.

Nous arrivâmes à l'aéroport de Caracas, où nous prîmes un autre vol en direction de la Floride ; je ne me rappelle pas si l'avion se rendait à Key West ou à Miami. À peine arrivées, on nous fit entrer dans un hôpital où nous subîmes de nombreux examens, à la suite desquels il me fut confirmé que j'avais attrapé la malaria et que Mónica avait eu une infection due à une simple piqûre d'insecte. Plus tard, elle souffrira régulièrement d'inflammations nasales et elle a, encore aujourd'hui, une marque sur la peau, la trace de cette partie de son enfance qu'elle passa dans la *selva*.

Ce n'est pas si facile

Depuis l'hôpital, j'appelai Carlos Pulido, l'ancien colonel et ami de Marcos, et je pleurai en lui racontant toute mon histoire. Lui, sa femme et leurs deux filles me rendirent visite à l'hôpital, tout comme le capitaine qui nous avait emmenés plusieurs fois, Marcos et moi, à Soldier Key à bord du *Flor Mar* – Pérez Jiménez, propriétaire de ce bateau de 10 mètres de long, l'avait baptisé ainsi en l'honneur de son épouse.

La seule personne qui ne vint pas fut maman, alors dans le New Jersey, mais nous parlâmes au téléphone.

— C'est un miracle que tu sois vivante. Pourquoi mets-tu ta vie en danger comme ça ? me reprocha-t-elle.

— Je ne voulais pas, maman... réussis-je à lui répondre, un nœud dans l'estomac.

— Pourquoi ne t'obliges-tu pas à une vie rangée ?

— Ce n'est pas si facile...

— Pourquoi ne grandis-tu pas ? Dieu merci, tu es en vie, mais tu ne serais jamais sortie de là si je n'avais pas appelé *los chicos*.

Je ne pouvais rien lui dire et ne faisais que pleurer. Je pleurais, car j'étais consciente que maman avait entièrement raison et que si elle n'était pas venue à mon secours, je serais peut-être morte dans cette jungle, livrée aux éléments par je ne sais qui, peut-être par une personne pour qui je constituais un problème ou un incident international et qui voulait me voir disparaître ou mourir. Je pleurais, car je comprenais que c'était un vrai miracle que ma fille et moi soyons vivantes. Je pleurais, car j'avais risqué non seulement ma vie, mais aussi celle de mon enfant ; je pleurais, car j'avais la certitude que je devais tourner une nouvelle fois le gouvernail, mais je ne savais même pas quel était mon bateau. Je pleurais et pleurais parce qu'il s'était passé tout ce qui s'était passé, mais tout cela en vain : je n'avais pas réussi à obtenir la seule chose que je voulais, voir Marcos.

7

Mafia girl et espionne
à New-York

Les Pulido, qui m'avaient accueillie après l'épisode de la voiture qui m'avait renversée, redevinrent mes hôtes et mes gardiens pendant près d'un mois après mon retour de la *selva* et, petit à petit, je me réadaptai à une vie « civilisée » où tout me surprenait, depuis les klaxons et les feux de signalisation jusqu'aux téléphones. J'étais revenue à Miami, une ville avec une histoire et un passé trop lourds pour moi, trop de gens que je connaissais et trop d'inconvénients. Je désirais ardemment – comme tant d'autres fois – être une anonyme, simplement la mère de Mónica, et Miami n'était pas un bon endroit pour y parvenir.

Aussi décidai-je de retourner à Fort Lee auprès de ma mère, qui, à l'époque, habitait au n° 206 de Wilson Avenue, pour tenter d'y mener une vie ordinaire ; j'occupais mon temps à voir mes frères, j'assistais à des concerts de Philip, j'essayais de trouver un emploi et d'être une citoyenne comme les autres… J'aspirais à devenir, en définitive, une femme « normale ». Mais, comme d'habitude, cela n'allait pas se révéler aussi facile que je le pensais.

Je croisais constamment des gens qu'il aurait été préférable d'éviter, tels que Charlie *The Blade* Tourine, une figure de la mafia italienne liée à la famille des Genovese, et dont le surnom explicite faisait référence à la lame du couteau qu'il maniait avec maestria lorsqu'il affrontait d'autres gangsters ou des débiteurs récalcitrants. C'était un homme très agréable que j'avais connu au temps de mes aventures maritimes, car il travaillait pour Eddie Flynn, le contrôleur des docks de New York, et tous deux avaient l'habitude d'embarquer ensemble sur les bateaux de *papou*. Ce dernier – aussi expert dans l'art de la diplomatie que dans celui de la survie – organisait parfois des repas à l'intention du personnel du port appartenant à la mafia et au syndicat AFL-CIO[16], et entretenait d'excellentes relations avec ce monde tellement corrompu et que dépeint si bien *La Loi du silence*[17], où il était beaucoup plus profitable de s'entendre bien que de s'entendre plus ou moins, ou de s'entendre mal. À La Havane, *Oncle Charlie* avait été également un des hommes de Santo Trafficante, pour lequel il administra le Sans-Souci, le club de l'hôtel Capri.

---

16. *NDT* : American Federation of Labour and Congress of Industrial Organizations (AFL-CIO), né en 1955 du regroupement des deux plus importants syndicats des États-Unis.
17. *NDT* : film d'Elia Kazan (1954). Titre original anglais : *On the Waterfront*. Titre français : *Sur les quais*. Titres espagnols : *La ley del silencio* ou *Nido de ratas* suivant les pays.

Sicilien de naissance, *Oncle Charlie* habitait un luxueux appartement au n° 40 de Central Park Sud. À une époque où l'on commençait à programmer des *junkets* – des voyages organisés pour que les gens aillent jouer dans les casinos –, il était un chef des chefs, responsable de tous ceux qui emmenaient des joueurs à Paradise Island, aux Bahamas. Il me demanda parfois de séjourner chez lui pendant qu'il accompagnait ces voyages, afin que je veille sur l'argent qu'il détenait. Dans ces cas-là, je prévenais maman que j'allais faire office de « nounou » de petites fortunes conservées dans des boîtes à chaussures, et je me rendais avec Mónica à ce refuge de luxe près du poumon vert de Manhattan. *Oncle Charlie* me payait pour les périodes où il n'était pas là. Une fois, il nous emmena avec lui, ma petite fille et moi, et c'est ainsi que je passai presque un mois à Paradise Island, où je vécus comme une princesse, tout ce que je pouvais imaginer étant payé, depuis la *suite* jusqu'aux promenades en bateau, en passant par les entrées dans les clubs les plus fermés et les spectacles nocturnes.

Je n'avais pas de relations sexuelles avec *Oncle Charlie*. Coureur de jupons, il avait été marié six fois, mais il n'était pas mon genre et il n'essayait même pas. C'était un homme très seul, qui avait passé trop de temps en prison et qui voulait avoir quelqu'un près de lui, quelqu'un à serrer dans les bras. Il ne recherchait cependant pas le sexe, du moins pas avec moi.

Même avec tout ce qu'il mettait à ma disposition je m'ennuyais, bien qu'il fût résolu à ce que je laisse derrière moi un passé plein de turbulences, d'ombres et d'aventures trop risquées. En aucun cas il ne voulait que je retourne à Miami, si bien qu'il modifia une pièce de sa maison à Central Park afin de la transformer en chambre pour Mónica, un espace qu'il remplit de toutes les choses que l'argent pouvait acheter pour s'occuper d'une petite fille et la distraire.

Une fois, je m'avisai de blaguer en parlant précisément de tout l'argent dont il disposait et, moitié sur le ton de la plaisanterie, moitié sérieusement, je lui demandai s'il l'imprimait lui-même, mais cela ne l'amusa pas du tout et, visiblement mécontent, il me dit :

— Jamais ! Ne touche jamais à la fausse monnaie.

Humberto, mon mari gay

Je m'efforçais de devenir une citoyenne « respectable » et une femme convenable et, grâce à *Oncle Charlie*, j'obtins à l'époque un emploi de réceptionniste au Statler Hilton, ce même hôtel où j'avais logé avec Fidel, lors de sa visite à New York en avril 1959. Je ne sais pas comment diable je réussis à conserver ce travail pendant près d'un mois, car je n'avais ni formation ni expérience, mais ce fut le cas. Durant cette période, je fis la connaissance d'un Cubain, Humberto Núñez Webster, un homme d'affaires qui portait toujours une petite valise et qui venait constamment me parler à la réception, bien qu'il ne fût pas un client de l'hôtel. Humberto était extrêmement séduisant, avec le plus beau visage que j'aie vu de ma vie et il me plaisait beaucoup, si bien que je sortis quelquefois avec lui. Il me demanda bientôt si je voulais l'épouser. Quoique le mariage n'entre pas dans mes plans, un jour que je me querellais avec maman, prise d'un accès de colère, j'allai en compagnie d'Humberto au sud de Manhattan où l'on célébrait les unions civiles, et je devins Mme Marita Webster.

Nous habitâmes d'abord chez ma mère, puis nous emménageâmes dans l'appartement de mon frère Philip, qui faisait une tournée mondiale. C'est là qu'un jour j'ouvris la valise d'Humberto, dont s'échappèrent des bijoux, des pièces d'identité portant des noms différents, un pistolet, des crochets à serrure et autres outils qui m'indiquaient clairement que ses « affaires », c'était le vol. Quand je confrontai mon mari à tout cela afin qu'il me fournisse une explication quelconque, il me répliqua que je n'avais pas besoin de savoir quoi que ce soit. Je me rendis compte à ce moment-là que tout n'était que mensonge et que je ne savais pas qui était réellement cet homme, ce qu'il faisait, et quel intérêt l'avait poussé à se marier avec moi. Il en vint même à m'avouer qu'il était homosexuel et que les femmes ne lui plaisaient pas. J'ai toujours pensé que ses promesses de s'occuper de moi dissimulaient en réalité un but : finir par soutirer de l'argent à Marcos Pérez Jiménez.

Après l'aveu de son homosexualité et la découverte de ses occupations et de ses tromperies, il était clair que nous ne resterions pas ensemble, mais il me donna quand même le récépissé d'un prêteur sur gages ainsi qu'un peu d'argent et me demanda d'aller récupérer une caméra dans une boutique sur la Huitième Avenue, au sud de Manhattan. Je m'y rendis et récupérai la caméra, mais en sortant deux policiers en civil du poste de quartier n° 28 m'arrêtèrent. Basés dans le secteur hispanique de Harlem, ces enquêteurs opéraient cependant dans toute la ville à cause de leur travail spécialisé dans les affaires de vol ; ils examinèrent ce que je portais et me signifièrent que la caméra était un objet volé. Je pris peur, même si je fus capable de m'expliquer face aux agents et de les convaincre que j'avais été envoyée par mon mari. Plus important encore, je réussis autre chose : pour faire emprisonner Humberto, je commençai à collaborer avec un de ces policiers, John Justy.

Une ou deux semaines plus tard je sortais avec JJ. Mon mari était en prison à Sing Sing dans le nord de l'État de New York, et mon nouveau fiancé proposa de témoigner pour que j'obtienne l'annulation de mon mariage avec Humberto.

Mafia girl et disco kid

J'ai aimé JJ et j'aurais dû fuir avec lui et devenir son épouse. Le problème, c'est qu'il buvait beaucoup, trop. Il était alcoolique, et je ne pouvais le supporter.

En outre, les fiançailles avec lui ne furent pas, loin de là, ma seule relation sentimentale durant cette période. Le jour, je partageais mon temps entre le domicile d'*Oncle Charlie* et celui de maman, qui avait déménagé du New Jersey à New York et habitait le nord de Manhattan, au n° 305 de la 86ᵉ rue Est. Je rendais visite à des personnes comme Flynn, le contrôleur des docks, et je ne faisais rien de vraiment utile. Mes nuits, en revanche, commencèrent à être très animées et je me mis à sortir tout le temps, surtout avec une amie, Kathy, une *Madame*[18] de sang *cherokee* qui dirigeait une des plus puissantes affaires d'escort-girls de la ville. À ses côtés, je me transformai en une véritable *mafia girl* et *disco kid*.

Un triste épisode se produisit à ce moment-là. En 1966, nous apprîmes que *papou*, en Allemagne, était gravement malade. Il souffrait depuis un certain temps d'un cancer du foie qui commença alors à s'aggraver rapidement et, bien que mon frère *Joe* ait pu y aller pour être auprès de lui, nous n'en eûmes pas le temps maman et moi. Nous organisâmes le voyage en bateau, mais la mauvaise nouvelle nous parvint avant même d'appareiller : *papou* était mort. Ma mère sombra dans une profonde dépression et la tristesse m'envahit. On tentait de nous consoler en disant que ce décès serait survenu alors que nous étions au milieu de l'océan, mais je me détestai de n'être pas arrivée à temps pour lui faire mes adieux.

---

18. *NDT* : en français dans l'édition originale.

JoJo nous envoya beaucoup de photos des funérailles, auxquelles assistèrent d'éminentes personnalités et pendant lesquelles les drapeaux furent mis en berne, et mon cœur se serra encore plus. J'allai voir tous les gens qui connaissaient *papou* à New York afin de leur apprendre la nouvelle et d'évoquer ensemble son souvenir mais, durant cette période, je fus incapable de m'approcher des docks.

Je laissai passer le temps du deuil. Néanmoins, rapidement, ma vie se résuma de nouveau à une idée : la fête, et je naviguais sans but. J'allais dans tous les endroits à la mode et je passais mes nuits à danser et, même si je ne me droguais pas, j'ai bu tous les *Cuba libre* et toutes les Vodka orange que j'ai voulu. C'était comme si je voulais faire la fête pour toute la période de ma vie d'avant, celle où cela n'avait pas été possible, et oublier les avatars que j'avais traversés. Je sortais de manière effrénée, jusqu'à 4 ou 5 heures du matin, et au-delà, et les soirées se terminaient en *afterhours* illégaux ou chez des particuliers. À cette époque, je flirtais sans retenue, surtout avec des gens de la mafia, parce que Kathy était la maîtresse de Stevie Gallo, le neveu des trois frères Gallo, membres éminents des Colombo, une des cinq familles mafieuses de la Cosa Nostra à New York, et que nous évoluions dans leur cercle.

Maman, qui restait le soir pour s'occuper de Mónica, était très en colère contre moi, mais elle n'arrivait à contrôler ni mes sorties ni ma vie sentimentale agitée. J'eus une multitude de petits amis, souvent des hommes dont je me servais selon mon bon plaisir et pour lesquels l'amour ne s'enracinait pas dans mon cœur. Nous appelions cela pour plaisanter « baiser et larguer ». Je voulais rencontrer l'homme qui me conviendrait, mais, ceux-là, on ne les trouve habituellement pas dans les bars, les clubs ou les *afterhours*. Tous étaient comme des jouets et tout le monde jouait avec tout le monde. J'étais jeune et belle et j'aimais être désirée. Quand j'arrivais à conquérir les hommes, je ne les aimais plus, un jeu qui, je le sais, n'était pas très correct, mais qui m'amusait beaucoup, surtout avec des mafieux. Certains de ceux avec lesquels je suis sortie étaient insignifiants, bien que plusieurs aient été aussi très haut placés au sein de ces familles, comme Tommy *Tea Balls* Mancuso, ou un dénommé Gallo lié à la famille des Colombo et qui, des années plus tard, mourrait en prison ; mais avec moi il était doux et adorable, un de mes amants préférés.

La « Mata Hari des Caraïbes »

Cette époque-là était très différente d'aujourd'hui, j'ai eu des contacts avec tout le monde et, bien que cela puisse sembler paradoxal, j'éprouvais auprès de la mafia un sentiment de sécurité. J'étais heureuse et je me sentais détendue pour la première fois de ma vie. Ils me traitaient avec beaucoup d'égards, et c'était en grande partie parce que le bruit avait couru sur ce que j'avais fait à Cuba, en tirant de prison des types incarcérés par Fidel. Cela m'avait valu le surnom affectueux de « Mata Hari des Caraïbes », qu'ils utilisent encore aujourd'hui, et ils plaisantaient souvent en disant que sans moi il ne pouvait y avoir de fête. Cette gratitude perdurait et, en outre, ils prenaient soin de moi parce qu'ils estimaient qu'on pouvait me faire confiance et ils savaient que j'étais capable de garder des secrets. Je compris petit à petit comment tout fonctionnait chez eux, du respect du dimanche, jour consacré à la famille que les Italiens passaient en compagnie de leur épouse et de leurs enfants, au comportement que l'on attendait d'une petite amie de la mafia : se faire belle et se tenir prête à sortir quand ils le voudraient et enverraient la voiture me chercher. En échange, eux se montraient galants et respectueux. Ma mère était effrayée par les relations que j'entretenais, et elle me demandait parfois si je réalisais avec qui je sortais. Mais ils avaient de l'affection, y compris pour elle. Ils l'appelaient *mamma* et remplissaient fréquemment son domicile de fleurs, de friandises et de cadeaux, depuis des téléviseurs jusqu'à du café ou des pistaches, qui venaient du chargement de camions qu'ils volaient. Il nous fallut même trouver un réfrigérateur pour stocker toute la viande qu'ils nous offraient.

Je connaissais des principes non écrits : moucharder à la police était une sentence de mort, ne jamais confondre les uns avec les autres et ne jamais dire ou faire quoi que ce soit qui puisse les mettre en cause. Et, s'ils finissaient en prison, leur démontrer ta loyauté en leur adressant des lettres ou en leur envoyant des colis. Je sus, de plus, gagner leur confiance dans des affaires beaucoup plus graves : ils pouvaient tirer sur quelqu'un devant toi, et toi tu regardais simplement de l'autre côté et tu t'en allais ; tu ne répétais jamais rien de ce que tu avais entendu, tu n'écoutais pas. Je devais juste appliquer cette règle et cette philosophie de survie qui était restée gravée en moi pendant la guerre, dans notre sous-sol en Allemagne : « Ne parle pas, ne pense pas, ne respire pas. »

Plus honorables que la CIA

Les mafieux se comportaient selon un code qui m'inspirait bien plus confiance que celui de la CIA, qui m'avait plus appris à mentir qu'à dire la vérité ; les parrains étaient de véritables gentlemen auxquels on pouvait se fier, des gens pour qui la parole donnée est une question d'honneur et chez qui il y a plus de respect et moins de duplicité qu'au sein de l'« agence ».

Généralement, je sortais surtout avec des mafieux italiens, mais en dansant dans une discothèque une nuit de 1967 je fis la connaissance d'Edward *Eddie* Levy, un poids lourd de la Kosher Nostra, la mafia juive. Il était marié, bien que cela ne fût pas un empêchement à ce que nous devenions amants. Avec lui, je nouai une relation fantastique et durable, pleine de tendresse. Quoique la mafia italienne n'ait pas été trop satisfaite de ma liaison avec un membre de la

Kosher Nostra, ils respectèrent cela, et *Eddie* prit bien soin de moi et m'aima tendrement. En plus de me gâter par des cadeaux tels qu'une bague en diamant de 63 000 dollars, il s'efforça, comme *Oncle Charlie*, de tenter de réorienter ma vie et de me faire faire quelque chose d'utile ; une volonté qu'il démontra par des gestes comme le financement d'une année entière d'inscription à l'Eastern School for Physicians, un centre où l'on formait des assistants médicaux et où j'enchaînai les allers-retours. Ma persévérance dans les études – qui n'avait jamais été un de mes points forts – était encore plus faible à l'époque.

C'est également *Eddie* qui me paya le billet pour Madrid afin que j'aille voir Marcos. En août 1968, le Venezuela avait relâché Pérez Jiménez, qui choisit l'Espagne comme lieu d'exil et, bien que je l'aie bombardé de lettres durant les cinq années qu'il passa en prison, jamais je n'ai su si elles lui étaient parvenues, car jamais je n'ai reçu de réponses. C'est seulement après sa remise en liberté que, pour la première fois, je réussis à lui parler au téléphone, lorsqu'il se trouvait déjà à Madrid, logé dans un hôtel. Dès qu'on me passa Marcos, je donnai libre cours à un flot de lamentations : le récit de l'abandon dans la forêt, le rappel des malveillances et de la trahison de Walters… Mónica prit le téléphone et, pour la première fois, elle eut la possibilité de parler à son *papi*, et nous décidâmes que j'irais le voir à Madrid. Ce fut une conversation émouvante et tendre. Maman l'enregistra, mais quelqu'un

– nous ne sûmes jamais exactement qui, ni quand, ni comment – déroba la bande. Peut-être était-ce la CIA.

Je laissai Mónica à la garde de maman et, munie du billet payé par *Eddie,* j'arrivai en Espagne et m'installai à l'Hôtel Continental, tout près de l'endroit où se trouvait Marcos. À peine arrivée, je lui parlai de nouveau au téléphone et nous prîmes rendez-vous pour le lendemain. Joyeuse et comblée, je descendis à la boutique de l'hôtel acheter un de ces boléros ornés de pompons qui étaient alors à la mode. Enfin, j'allais pouvoir retrouver Marcos. Je m'endormis heureuse, descendis prendre le petit déjeuner et la dernière chose que j'aurais pu imaginer, c'était que quelqu'un, encore une fois, allait faire en sorte que rien ne fonctionne ainsi que je l'avais projeté. Quelque chose avait dû être mélangé à mon repas, parce que je dormis pendant des heures et des heures à l'hôtel, un sommeil artificiel qui me laissa assommée deux jours durant. Lorsque je fus remise, je me rendis compte de ce qui se passait et je tentai d'appeler Marcos, mais je n'obtins plus de réponse à l'hôtel. Je téléphonai à ma mère pour lui raconter que j'avais été suivie et que quelqu'un était en train de s'en prendre à moi. Je ne savais pas qui se trouvait derrière ce qui m'arrivait, mais je songeai qu'il s'agissait probablement de l'épouse de Marcos, qui me haïssait et haïssait Mónica, ou d'une personne de son entourage, bien que l'idée m'ait aussi traversé l'esprit que ce harcèlement pouvait être l'œuvre d'un membre du gouvernement nord-américain.

Quel qu'en fût l'auteur, un message m'était adressé et il était impossible de ne pas le saisir : je devais partir. Je ne voulais pas endurer de nouveau la peur, un sentiment d'insécurité et d'incertitude, et encore moins que ma fille en souffre. Cela ne valait pas la peine de risquer une nouvelle fois ma vie et de priver Mónica de sa mère, si bien que je montai dans un avion et retournai, déçue, désabusée et frustrée aux États-Unis. À mon arrivée, Frankie Gio, un autre de mes petits amis lié à la mafia – et qui apparaîtrait dans les films *Le Parrain* –, m'avertit de ne plus tenter de revoir Marcos parce que si je le faisais, quelqu'un allait essayer de me faire disparaître de la surface du globe.

La difficile venue au monde de Mark

Après l'échec du voyage, maman redevint mon soutien, mon refuge et, comme à la suite du premier retour de Cuba, elle m'ouvrait la porte à une collaboration avec les autorités fédérales des États-Unis. Mónica et moi habitions auprès d'elle dans son appartement de l'Upper East Side, dans un immeuble auquel un homme appelé Louis Yurasits était préposé. Mon agenda sentimental était suffisamment rempli, mais quand *Eddie* décida d'emmener son épouse plusieurs mois en croisière autour du monde, je me fâchai avec lui et, presque comme par vengeance, j'entamai une relation amoureuse avec Louis. Maman et lui me présentèrent Al Chestone, devenu par la suite *Oncle Al*, un homme que je peux juste définir comme étant un style de vie à lui tout seul. Très vite, j'arrivai à savoir qu'il était un agent du FBI sous les ordres duquel Louis – apparemment simple commissaire de police – était chargé d'espionner.

Oncle Al suggéra que Louis et moi formions une équipe ; je fus recrutée et commençai alors pour le FBI un travail qui dura cinq ans.

La première condition requise fut d'en passer par toute une période d'entraînement sous la responsabilité du FBI mais, au-delà de questions professionnelles, Oncle Al, fervent catholique, se préoccupait également de mes affaires personnelles et il voulut me faire épouser Louis. J'étais enceinte et mon nouveau parrain du FBI voulait que le bébé ait un nom.

La naissance de mon second enfant, qui vint au monde le 13 décembre 1969, fut très difficile. Je présentais un *placenta praevia*, c'est-à-dire une complication apparue pendant la grossesse, qui se traduit par un développement du placenta vers la partie basse de l'utérus, par lequel le col utérin se trouve recouvert, empêchant la sortie du bébé lors de l'accouchement. J'eus également une pré-éclampsie et fus victime d'un micro-infarctus. Le bébé arrivait et pesait presque cinq kilos. De plus, il se présentait par le siège, de sorte qu'on dut me faire une césarienne d'urgence. Je me mis à crier lorsque j'entendis que le personnel médical commençait à parler de souffrance fœtale aiguë et la frayeur s'empara de moi quand je sus que le nouveau-né, mon bébé, ne respirait pas. Ils finirent même par le recouvrir d'un drap blanc mais, par chance, le petit urina et nous sûmes ainsi qu'il avait survécu, bien qu'il dût ensuite passer une semaine en couveuse.

Heureusement, on m'avait fait admettre à l'Hôpital Colombus, qui, à ce moment-là, bénéficiait des plus grandes avancées de la ville en matière de réanimation. Je pouvais entendre ma mère en train de pleurer à l'extérieur de la salle où je me trouvais. Plusieurs de mes amants l'accompagnaient – JJ, Frankie Gio, Tommy *Tea, Eddie...* Et je les entendais se disputer, tous s'attribuant la paternité, un moment qui éveilla beaucoup de tendresse en moi. De fait, je baptisai mon fils Mark Edward, un hommage, en ce qui concernait le second prénom, à *Eddie*, qui avait perdu une fille d'une tumeur au cerveau. *Eddie* insistait sur le fait que le bébé, roux comme lui, était le sien, mais je savais qu'il était de Louis. Je n'avais qu'à faire le compte des mois que mon amant de la Kosher Nostra avait passés en croisière en dehors du pays.

En ce temps-là, il y avait trois mois de délai pour remplir l'acte de naissance, et c'était le temps dont je disposais pour donner un nom officiel à Mark. Oncle Al fit en sorte que les autorités paient un billet à Louis afin d'aller au Mexique à bord d'un de ces avions appelés « vols de la liberté[19] », des déplacements express vers le pays voisin où l'on obtenait le divorce plus rapidement qu'aux États-Unis. Dans ce voyage, j'accompagnai Louis, qui était toujours marié, le divorce de la précédente union fut prononcé, nous rentrâmes à New York et devînmes mari et femme lors d'une cérémonie civile le 28 février 1970. Sur l'acte de naissance de mon fils, j'écrivis : Mark Edward Yurasits. Très vite, on le surnommerait *Beegie*, en souvenir d'une des lanternes chinoises que l'on m'avait offertes pour mettre sur le berceau. Elle était en forme d'abeille, *bee* en anglais, le premier son émis par le bébé.

Quoique je tienne pour évidente la paternité de mon fils, la dénier à *Eddie* me fendait le cœur et je le laissai donner libre cours à sa détermination à agir en père. Tout fier, il emmena Mark, qui n'avait que trois ou quatre mois, dans un des lieux de réunion des mafieux et le présenta comme « mon petit garçon ». À cette époque-là, *Eddie* voulait également tuer Louis, qu'il haïssait et appelait « le bâtard hongrois », et en arriva même à mettre 50 000 dollars sur une table afin qu'il disparaisse de ma vie. Mon mari les refusa.

---

19. *NDT* : les « vols de la liberté » (*vuelos de la libertad*) furent mis en place en 1965 à la suite d'un accord entre le Président Lyndon B. Johnson et Fidel Castro pour emmener aux États-Unis les Cubains qui souhaitaient partir en exil. Ces vols réguliers fonctionnèrent jusqu'en 1973.

Différentes sortes de rats

Désormais mariés et assumant la responsabilité de notre bébé et de Mónica, une fois l'entraînement terminé, nous reçûmes Louis et moi la mission d'*Oncle Al* : au n° 250 de la 87ᵉ rue Est, la société Glennwood Management allait inaugurer un nouvel immeuble d'appartements de luxe, un gratte-ciel avec piscine au dernier étage. Le FBI souhaitait tenir cet endroit particulièrement à l'œil, car plusieurs familles de missions diplomatiques auprès des Nations Unies allaient s'y installer, tant de l'Union soviétique que de pays de l'orbite de celle-ci comme la Bulgarie ou l'Albanie ; cette dernière, par exemple, avait loué tout le 21ᵉ étage. Avant que les locataires emménagent, des micros allaient être placés à l'intérieur des logements. Louis et moi devions veiller à compléter l'espionnage et obtenir toutes les informations possibles, si bien que nous nous installâmes dans un bel appartement de l'immeuble, prêts à commencer à travailler à notre mission ; le FBI me paierait 500 dollars par semaine, parfois plus, cela dépendait de divers facteurs.

Je faillis ne pas pouvoir m'acquitter de ma tâche, et ce fut à cause d'un problème de rats. De deux sortes de rats. Au début de 1971, nous étions installés depuis peu dans le bâtiment lorsqu'une nuit *Beegie*, alors âgé de trois mois, se mit à pleurer. Cela raviva ma peur perpétuelle que quelqu'un soit en train d'essayer de m'enlever mes enfants ou de leur faire du mal, et je saisis mon pistolet. Quand je m'approchai du berceau, je vis que mon petit garçon avait du sang sur la bouche et, horrifiée, je me rendis compte qu'il s'était endormi avec son biberon ; les rats avaient senti l'odeur du lait, ils étaient allés jusqu'au berceau et avaient mordu non seulement la tétine, mais la lèvre de mon fils. Mon premier réflexe fut de l'emmener aux urgences du Metropolitan Hospital ; *Beegie* y fut admis et ils confirmèrent qu'il avait de la fièvre à cause d'une morsure de rat, ainsi qu'une paralysie des muscles de l'estomac, une affection grave qui lui laissa des séquelles qui, encore aujourd'hui, lui causent des problèmes. Quand je rentrai à la maison, en colère, je rejetai la faute sur Louis, tirai dans l'air conditionné et jurai mes grands dieux que j'allais poursuivre en justice les constructeurs de l'édifice. Dans leur précipitation à achever la construction et louer les appartements destinés à l'espionnage des locataires, ils avaient fait une partie des travaux à toute vitesse et, entre autres négligences, ils n'avaient pas bien fermé les conduits d'aération par lesquels – je n'avais aucun doute là-dessus – étaient rentrés les rats qui avaient attaqué Mark.

Peu de temps après, un jour que je me trouvais dans l'ascenseur, je vis s'approcher un homme qui s'y introduisit juste au moment où les portes se fermaient, comme cela arrive habituellement dans les films.

— Qu'est-ce que tu fabriques ? Tu cherches des problèmes ? me lança-t-il avec une expression menaçante.

— Qui es-tu ? demandai-je, quelque peu fatiguée.

Tu peux mourir très vite si tu ne cesses pas de déranger, dit-il, et il pressa le bouton du dernier étage où se trouvait la piscine, encore inachevée.

Quand la porte s'ouvrit, la rage – celle que je peux et que je sais avoir en moi – m'envahit. J'étais cette femme qui, dans les marais de Floride, avait été capable de tenir en respect des dizaines d'hommes comme lui, des soldats qui portent le mal sur leur visage et ont quelque chose de diabolique dans les yeux, et je lui dis :

— Et qu'est-ce que tu vas faire à présent ? Écarte-toi.

Il me répondit par le classique « Tu sais à qui tu parles ? », mais je ne me laissai pas intimider non plus et répliquai :

— Et toi, tu sais à qui tu parles ? C'en est assez de ce petit jeu. Redescends.

Par la suite, je pus lui donner un nom et un prénom : il s'agissait de Giuseppe Pino Fagiano, un dur qui faisait office de gros bras pour la mafia sicilienne, et que la société propriétaire de l'immeuble avait engagé afin de jeter dehors les occupants qui payaient de faibles loyers dans les *brownstones*[20], ou pour mettre le feu à ces constructions et faire ainsi de la place pour leurs gratte-ciel. Ce fut la première fois de ma vie que je le vis, là, dans l'ascenseur, et cela ne serait pas la dernière. En réalité, Pino deviendrait un autre de mes amants.

---

20. Maisons de grès rouge du XIXe siècle édifiées à New York et certaines autres villes de la côte Est des États-Unis.

Étude de poubelles

En dépit de l'incident des rats et de la rencontre avec Pino, la mission se poursuivit. Parmi les travaux que j'effectuais, je devais notamment descendre dans la pièce où finissaient les ordures et y récupérer des lettres ou des documents que les locataires pouvaient avoir jetés, ce que faisaient rarement les Soviétiques, mais ce en quoi les Albanais se montraient beaucoup plus négligents. Je remontais les déchets à la maison, où j'avais transformé un des WX en une sorte d'officine d'espionnage insonorisée et équipée d'une grande table au-dessus de la cuvette des toilettes, d'une lampe, de marqueurs et de rubans spéciaux. Dès que je trouvais certains de ces papiers en morceaux, je m'appliquais à les reconstituer comme s'il s'agissait de puzzles, et le matin je les remettais à *Oncle Al.* Il venait habituellement très tôt et, avant de faire le ramassage de documents ou de me charger de nouvelles tâches, il m'aidait à m'occuper de *Beegie*, allant jusqu'à changer ses couches pendant que je prenais ma douche.

Une partie de l'espionnage se faisait hors du bâtiment, et j'étais chargée d'inscrire les immatriculations des voitures qui viendraient ou de noter quelles personnes entraient et sortaient. Le FBI avait également occupé un appartement de l'autre côté de la rue, dans l'immeuble du Mayflower, afin de prendre les visiteurs en photo. J'étais parfois étonnée du côté insouciant des agents : une fois, il fallut que je dise à *Oncle Al* de leur conseiller de ne pas allumer de cigarettes la nuit tandis qu'ils montaient la garde et faisaient des photos parce que, malgré les stores vénitiens installés aux fenêtres, on pouvait parfaitement les apercevoir.

Outre le travail, je me sentais bien avec Louis et je fis l'expérience à l'époque d'un sentiment de sécurité que je n'avais jamais connu auparavant et que je n'ai pas retrouvé par la suite. Je me sentais protégée et, de surcroît, j'avais un père pour *Beegie* et un beau-père pour Mónica, quoique ma fille finît par s'installer chez ma mère, à laquelle j'avais trouvé un appartement dans un *brownstone* situé également dans la 87e rue, à côté de mon immeuble. Louis ne plaisait pas trop à maman, qui estimait que c'était un rustre, bien qu'il fût ingénieur, et elle se comportait en belle-mère désagréable, même si elle le tolérait. J'ai toujours pensé que pour elle, quelle que soit la personne avec laquelle je me trouvais, nul n'était suffisamment bien ; mais ma vie avec Louis avait quelque chose de si confortable pour moi que j'abandonnai plusieurs amants, au moins pendant un temps.

Espionne et policier

En ces temps où la guerre froide continuait à tourner à plein régime, il n'y avait pas de camp qui ne fût conscient d'être espionné par l'autre. Les locataires soviétiques avec lesquels Louis et moi avions établi de très bonnes relations d'amitié – à tel point que la maison se remplissait de cadeaux comme de la vodka et de grandes boîtes de caviar – se montraient extrêmement circonspects. Étant donné qu'ils passaient une bonne partie de la journée aux Nations Unies ou à leurs consulats et missions, ils disposaient dans les appartements des fils, de la farine ou toute autre poudre pour se rendre compte au retour si quelqu'un était entré, et c'est ainsi qu'ils détectèrent quelquefois des intrusions qu'ils signalèrent à la police. Afin d'éviter des incidents diplomatiques, il fallait enquêter sur les plaintes, et c'est la raison pour laquelle je finis par rejoindre aussi les services de police de la Ville de New York en tant qu'auxiliaire. Attachée à une division destinée à recevoir les doléances pour les activités criminelles, j'étais chargée de prendre les appels, si bien que, lorsque la mission soviétique appelait pour déclarer que quelqu'un était rentré dans leurs logements, c'était moi qui recevais cette communication, et on pouvait monter la comédie qui calmerait les Soviétiques : en apparence on ouvrait une enquête, quoique, en réalité, la plainte fût enterrée.

Cette période-là était également celle de l'apogée du mouvement de la Black Liberation Army[21], et nous eûmes quelques-uns de ses membres dans l'immeuble. Louis ne voulait pas de locataires noirs, parce qu'il sentait qu'avoir à s'occuper de leur surveillance pouvait interférer dans une mission centrée

---

21. *NDT* : la Black Liberation Army (BLA), mouvement de lutte armée des années 1970, se composa en majorité d'ex-membres des Black Panthers.

principalement axée sur l'espionnage des Soviétiques, mais quant à moi je ne voyais en revanche pas d'inconvénient à « ouvrir de nouveaux horizons ». Un jour, j'utilisai le passe-partout de Louis pour pénétrer dans un appartement où je trouvai beaucoup de littérature se rapportant au mouvement qui avait précisément surgi après que le FBI fut parvenu à infiltrer les Black Panthers. Je vis qu'il y avait aussi des douilles de balles dans la maison et un réflexe instinctif reprit le dessus, celui d'en mettre quelques-unes dans ma poche. Quand elles furent analysées, on découvrit grâce à leurs marques qu'elles avaient été fabriquées avec le même matériel de rechargement de munitions que les projectiles utilisés pour tuer deux policiers le 21 mai 1971, Joseph Piagentini et Waverly Jones, un assassinat dont on avait beaucoup parlé.

Non seulement j'avais découvert une piste clé permettant de retrouver les assassins des deux agents, mais cela allait représenter pour moi le début d'une autre aventure, dans un domaine où j'avais évolué depuis longtemps comme un poisson dans l'eau : celui des amants, bien que je me fusse dernièrement comportée en fille relativement sage. Comme l'affaire de la Black Liberation Army était tombée entre les mains du Bureau de contrôle du crime organisé, *Oncle Al* m'arrangea une entrevue avec un des inspecteurs de ce service ; je devais rencontrer celui-ci un jour donné à 10 heures du matin au restaurant Leo's

Dinner de la 86ᵉ rue Est. J'avais pour instruction de chercher un type grand aux yeux bleus, habillé en civil. Quand j'arrivai et que je l'aperçus, la première chose que je lui dis fut :

— Je ne veux pas travailler pour toi, je préfère faire l'amour.

Il tenta de changer de conversation en me demandant si je voulais du café, du thé, un *donut* ou de quoi déjeuner, mais quelque chose d'irrépressible s'était déchaîné en moi et j'insistai :

— C'est toi que je veux.

Le capitaine Frank Xavier Smith, qui, à cette époque de corruption grandissante, travaillait également pour le Bureau des affaires intérieures, résista à mes assauts, me donna sa carte et nous nous dîmes au revoir, mais lorsque je retournai à la maison auprès de mon mari, je me rendis compte que j'allais m'attirer des problèmes. Je ne pouvais pas chasser de mon esprit cet homme dont je venais de faire la connaissance et, le lendemain, je l'appelai.

— C'est ta source invisible, celle qui n'a pas accepté le thé. Je veux te voir. C'est pour le travail, lui dis-je.

Je n'avais en réalité aucune intention de travailler et je dirais que lui non plus, parce qu'il me donna rendez-vous dans un hôtel Marriot et que ce même jour débuta une liaison que nous entretiendrions durant les quinze années qui suivirent.

8

Le retour de Fiorini,
mon propre Watergate

Je passai les années suivantes à emboîter les pièces de
la manière la plus convenable possible dans le puzzle
complexe qu'était ma vie, mais, malgré mon envie
profonde d'être une femme normale, j'étais une et
plusieurs à la fois : j'espionnais le jour, travaillais avec
la police la nuit et faisais le grand écart entre ma vie
de famille et mes histoires amoureuses. J'aimais Frank
Smith, je ne voulais pas faire de mal à *Eddie*, je n'arrivais pas à quitter Louis et j'étais liée professionnelle-
ment au *Tío* Al. Le fait que maman réprouve chacune
de mes relations était embarrassant, et mes aventures
avaient aussi nui à mon mariage avec Louis, qui avait
entamé une *affaire*[22] avec une fille de l'immeuble, infi-
délité face à laquelle, évidemment, je ne pouvais rien
dire. Mais tout cela était totalement insignifiant en
comparaison de ce qui allait avoir lieu ensuite.

---

22. *NDT* : en français dans l'édition originale.

Frank Fiorini, qui à l'époque se faisait appeler Sturgis, du nom de sa mère, fut arrêté le 17 juin 1972, tout comme Virgilio González, Eugenio Martínez, Bernard Barker et James McCord, pour s'être introduits dans les bureaux de campagne du parti démocrate, situés dans l'immeuble Watergate, où ils étaient entrés afin de retirer des micros mal installés. L'année suivante, en janvier 1973, ils furent condamnés avec Gordon Liddy et Howard Hunt, l'homme que j'avais connu sous le nom d'*Eduardo* au cours de mon séjour en Floride.

Je conduisis jusqu'au pénitencier d'État de Danbury, dans le Connecticut, pour tenter de voir Sturgis, mais on me dit qu'il avait été transféré dans une prison de Washington DC, si bien que je rentrai à New York. Par l'intermédiaire de Hank Messick, un journaliste connu de Louis, spécialiste de la mafia et auteur d'une biographie sur Meyer Lansky, j'obtins le numéro de téléphone de Frank en prison et ne tardai pas à réentendre sa voix contrefaite et minable. Je lui demandai d'abord ce qui était arrivé exactement à Alex Rorke, parce que j'étais sûre qu'il connaissait les circonstances de sa disparition, dix ans auparavant, et que celles-ci pourraient mettre en cause le gouvernement des États-Unis et la CIA, les exilés cubains, la mafia, Fidel ou Frank lui-même. Mais il ne semblait pas disposé à en parler. Ce qu'il voulait, c'était savoir si j'avais le bras assez long pour le sortir de là, si je pouvais me servir de mes relations, de mes amis, de la mafia ou de tout autre moyen pour y parvenir.

— Je ne peux pas t'aider. Il ne s'agit pas d'un vol dans un arsenal, c'est beaucoup plus grave : c'est la Maison-Blanche ! lui rappelai-je. En plus, où étais-tu quand j'ai eu besoin de toi à Miami pour faire face à Walters ?

Sturgis passa treize mois derrière les barreaux et lors de son emprisonnement, son sentiment d'avoir été trahi, sa rage d'avoir été abandonné par ceux-là mêmes pour qui il avait travaillé des dizaines d'années grandit. Pendant ce temps, la CIA essaya de me recruter à nouveau. Je reçus la visite, dans notre immeuble, de John Effenito, un agent qui voulait me faire quitter mon travail avec le FBI pour retourner au service de la « compagnie ». Il prétendait que je devais le faire au nom de la sécurité nationale pour collaborer dans une affaire en lien avec l'enquête du Watergate. Ses visites à mon domicile mettaient en danger ma mission et j'en fis part au *Tío* Al, qui un jour où Effenito venait me voir l'arrêta dans le hall de l'immeuble, lui dit que je travaillais désormais pour eux et réussit à faire en sorte qu'il me laisse tranquille.

Les États-Unis : une boîte de Pandore

Le Watergate fut la vague la plus puissante de ce qui était à ce moment-là déjà un véritable tsunami frappant les États-Unis, où après les assassinats des Kennedy, avec ce scandale et l'effondrement de l'Administration Richard Nixon qui s'ensuivit, le couvercle d'une vraie boîte de Pandore avait été soulevé.

Il a été dit très souvent que le pays avait alors perdu son innocence. En réalité, il n'aurait pas pu en être autrement une fois que commencèrent à sortir au grand jour les innombrables abus de la CIA et du FBI, des liens avec la mafia qui remontaient jusqu'aux plus hautes instances du gouvernement et des conspirations tramées dans l'ombre pour tuer des dirigeants étrangers, depuis Fidel à Cuba jusqu'à Patrice Lumumba au Congo ou Rafael Trujillo en République dominicaine. Tout était extrêmement corrompu ; on commençait pourtant à démontrer avec des preuves irréfutables la participation effective de Washington à ces complots, ce qui rendait de plus en plus plausible l'idée que rien dans l'assassinat de JFK ne correspondait à ce qu'on avait raconté jusque-là. Durant cette période, les enquêtes se multiplièrent, telle celle de la commission dite « Rockefeller », qui voulut en 1975 faire la lumière, entre autres, sur certains aspects du magnicide, ou celles entreprises la même année par la commission dénommée « Church » au Sénat, qui consacra l'un de ses 14 rapports à la description du projet du directeur de la CIA, Allen Dulles, d'utiliser la mafia sicilienne pour tenter de tuer Fidel, avec l'accord d'Eisenhower.

Pour les forces qui s'étaient jusqu'alors déplacées dans l'ombre, Sturgis devait à coup sûr être l'un de leurs pires cauchemars : cet homme avait beaucoup

à dire ou à taire et était habitué à faire cavalier seul,
ce qui le rendait aussi imprévisible que dangereux,
d'autant plus après qu'on l'eut incarcéré et fait en
sorte qu'il se sente trahi. Par ailleurs, comme je pus
le constater, il était toujours égoïste, poussé uniquement par son propre intérêt, un vrai soldat de fortune,
et quand il conçut une stratégie combinant la *vendetta*
et la recherche de gains financiers, il se servit de moi
comme d'un pion qu'il importait peu de sacrifier.

Exposée

Un jour de mai ou de juin 1975, Manny Rodríguez,
le concierge de notre immeuble, me dit qu'un journaliste avait demandé Marita Lorenz, alors qu'à cette
époque je me faisais appeler Mme Yurasits. Lorsque
je pris contact avec le reporter, Paul Meskil, j'appris
qu'il avait en main toute l'histoire de Sturgis, que ce
dernier me faisait apparaître dans son témoignage et
qu'il avait même fourni une photo de moi avec Fidel.
Je m'adressai à Frank et lui dis, très en colère, que
j'étais en pleine opération d'espionnage des Soviétiques, et qu'il la mettait en péril ; quand je lui demandai à quoi il jouait et pourquoi diable il parlait de moi
à la presse, il me répondit, sarcastique :

— *Touché*[23]. Tu n'as pas tué Fidel et je t'avais prévenue que ça te retomberait dessus.

Il m'avait tendu un piège et je m'y étais précipi-
tée. Et je fus moi-même mon pire ennemi, car lorsque

---

23. *NDT* : en français dans l'édition originale.

j'entrai de nouveau en contact avec Meskil, j'essayai de le cuisiner pour voir ce qu'il savait, et bien que je lui aie confirmé seulement certains des détails que Sturgis lui avait déjà donnés, il profita de notre conversation pour dire que je lui avais accordé une interview. Quelques jours plus tard, le dimanche 20 avril 1975, ma photo et mon histoire étaient publiées dans un article d'une série baptisée *Les Secrets de la CIA*, sous le titre : « La Mata Hari qui dupa Castro ». Quand je vis le quotidien dans un kiosque, je sus que c'en était fini pour moi. La première chose qui me passa par la tête fut de me demander ce qu'allait en penser Frank Smith, mon amant policier. Puis je pensai à Louis, quoiqu'il connaisse déjà les grandes lignes de ma vie. Je rentrai à la maison avec un exemplaire du journal, le posai sur la table et dis à mon époux, qui ne semblait pas s'en inquiéter :

— On est foutus. Tu ne comprends pas ce que ça implique ? L'opération est terminée. Toutes les personnes de l'immeuble vont savoir qui je suis.

Je ne m'étais pas trompée et tout s'effondra. Étant donné qu'on avait exposé mon histoire au grand jour et que mon passé et mon identité avaient été découverts, les locataires soviétiques déménagèrent dans un autre bâtiment à Riverdale.

Bien que Louis et moi n'ayons pas signé les papiers du divorce avant le 22 janvier 1976, nous rompîmes, et il me remplaça rapidement par une fille qui faisait du *topless* dans un local de la Seconde Avenue ;

elle emménagea avec lui et garda tout pour elle : les meubles, les vêtements et mon mari. Cette rupture me fit beaucoup souffrir, et je la regrette encore aujourd'hui, je sais que j'ai commis une erreur. J'aurais dû rester avec cet homme que j'aimais, à ma manière, et avec qui je menais une vie agréable et, d'une certaine façon, tranquille. Je n'ai jamais voulu lui faire de mal. Son départ, d'ailleurs, fut très traumatisant pour le petit Mark. Cependant, son attitude mesquine ainsi que le fait qu'il rejette par la suite son fils et qu'il nous abandonne complètement, sans nous apporter aucun soutien financier, ni pour l'entretien ni même pour l'éducation de Mark, firent que la douleur se transforma peu à peu en mépris.

Fichue

À ce moment précis où tout s'écroulait, je vis en me promenant dans Eas River Drive un panneau de location sur une maison au n° 512 de la 88e rue Est, pour un petit appartement avec jardin que je louai immédiatement. *Eddie*, qui faisait toujours partie de ma vie, se sentit heureux parce que nous passions de nouveau plus de temps ensemble, et il m'aida en prenant à sa charge un an de loyer. Néanmoins, par la suite, à mesure qu'il prenait du galon à la Kosher Nostra et qu'il créait Levy, Adler & Cohen, une compagnie spécialisée dans les assurances, il acheta un attique au n° 1725 de York Avenue, où je séjournai aussi de temps à autre.

J'entamai une liaison avec Pino Fagiano, le voyou qui m'avait menacée après l'incident au cours duquel Mark s'était fait attaquer par des rats et que j'avais continué à voir parfois dans notre ancien immeuble, car il n'abandonna jamais son travail pour l'agence immobilière. Je ne sais pas très bien comment ni pourquoi je suis devenue sa maîtresse. Je savais qu'il était dangereux, mais il y avait quelque chose en lui qui m'attirait et qui éveillait ma curiosité. Il était sicilien, même s'il disait être né en Libye, et quoique pas très grand, il était beau garçon, avec des cheveux sombres et un regard intense. Ce fut sans aucun doute une erreur. En plus d'être un « homme de main » pour la mafia, Pino était également un joueur compulsif, avec de sérieux problèmes d'argent, et il se mit à venir à l'attique d'*Eddie*, avec l'intention de lui faire truquer certaines courses de chevaux.

Les choses tournèrent si mal entre Pino et moi qu'un jour il me frappa et me tira dessus avec le pistolet de calibre 38 qu'il avait toujours sur lui ; il me fallut me défendre et je le touchai avec ma propre arme, la balle transperçant la veste Gucci qu'il portait. Je crus l'avoir tué, mais il survécut. C'était le 20 juillet 1976, le jour où, m'ayant poussée dans l'escalier, il me fit perdre l'enfant que j'attendais de lui. Je portai plainte et, le 11 août, il fut arrêté, mais vite libéré. Mónica et Mark avaient assisté à l'agression, et je réalisai que ce n'était pas une vie pour eux, si bien que je les envoyai plusieurs mois en Allemagne afin d'essayer

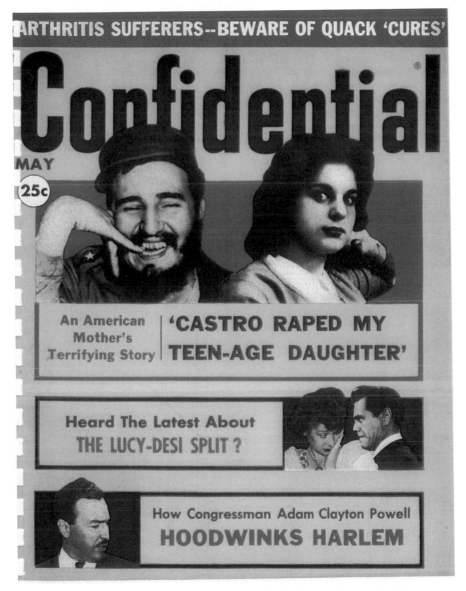

Avec l'objectif de diffamer Fidel, Alex Rorke eut l'idée d'un article pour *Confidential*, dans lequel ma mère l'accusait d'avoir abusé de moi.

Avec Frank Sturgis, l'homme qui m'introduisit dans le monde de l'espionnage. En 1972, il fût détenu à l'occasion du scandale du *Watergate*.

Sturgis, espion et contre-espion américain, durant sa période guerillero à Cuba. Après le scandale du Watergate, il se sentit trahi par ceux pour qui il travaillait depuis des décennies.

Sturgis posant à côté de Frank Nelson (avec les lunettes), en charge des finances de l'espion, et qui fût un grand soutien de « l'armée » qu'il entraina dans le but d'assassiner Fidel.

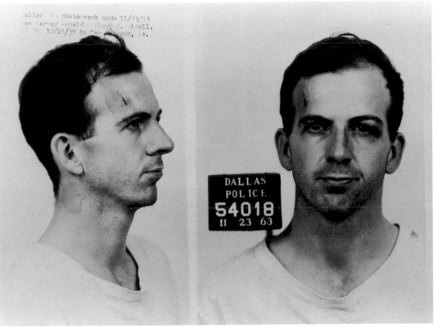

Lee Harvey Oswald, l'assassin présumé de John F. Kennedy, photographié durant sa détention.

Quelques instants avant que Jack Ruby ne tire sur Lee Harvey Oswald à bout portant dans l'estomac, éliminant un des témoins clés de l'enquête sur l'assassinat de Kennedy.

Marcos Pérez Jiménez, ancien président du Vénézuela, le père de ma fille Mónica Mercedes Pérez Jiménez.

« Tout ira bien » me dit Marcos quand je sus que j'étais enceinte.

Avec ma fille Mónica. Son père ne pût passer beaucoup de temps avec elle avant d'être emprisonné, puis extradé au Vénézuela .

Le jour où ils renvoyèrent Marcos à Caracas je voulais lui faire des adieux, mais ils me menotèrent au volant de la voiture pour m'empêcher de pouvoir l'embrasser.

Sortant de chez les juges à Miami, avec mon avocat Robert Montague, pendant que nous nous efforcions de retarder l'extradition de Marcos.

J'étais toujours l'espionne que j'avais été, que cela me plaise ou non. Sur cette photo prise en 1980, j'apparais m'inscrivant pour travailler avec les réfugiés cubains qui arrivèrent aux États-Unis cette année-là.

Photos de famille sur lesquelles nous apparaissons, Mónica, Mark, Louis Yurasits et moi.

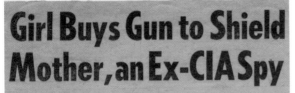

Girl Buys Gun to Shield Mother, an Ex-CIA Spy

By PAUL MESKIL

A frightened 15-year-old girl bought a loaded pistol Monday in a desperate attempt to protect her mother, ex-spy Marita Lorenz, from Watergate burglar Frank Sturgis.

Detectives picked up the girl, with the automatic in her pocket, as she waited near her mother's Yorkville home for Sturgis to arrive. When Sturgis showed up a few hours later, he was arrested and charged with coercing Miss Lorenz to change her testimony before a congressional committee investigating the assassination of President Kennedy.

District Attorney Robert Morgentnau's office has been in contact with Manhattan U.S. Attorney Robert Fiske Jr.'s office to explore the possibility of pressing federal charges against Sturgis for allegedly harassing a federal witness, authorities said. However, the question of jurisdiction was not expected to be decided until today.

Miss Lorenz' daughter is Monica Mercedes Perez Jiminez. Both she and her mother gave The News permission to use her name. Monica's father, who has never contributed to her support, is former Venezuelan dictator Marcos

Perez Jiminez, a multimillionaire now living in Spain.

Miss Lorenz met Sturgis in 1959 while she was living in Havana with Cuban Premier Fidel Castro. Sturgis, then known as Frank Fiorini, was an officer in Castro's revolutionary army and a contract agent for the CIA.

He recruited Miss Lorenz to spy on Castro. Later, when both Miss Lorenz and Srgis left Cuba, he allegedly sent her back y two CIA missions — the first to suite in to assas

Six v Nws the Harvey before ed in D she retu ing day.

She

(Co

À quinze ans, Mónica décida d'affronter Sturgis par elle-même. Le 31 octobre 1977, elle se posta près de notre appartement armée d'un pistolet de calibre 22 avec l'intention de « l'arrêter ».

Les armes ont toujours fait partie de ma vie. J'ai appris leur maniement très tôt.

Avec un agent et interprète avec qui je travaillais à Fort Chaffe, Arkansas.

Pendant un temps, je travaillais dans le centre de soins pour joueurs compulsifs fondé par ma sœur Valerie à Baltimore, Maryland.

Avec les acteurs Gabrielle Anwar et Joe Mantegna, en 1999, durant le tournage de *My Little Assassin (Mon Petit Assassin)*, basé sur mon histoire avec Fidel.

Dans le salon de ma maison avec quelques uns de mes animaux de compagnie, et une photo de mes parents au mur.

de les éloigner d'un monde tel que le mien, si inapproprié pour des enfants.

La loi du silence

Durant ces jours-là, où pleuvaient des citations à comparaître pour collaborer à des enquêtes politiques, on commença aussi à assister à la mort suspecte de certaines personnes porteuses de vérités probablement gênantes, qui les obligèrent à emporter leurs secrets dans la tombe. Par exemple, il me vient à l'esprit le souvenir de Dorothy Killgallen, une chroniqueuse qui s'était rendue à Dallas après l'assassinat de Kennedy et avait gagné la confiance de Ruby. En 1965, elle interrogea le meurtrier d'Oswald en prison puis revint à New York et fut retrouvée morte chez elle à la suite d'une overdose d'alcool et de barbituriques alors qu'elle n'avait pas d'antécédents d'alcoolisme ni d'usage de drogues. Je me remémore également à l'instant l'assassinat de Sam Giancana le 19 juin 1915 dans sa maison de Chicago. La Commission Church voulait l'appeler à la barre, mais ils n'eurent pas le temps de parler avec lui : quelqu'un le tua de plusieurs balles, dont certaines autour de la bouche. Le message ne pouvait pas être plus clair.

La loi du silence n'était pas finie. Le 7 août 1976, on trouva dans la baie de Dumbfolding, près de Miami, un baril criblé de trous, entouré de chaînes. En l'ouvrant, on y découvrit le cadavre de Johnny Rosselli, ce *Mr. Hollywood* qui m'avait donné les gélules pour tuer Fidel. Il était venu témoigner devant la Commission Church à deux reprises, en 1975, sur cette affaire de tentative d'assassinat et sur ses relations avec la mafia et la CIA ; il avait aussi fait une déposition en avril 1976, les questions portant cette fois-là sur la supposée conspiration autour du meurtre de Kennedy. Les sénateurs voulaient l'entendre de nouveau, mais il disparut le 28 juillet, et ne réapparut que sous forme de cadavre dans un baril, les jambes coupées, avec des marques de strangulation et des impacts de balles sur le corps. Peu après, on glissa sous ma porte la photocopie d'un article avec la nouvelle de la mort de Rosselli et le message suivant : « Tu seras la prochaine. » Ces menaces suffirent pour que la police de New York fasse surveiller mon logement par des gardes et que Richard Schweiker, ce membre du Comité d'intelligence du Sénat dont le personnel m'avait interrogée après la mort de Rosselli, demande une mise sous protection au département de la Justice pour mes enfants et moi. J'ai toujours pensé que Pino était derrière ces attaques, car il était venu à mon appartement et m'avait volé des documents et des enregistrements de conversations téléphoniques que j'avais eues aussi bien avec lui qu'avec *Eddie,* de même qu'avec des avocats et des éditeurs qui commençaient à s'intéresser à mon histoire ou encore avec des enquêteurs du Congrès, ces dernières remontant à 1975 – j'avais fait ces enregistrements par mesure de précaution.

Second voyage à Madrid

En cette période trouble, je faisais également face à la pression constante de Mónica, qui insistait beaucoup pour essayer de s'entretenir avec son père, et je finis par céder et organiser un voyage en Espagne. En février 1977, nous retournâmes à Madrid, où contrairement à la première fois nous ne savions pas où était Marcos, lequel avait acheté une maison dont nous n'avions pas l'adresse. Pour entamer les recherches, il me vint l'idée de nous rendre à l'ambassade des États-Unis, où j'étais convaincue que Marcos serait suivi à la trace, mais lorsque je leur demandai des renseignements, ils se montrèrent totalement opposés à mon intention de prendre contact avec lui. J'eus beau leur expliquer que si je ne le voyais pas, je n'aurais même pas les moyens de rentrer aux États-Unis, ils me firent clairement comprendre qu'il était hors de question que je le rencontre.

Mónica insista pour que nous n'abandonnions pas et nous allâmes donc à l'ambassade du Venezuela. Ma fille, adolescente de presque 15 ans, usa de ses charmes pour faire tourner la tête de jeunes fonctionnaires. Elle obtint d'eux qu'ils nous donnent l'adresse en douce ; Marcos se trouvait dans une villa du quartier de la Moraleja. Nous sortîmes de là heureuses et décidâmes de regagner l'hôtel, remettant la visite surprise chez Marcos au lendemain. Ce fut une erreur de notre part.

Au matin, on frappa à la porte de notre chambre et, en ouvrant, nous vîmes deux marines américains immenses, munis d'armes automatiques énormes, qui nous prièrent instamment de les suivre, ne me laissant aucune possibilité de refuser ou de discuter. Ils se saisirent de mon sac à main, de Mónica et moi, ils m'attrapèrent par le bras ; ils nous emmenèrent jusqu'à une voiture qui attendait et, de là, nous conduisirent à l'aéroport. Je protestai tout le long du trajet, leur expliquant que je n'avais rien fait ni enfreint aucune loi, mais cela ne servit à rien : ils nous firent embarquer dans un avion qui ne semblait appartenir à aucune compagnie aérienne, me dirent de ne jamais revenir et nous expulsèrent du pays. Deux semaines plus tard, je reçus du gouvernement américain, plus précisément du Département d'État, une facture de 3 000 dollars pour le titre de transport aérien et un avis stipulant que mon passeport ne serait pas renouvelé en cas de non-paiement.

Mónica en eut assez de pleurer, elle disait qu'elle voulait voir son père ne serait-ce qu'une fois. Ses pleurs et son vide intérieur ne disparaîtront jamais complètement : Marcos Pérez Jiménez mourut à Madrid le 20 septembre 2001 sans que sa fille ait eu l'occasion de le revoir.

Tueur à gages professionnel

Nous étions de retour à New York et, quelques mois plus tard, je reçus plusieurs coups de fil de Frank

Sturgis. Depuis la parution des articles, il s'était remis à me tourner autour et m'appelait souvent ; cette fois, il téléphona pour me convaincre de retravailler avec lui. Il partait pour l'Angola, où des forces spéciales s'organisaient pour venir en aide à Fidel, et il voulait que je m'infiltre afin de recueillir des informations. Il m'assurait que la mission rapportait « pas mal d'argent » et insista par deux fois au moins, m'appelant en juillet, une fois de Paris et une autre de Lisbonne. Je refusai de l'accompagner non seulement parce que je ne voulais pas être mêlée à ses histoires, mais aussi parce que j'avais reçu un appel d'Angola d'un homme nommé John Stockwell, chef de station de la CIA dans ce pays africain, lequel m'avait averti de ne pas y aller.

J'aurais dû deviner que mon refus aurait des conséquences, et pas seulement pour moi. Pour se venger, Frank se mit à fouiner dans les négoces d'*Eddie*, et n'eut aucun mal à repérer chez Levy, Adler & Cohen, son cabinet d'avocats, une quantité impressionnante d'irrégularités. Il est impensable que ce soit par hasard que juste à ce moment-là les autorités aient ouvert une enquête et entamé des poursuites judiciaires à l'encontre d'*Eddie*. Celui-ci fut incarcéré et condamné pour fraude quand on découvrit que les millions de dollars qu'il avait amassés grâce à des polices d'assurance fictives finissaient en fait sur des comptes en Suisse et ailleurs. De la prison où il passa deux ans enfermé, *Eddie* m'envoya une lettre en me

« remerciant » d'avoir mis mes « collègues de la CIA »
sur ses traces, et je ne doute pas un instant qu'il avait
raison, car une fois Sturgis me dit sans aucun état
d'âme :

— Je me suis débarrassé de ton petit ami parce que
tu n'as pas voulu aller en Angola.

Ce qui me fit penser à Rorke, et je répliquai :

— De la même manière que tu t'es débarrassé
d'Alex ?

Ce à quoi il ne me répondit pas, mais j'ai toujours
pensé qu'il était derrière tout ça. Sturgis était un
tueur à gages professionnel. En fait, je sais qu'il a tué
Rolando Masferrer, *El Tigre*, mort en octobre 1975 à
Miami lors d'un attentat à la voiture piégée, et je le dis
avec d'autant plus de certitude que Frank me l'avoua
lui-même un jour.

Lors de nos conversations, il me rappelait bien
souvent qu'il valait mieux que je taise et il ponctuait
ses injonctions sans équivoque de silences et d'aver-
tissements du genre : « Tu sais de quoi on est coupables. » Ce qu'il voulait évidemment, c'était assurer
ses arrières. Parmi les pistes de l'enquête menée par
la Commission Rockefeller figurait la possibilité que
Frank et Howard Hunt aient été ensemble à Dallas, une chose que l'un comme l'autre nièrent dans
leurs déclarations sous serment. Cependant, Gaeton
Fonzi, l'un des enquêteurs au service d'un sénateur
de la Commission Church, trouva, à la relecture des
articles écrits par Meskil, une confirmation éventuelle

de ses doutes selon lesquels Sturgis et Hunt – Fiorini et *Eduardo* pour moi – avaient pu faire un faux témoignage : j'étais à même de prouver leur présence conjointe non seulement dans les Everglades mais encore dans la ville où Kennedy fut tué.

Fonzi, avec qui je parlai alors qu'il travaillait pour la Commission Church et qui travailla finalement pour le Comité spécial sur les assassinats de la Chambre des Représentants, lequel enquêterait en 1978 sur l'assassinat de Kennedy, commença à venir à l'appartement de la 88ᵉ rue avec Al González, autre enquêteur du Comité, pour m'interroger et prendre connaissance de certains documents, et Frank multiplia ses appels. Il disait que Fonzi travaillait en réalité pour la CIA et continuait à me demander avec insistance de ne pas parler, ou du moins, si je le faisais, que ce soit pour dire ce qu'il voulait, en passant sous silence ce qui l'arrangeait. Tels de vieux renards dans un monde où on ne peut ni ne doit se fier à personne et dans lequel on n'est jamais trop prudent, Frank et moi nous enregistrions mutuellement sans nous le dire.

Une tueuse en uniforme de collégienne

Je croyais que ces enregistrements me protégeaient et ne prêtai pas trop d'attention à une chose qui était en train de se passer dans ma propre maison. Mónica était désormais adolescente. Elle avait toujours senti que Frank était funeste, elle disait qu'il avait « les yeux d'un homme mort » et se souvient qu'à l'époque je lui sortais des phrases du style « Quand je ne serai plus là… ». Elle lisait clairement en moi la crainte que quelque chose de terrible m'arrive et pensait que Frank menaçait de me tuer, si bien qu'elle se mit sur le pied de guerre après avoir écouté l'une de nos conversations téléphoniques où elle crut comprendre que Sturgis venait me tuer pour m'empêcher de parler à Fonzi.

J'avais appris à mes enfants à manipuler des armes, à les nettoyer, les démonter et les charger, et Mónica, scolarisée à ce moment-là à l'Institut Loyola, une école catholique de Park Avenue où étudiaient beaucoup d'enfants de gangsters, se procura par l'intermédiaire du frère d'une amie un pistolet de calibre 22, avec un chargeur de sept balles. Armée, elle avait le sentiment que « ce qui comptait », c'était de protéger sa mère en faisant tout ce qui serait « nécessaire ». Elle m'a toujours assuré qu'elle n'avait pas eu l'intention de tuer Sturgis, mais de le « freiner ». Ma fille fut très perspicace : elle savait qu'étant mineure les lois qui lui seraient appliquées seraient plus clémentes que si elle avait été majeure.

Le 31 octobre 1977, Mónica se posta entre deux voitures devant chez moi en attendant que Sturgis arrive. Un voisin dut la voir depuis sa fenêtre le pistolet à la main et appela la police, qui avait aussi été prévenue par mon amant, Frank Smith, à qui je téléphonai lorsque Mónica m'appela et m'expliqua ses intentions. Ma fille prit la fuite, ce qui déclencha une opération policière au cours de laquelle plusieurs rues furent bouclées, et elle finit par être encerclée, mais demanda à négocier sa reddition avec un agent qu'elle connaissait grâce à mon travail, Terry McSwiggin. Pour elle, c'était *Tío Terry*, et il fut gentil avec elle : selon ce que Mónica raconte, il sortit les balles du pistolet et nettoya l'arme. Une fois désarmée, ma fille fut menottée et emmenée au commissariat. Elle portait son uniforme de collégienne.

Quelques heures plus tard, Sturgis arriva à mon appartement et fut arrêté pour harcèlement et coercition ; il fut précisément accusé d'« intimider la victime afin de l'empêcher de témoigner devant une autorité légalement constituée », en référence au Comité spécial du Congrès. On l'incarcéra après lui avoir imposé au préalable une caution d'un montant de 25 000 dollars, qui serait ensuite réduite à 10 000 dollars, et finalement il se retrouva de nouveau à la une des journaux ; cependant, un juge abandonna toutes les charges et le remit en liberté le 4 novembre.

Sous bonne garde et avec la peur au ventre, une fois encore

Ma vie semblait suffisamment menacée pour que les autorités décident de me mettre sous garde rapprochée, de m'offrir leur protection. Au milieu de la nuit, on me fit sortir de la maison avec mes enfants et Charmaine Burns, une amie de cette période, quand je faisais toujours la fête, une femme superbe et charmante originaire de La Nouvelle-Orléans qui était justement chez moi parce qu'elle était venue me rendre visite. On nous emmena en avion quelque part en Floride, où ces mêmes autorités avaient un lotissement privé de maisons sécurisées, Miami Springs Villa, dont nous ne pouvions nullement sortir. Telle est la vie de prisonnier que tu es obligé de vivre quand tu es sous protection, une vie de silence durant laquelle jamais personne ne te dit ni ne t'explique rien et où la seule réponse qu'on soit capable de te donner à la question de savoir combien de temps durera l'enfermement est : « Jusqu'à ce que les choses se calment. »

Avec deux agents de garde à chaque faction, on suppose qu'il ne peut pas t'arriver grand-chose, bien que dans mon cas se soit produit cette fois-là un incident qui n'avait rien à voir avec les menaces pesant sur moi mais qui mit aussi ma vie en danger. Un vendredi soir, les agents se rendirent dans un bar et nous laissèrent sans surveillance ; ce fut alors qu'un homme complètement fou, qui s'était échappé d'un hôpital psychiatrique, entra chez nous. Après être passé par un autre appartement et y avoir violé et assassiné la femme d'un vigile – une chose que je découvrirais plus tard –, le type pénétra dans notre appartement. J'étais en train de dormir et je me réveillai avec à côté de moi un homme nu armé d'un couteau, qui me disait des insanités, se tripotait et voulait que j'aie des rapports sexuels avec lui. J'étais terrorisée et paralysée, mais je vis que ce n'était pas l'un des sbires de

Sturgis, aussi commençai-je à lui parler calmement et à lui faire croire que j'allais satisfaire ses demandes, lui demandant seulement qu'on aille dans une autre chambre. Dans mes vêtements, je pris un canif que j'avais toujours sur moi, que j'ouvris, et j'attaquai l'individu, provoquant trois ou quatre coupures superficielles mais assez profondes pour le faire saigner. Dans tous mes états, poussée par la haine et la peur, je criais le nom de Steve Czukas, un agent des douanes avec qui je collaborais à l'époque en tant qu'indicatrice, tout en continuant d'attaquer l'homme avec le canif, si bien qu'il se voyait forcé de reculer vers la rue et qu'il finit par tomber au sol, ce qui me permit de fermer la porte. Il s'approcha alors de l'une des fenêtres et se mit à tambouriner dessus en hurlant : « Je vais te tuer ! Je te tuerai ! » Il criait, je criais, mes enfants criaient, Charmaine criait... Je décrochai d'urgence un téléphone que j'avais à la maison et appelai au secours. Des dizaines d'agents apparurent immédiatement dans des voitures banalisées, et, en arrivant, ils me trouvèrent encore tétanisée et incapable d'ouvrir le poing pour lâcher le canif, ce que je ne fis qu'en voyant Mónica, réalisant que ce déséquilibré n'était pas entré dans sa chambre ni ne l'avait agressée. Nous étions tous vivants et indemnes, mais nous eûmes besoin qu'ils nous administrent des tranquillisants pour surmonter ce quart d'heure on ne peut plus brutal.

Le cahier vert

La sécurité dont on nous assurait prétendument de la fiabilité ayant failli de manière spectaculaire, on nous déplaça dans un hôtel de Miami, une *suite* matrimoniale où nous restâmes quelques jours. J'étais épuisée mentalement et préoccupée par ailleurs parce que ma mère était seule à New York ; il avait fallu l'hospitaliser après qu'elle fut tombée mystérieusement malade, mais nous ne savions toujours pas combien de temps s'écoulerait avant que nous retrouvions notre liberté de mouvement. Dans cet océan d'incertitude, Czukas me donna un petit cahier d'école de couleur verte et me suggéra de mettre à profit le temps dont je disposais pour écrire, me disant que c'était la meilleure thérapie à laquelle il pensait. Pourtant, ce n'était pas une demande si désintéressée que cela pouvait paraître. Czukas connaissait bien Frank Sturgis, il l'avait arrêté une fois et m'avait parlé d'un réseau de trafic de drogue avec le Mexique dans lequel était impliquée ma vieille connaissance. Il était également au courant du voyage à Dallas et m'avoua qu'il allait remettre à Washington, au Comité spécial sur les assassinats, le cahier contenant ce que j'écrirais.

Les jours suivants, je remplis 16 pages de souvenirs sur le voyage à Dallas, sur ma mère, Fidel, Marcos Pérez Jiménez et sur les traîtrises du maudit David Walters, et je dois reconnaître que cela eut un effet quelque peu thérapeutique : je revins peu à peu à une vie normale et me sentis mieux. On me proposa de me fournir une nouvelle identité, de me placer dans l'un de ces programmes qui me permettaient de changer d'État, voire de recourir à la chirurgie et de démarrer une nouvelle vie. Je demandai si on pouvait m'envoyer à Cuba. Je prenais même plaisir à plaisanter sachant que j'allais refuser l'offre : non seulement je n'avais aucun intérêt à me rendre en Arizona, mais encore je me sentais moralement obligée de retourner m'occuper de maman, je ne voulais pas laisser tomber Frank Smith et notre liaison, et j'avais ma vie dysfonctionnelle mais à la fois normale avec *Eddie*.

Le début de la fin

La première chose dont je m'occupai, de retour à New York, fut de sortir maman de l'hôpital Lenox Hill, où elle avait été admise, et de l'emmener avec moi dans l'appartement d'*Eddie*, où j'aménageai une chambre à l'identique de celle de n'importe quelle clinique. Nous ne sûmes jamais vraiment ce qui lui était arrivé, mais j'ai toujours suspecté qu'il s'était agi d'un coup bas de la part de Frank Nelson et, pourquoi pas, de Sturgis. Tandis que j'étais sous mesure de protection, maman s'était plainte d'une gêne qu'elle attribuait au fait d'être assise devant l'air conditionné et les deux Frank l'emmenèrent chez un médecin sur Park Avenue, où, me raconta-t-elle plus tard, on lui fit une injection, après quoi elle commença à montrer des signes de paralysie et tout son corps s'atrophia petit à petit, alors que son esprit fonctionnait encore parfaitement. Même son médecin traitant était d'accord avec moi pour convenir qu'on avait dû lui administrer un produit ayant affecté son système nerveux et Mónica, de la même façon, a toujours pensé que cette piqûre, qui n'était pas nécessaire, contenait du poison. En tout cas, maman déclinait à vue d'œil et comme je ne voulais pas la mettre dans une maison de retraite, j'employai une infirmière pour me seconder, parce que maman était clouée au lit et que je voulais la soigner du mieux que je pouvais. Lorsque c'était possible, je l'emmenais se promener en fauteuil roulant du côté d'East River, la peignais de manière à ce qu'elle soit bien jolie et de temps à autre, je réussissais à la faire rire un peu.

Elle mourut dans mes bras le 7 décembre 1977, et cette date marqua non seulement sa fin mais également la mienne, car d'une certaine manière je mourus avec elle. Mon pilier s'en allait, mon roc, la seule personne dans ma vie avec qui j'ai pu parler à cœur ouvert, malgré nos fréquentes disputes, les énormes contrariétés qu'elle a éprouvées face à mes décisions et le poids excessif des responsabilités que je lui ai fait porter.

Je découvris aussi qu'elle gardait des secrets qui allaient se révéler très douloureux. Quand j'entrepris de fouiller dans ses magnifiques malles des années 1920 remplies de souvenirs, je découvris, cachée derrière la garniture de l'une d'elles, une enveloppe sur laquelle il était écrit « Peaches » ; c'était le surnom affectueux qu'elle m'attribuait. En l'ouvrant, je me mis à fondre en larmes : il y avait là une photo d'un petit garçon de 3 ou 4 ans, qui ressemblait énormément à Fidel. Je compris immédiatement que maman avait toujours su que mon premier enfant avait survécu.

Ma première réaction fut d'exploser de rage, d'entrer dans une colère monstre. Comment pouvait-elle avoir gardé cette information pour elle ? Comment avait-elle pu accepter qu'on me laisse ainsi, rongée par le doute, toute ma vie durant ? Elle n'en avait pas le droit ! Lorsque je pus me calmer un peu, je lus un mot qu'elle avait écrit, de toute évidence, il n'y avait pas si longtemps, car il faisait référence à Mónica et à Mark, et que ce dernier avait à peine 8 ans. Maman me disait que je devais me concentrer sur l'éducation de mes deux enfants et ne pas m'inquiéter pour celui-là, m'assurant qu'il allait bien. En lisant et relisant ces mots, en observant cette photo, en pensant à la petite Mónica et à *Beegie,* je finis par me calmer et par la comprendre. Je crois qu'elle a fait cela pour me protéger, pour que je ne sombre pas dans la folie. J'aurais probablement fait comme elle à sa place. Je compris d'une certaine manière ses motivations et lui pardonnai. Je l'aimais plus que tout au monde.

J'avais une certitude : je ne pouvais pas vivre sans elle. J'étais triste, brisée, anéantie, et à partir de ce moment je me sentis terriblement malheureuse. Mónica, qui passa tant de temps pendant son adolescence avec maman, parle aujourd'hui encore de cette période comme d'un point de bascule qui précipita nos vies dans un abîme et une spirale de misère. Nous passâmes d'une vie normale et, on peut le dire, confortable à une vie d'extrême pauvreté, et bientôt commencèrent à s'enchaîner les angoisses, les expulsions de logement, la vie d'errance et le désespoir de certains jours où nous n'avions même pas d'argent pour manger.

Une cavale impossible

La mort de maman me fit l'effet d'un raz-de-marée et me laissa sans appui, alors que son soutien aurait été plus nécessaire que jamais à ce moment précis où la pression augmentait en raison de l'enquête sur l'assassinat de Kennedy et où j'étais tiraillée entre des forces contraires. Non seulement je ne voulais pas croiser Sturgis et tous les Cubains, mais, en plus, je craignais de révéler ma culpabilité et d'être accusée d'un délit pour des affaires telles que les vols dans les arsenaux, et la seule chose qui me vint à l'esprit fut de prendre la fuite.

Ce fut pourquoi je récupérai mes enfants et les emmenai avec moi aux Bahamas, pensant que là-bas les citations à comparaître ne pourraient pas me parvenir. La mer n'était pas une barrière suffisante, ils continuaient à me chercher, et mon frère *Joe* m'incita à revenir, me rappelant que je pouvais finir en prison si je persistais à ignorer les convocations. *Joe* avait alors une relation privilégiée avec Howard Baker, le sénateur républicain du Tennessee qui en 1973 avait posé la question cruciale dans l'enquête du Watergate, à savoir ce « Que savait le Président et quand l'avait-il su ? » qui parviendrait à faire tomber Nixon. À eux deux, ils réussirent à me convaincre que me soustraire à une convocation fédérale me ferait apparaître comme coupable, que cela m'obligerait à être en cavale toute ma vie et que de toute manière cela ne m'empêcherait pas d'être poursuivie et de terminer en prison. Baker me trouva un avocat et je revins, disposée à témoigner, bien que Me Lawrence Krieger, en charge des dossiers de droit immobilier de Teddy Kennedy, ne me plaise pas du tout ; et dire qu'il obtint du Comité une garantie qui me permettrait de parler sans crainte d'être incriminée : l'ordre d'immunité 78/0136, édicté le 1er mai 1978.

À la fin du mois, j'embarquai dans un avion à destination de Washington avec les enfants et deux petits chiots qui venaient d'entrer dans la famille. À l'atterrissage, un agent nous attendait et il nous accompagna jusqu'à un taxi. Lorsqu'il demanda où nous allions, Mark donna le premier nom d'hôtel qui lui passa par la tête et nous finîmes dans un Regency.

Le Comité spécial sur les assassinats de la Chambre des Représentants

Pour quelle raison m'obligeait-on à revenir et à témoigner devant le Congrès tant d'années après ? En 1976 fut créé un comité d'enquête qui en quelque sorte correspondait à une fusion des Commissions Church et Hart-Schweiker, toutes deux destinées à mener des investigations sur les assassinats de John F. Kennedy, de son frère Robert et de Martin Luther King, mais surtout sur la mort du Président. Depuis que la Commission Warren avait conclu en 1964 que Lee Harvey Oswald ne faisait partie d'aucune conspiration, de nombreuses voix indignées s'étaient élevées, réclamant la vérité.

Le HSCA[24] en question s'activa en réponse à la pression citoyenne et aux centaines d'articles, de documentaires et de livres, surgis dès 1963, qui spéculaient sur une conspiration tramée dans les entrailles de l'État pour en terminer avec Kennedy et sur un autre complot visant à se débarrasser de Martin Luther King en personne. Les enquêtes du Comité durèrent jusqu'en 1978 et un rapport définitif fut rendu public en 1979.

Le 31 mai 1978, nous nous rendîmes au Capitole, où mes enfants s'assirent sur des bancs de la salle, chacun avec un chiot, et l'interrogatoire, auquel participèrent 36 congressistes, démarra. Ils étaient déjà en possession du cahier vert que j'avais écrit à la demande de Czukas, quoiqu'une partie de son contenu ait été censurée prétendument afin de protéger la sécurité nationale, notamment quand je citais des agents de la CIA. De même, au grand dam des membres du Comité,

---

24. *NDT* : *House Select Committee on Assassinations.*

Fonzi avait réalisé ses propres ratures et annotations. Dans la salle, un projecteur de diapositives était branché, et nous vîmes des photos où je pus identifier, par exemple *Ozzie* – c'était sous ce nom que j'avais connu Lee Harvey Oswald dans les Everglades. Ils furent exhaustifs et ne laissèrent aucune zone d'ombre, que ce soit à propos de Fidel, des vols dans les arsenaux, du voyage à Dallas... Certains furent très durs avec moi et m'interrogèrent impitoyablement, mettant en doute mes déclarations et essayant de me confondre. Mais je me sentis réconfortée lorsque le plus agressif d'entre eux, Christopher Dodd, me présenta des excuses en me croisant dans le couloir au cours d'une pause et me dit :

— Désolé, je sais que vous êtes en train de dire la vérité.

Dodd fut, en fait, l'un des membres du Comité qui publièrent une note exprimant leur désaccord quand fut présenté le rapport avec les conclusions finales, où il fut déclaré que « Lee Harvey Oswald tira trois fois sur le président John F. Kennedy », que « le deuxième et le troisième tir touchèrent le Président » et que « le troisième tir le tua ». Dodd expliqua qu'il avait voté contre ce rapport parce que les tests balistiques du fusil qu'*Ozzie* avait apparemment utilisé, un Mannlicher-Carcano, avaient démontré qu'il était impossible de tirer des coups de feu successifs avec une arme de ce modèle.

En outre, se basant sur le témoignage de plus de 20 témoins et sur un enregistrement audio, le HSCA conclut qu'il y avait eu un quatrième tir et, par conséquent, un second tireur, et que Kennedy était probablement mort victime d'une conspiration, bien que le Comité se soit déclaré « incapable d'identifier les autres tireurs ou l'étendue de la conspiration ». Il exclut catégoriquement la participation de la CIA, du FBI et du Service secret des États-Unis et, de façon un peu moins véhémente, encore sur la base des éléments de preuve dont il disposait, estimait que ni le gouvernement soviétique ni le gouvernement cubain ne faisaient partie du complot. Une autre conclusion fut que les Cubains anticastristes de l'exil et le crime organisé n'étaient pas non plus impliqués en tant que groupes, quoique le Comité n'écartât pas la « possibilité » que des « individus » liés à des organisations de réfugiés ou de la mafia le soient effectivement.

Pour ma part, je fis simplement ce que je pensais être mon devoir. Quelques jours après avoir comparu et témoigné, j'envoyai un rectificatif sur une date à laquelle j'étais supposée avoir vu Oswald ; en effet, j'en avais donné une erronée, car j'étais sous pression et on voulait mettre en doute ma crédibilité. En finir avec tout cela fut un soulagement.

Je peux aussi rire en me rappelant certains détails, tel celui que ma fille Mónica aime mentionner. Comme je voulais arriver élégante et présentable pour témoigner, j'avais parlé avec un voisin de New York, un Noir très courtois que nous appelions affectueusement *Fine Shit* (« fine merde ») parce que son appartement était un vrai entrepôt de toutes sortes de marchandises volées. Il avait notamment de délicates pièces de tissus importées d'Asie et me fit confectionner avec l'une d'elles un tailleur sur mesure. Je me rendis au Capitole habillée comme une grande dame, portant ce tailleur foncé dont l'origine n'était pas très nette.

9

Enfants de Cuba

Après avoir témoigné sous serment au Congrès et de retour à New York, j'accomplis pendant un certain temps des tâches pour la police. Mais une fois de plus, mon existence me menait au désastre. Mónica, qui, durant toutes mes années de folie, avait été confiée à la garde d'une grand-mère ayant toujours essayé de lui apporter la sérénité que ne lui garantissaient ni ma vie agitée ni mes fréquentations, était rentrée dans une phase de rébellion et nos relations étaient terriblement tendues. Un jour qu'elle se présenta ivre à l'appartement de la 88ᵉ rue, je me mis en colère contre elle – je crois même que je la frappai –, et elle s'enfuit. Je demeurai plusieurs jours sans savoir où elle se trouvait et je crus devenir folle. J'allai jusqu'à recontacter Pino Fagiano afin qu'il se mette à sa recherche à ma place.

Elle revint cependant spontanément, par ses propres moyens, au bout de cinq jours, non sans avoir vécu auparavant une expérience traumatisante. Elle était partie avec une connaissance qui l'accueillit à

Brooklyn et lui permit de demeurer chez elle, mais un jour Mónica vit à la maison un monsieur en train d'attendre dans un salon et lorsque son « amie » lui dit : « L'heure est venue de gagner le prix de ton séjour », elle comprit ce que l'on attendait d'elle. Par mon intermédiaire, Mónica avait connu des *Madames*[25] et des *escort-girls* dont elle se souvient encore aujourd'hui avec affection et même admiration, des personnes élégantes, gentilles à son égard, et qu'elle n'avait jamais vues en train d'exercer le commerce de leurs charmes. Mais elle quitta précipitamment cet endroit et évita de justesse d'entrer dans le monde de la prostitution.

C'étaient des jours très difficiles financièrement. L'horizon s'éclaircit devant moi lorsque Thomas Guinzburg, un des cofondateurs du magazine *The Paris Review* et qui présidait alors Viking Press, mit sur la table la proposition de faire un livre tiré de mon histoire. Gaeton Fonzi, l'enquêteur qui avait travaillé pour le Congrès, était également désireux d'en écrire un, mais je ne voulais pas que ce soit lui qui le rédige. Et je crois que ce fut une bonne décision parce que, des années plus tard, quand il écrivit son inventaire des faits concernant l'assassinat de Kennedy, *The Last Investigation*, je n'en sortis pas indemne. Le contrat que me proposait Guinzburg était de surcroît très généreux, d'un montant de 340 000 dollars, aussi l'acceptai-je. Avec les 75 000 dollars de l'avance versée,

---

25. *NDT* : en français dans l'édition originale.

je m'achetai une voiture et donnai un acompte pour une maison à Darien, Connecticut, une belle propriété au n° 86 de Maywood Road, où je m'installai avec Mónica et Mark ; je pouvais m'y consacrer à l'entretien de mon jardin et combler mon amour pour les animaux, en m'occupant de porcs, de chèvres, de canards et de chevaux.

C'était une existence tranquille, la vie rêvée, je dirais. Mais je gardais trop de choses de mon passé derrière moi pour devenir une maîtresse de maison ordinaire. Mes amis mafieux, notamment, se servaient parfois de la propriété pour dissimuler des camions à une époque où se faisaient sentir les effets du deuxième choc pétrolier, et ils transportaient illégalement du combustible. De plus, le déménagement n'avait pas mis fin au harcèlement. Non seulement je demeurais celle qui était allée témoigner devant le Congrès, disposée à répondre à tout ce que l'on me demanderait et à prononcer ouvertement le nom de gens qui auraient préféré rester dans l'ombre, mais, par-dessus le marché, je m'apprêtais à écrire un livre. Un jour que Mónica était en train de faire ses devoirs dans la cuisine vêtue d'une de mes vestes, une balle entra par la fenêtre et faillit la tuer. Nous ne sûmes jamais qui avait tiré et tout ce que nous entendîmes, ce fut quelqu'un qui s'enfuyait sur une moto. Une autre fois, pratiquement tous mes animaux furent retrouvés morts. La seule chose dont j'étais sûre, c'était que cela ne venait pas de la mafia.

Le harcèlement était constant et je traversais de graves problèmes pour vivre au jour le jour par suite du paiement de l'hypothèque : bien que j'aie commencé à écrire le livre à plusieurs reprises, je ne parvins pas à le terminer et la maison d'édition s'en désintéressa. Tout ce qu'ils cherchaient avec ce livre, c'était à faire ressurgir la thèse selon laquelle l'assassinat de Kennedy ne reflétait pas ce que l'on avait raconté aux gens, et ils voulaient mettre sur la couverture la photo prise par Alex Rorke dans les Everglades, où l'on nous voyait, Sturgis, Hemming et moi avec *Ozzie* et d'autres. Le problème est que je possédais une seule bonne copie de cette photo, mais que je l'avais donnée au sénateur Baker. L'autre copie était de moins bonne qualité et, le comble, c'est que Pino l'avait emportée quand il avait volé des documents et des bandes magnétiques chez moi.

Tout cela m'amena à prendre la décision de laisser tomber cette maison et de retourner à New York, où j'avais conservé l'appartement de la 88ᵉ rue. Seuls me retenaient un cheval et une chèvre ayant survécu au massacre, si bien que je décidai de les ramener en ville avec moi. Garder la chèvre à la maison était une aberration, mais je pouvais en venir à bout ; conserver le cheval se révélait en revanche impossible, aussi pensai-je que je pourrais en faire don à quelqu'un. Je demandai à Frank Smith, mon amant policier, de me procurer un de ces vans destinés au transport des équidés et j'emmenai l'animal depuis le Connecticut jusqu'à New York, où je m'apprêtais à le laisser au zoo. Mais quand j'arrivai c'était fermé, et je me vis sans savoir quoi faire du cheval. Je le laissai à l'extérieur de l'immeuble, mais la police me dit que je ne pouvais le laisser là, et lorsque j'expliquai aux agents que je ne savais pas quoi en faire, pour rire, ils me suggérèrent de l'offrir au maire. Ils trouvaient la blague très drôle, mais l'idée ne me sembla pas si saugrenue, si bien que j'allai jusqu'à Gracie Mansion, attachai l'animal près d'un arbre, m'assurai qu'il avait de l'herbe et de l'eau, et j'avertis un des gardes qu'il s'agissait d'un cadeau à l'intention du premier édile.

Revenir vers Fidel

Les graves difficultés financières que je traversais alors ne me laissaient guère de porte de sortie, et l'une des rares que j'entrevis fut de tenter de recourir à Fidel, de lui demander de l'aide et de retourner à Cuba. Je me rendis plusieurs fois à la mission diplomatique cubaine auprès des Nations Unies, afin de leur apporter des lettres que je voulais qu'ils lui fassent parvenir. D'une certaine manière, je n'ai jamais perdu espoir. Alors que je quittais l'immeuble après l'une de ces entrevues, un homme de petite taille, roux, m'arrêta. Il s'agissait de Larry Wack, un agent du FBI aux grandes ambitions, que l'on avait placé à la tête des forces antiterroristes. Il voulait que je cesse d'aller à la mission, mais aussi que je travaille pour lui et que j'infiltre Omega 7, le groupe anticastriste fondé par

Eduardo Arocena dans le New Jersey et qui était à l'origine de divers attentats.

Je revis Wack plusieurs fois et il ne m'a jamais plu. Il buvait beaucoup, trop, et si je le hais ce n'est pas pour rien, mais parce qu'un jour il agressa Mónica. Ma fille et moi avions encore eu une de nos fréquentes querelles, elle s'était disputée avec son fiancé et avec une amie et chercha refuge chez Wack, qui habitait dans l'Upper East Side, sur Lexington Avenue. C'était un jour où Wack avait bu plus que de raison et il tenta de la violer. Jamais je ne le lui pardonnerai.

À cette époque, en 1979, commença à courir le bruit que Fidel allait revenir à New York, cette fois pour tenir un discours devant les Nations Unies, et j'en eus la confirmation lorsque deux agents des services secrets se plantèrent devant ma porte et me dirent que j'avais ordre de quitter la ville. Du fait de la visite de Castro, ils voulaient réduire le risque d'avoir des problèmes et ils m'accordèrent trois heures pour partir, mais je leur dis que c'était impossible parce que je n'avais pas d'argent, aussi me donnèrent-ils un peu de liquide. Ce n'était pas beaucoup. Je mis malgré tout nos affaires dans des caisses, pris les enfants et les chiens et fis route vers le Canada. Le silence de Fidel malgré mes lettres m'empêchait de nourrir trop d'illusions et je devais penser à mes enfants. J'avais déjà tourné et retourné dans ma tête l'idée de tout laisser derrière moi et cela semblait en être l'occasion. Le gouvernement allait financer mon « voyage de la liberté[26] », même s'il allait également gaspiller l'argent des contribuables en me faisant suivre par deux voitures et quatre agents durant tout le trajet jusqu'à Montréal. Pendant le voyage, je pris encore une fois la décision d'essayer de contacter Fidel.

Le parcours jusqu'au Canada se révéla long et épuisant et, la frontière à peine franchie, nous entrâmes dans un petit hôtel afin de prendre du repos. Ensuite, avec notre perpétuelle « escorte » de policiers toujours derrière la voiture, nous allâmes au n° 1415 de la rue Pine, où se trouvait la mission diplomatique cubaine. J'entrai en compagnie de Mark et Mónica, je remis les passeports, dis que ma vie était menacée, et expliquai que j'étais une amie de Fidel et que je voulais retourner à Cuba avec mes enfants. Je signai en outre un papier, par lequel je spécifiais que si quelque chose m'arrivait, je laissais mes enfants à la garde de Fidel, en demandant qu'ils soient envoyés à Cuba.

Ils commencèrent à effectuer les démarches à la mission, mais m'informèrent que je devais achever les formalités et récupérer les visas à Washington. Il fallait que je me débrouille pour me rendre au Bureau des Intérêts cubains, qui se trouvait à l'ambassade de Tchécoslovaquie, dans la 16ᵉ rue de la capitale fédérale. C'est ce que je fis, bien que je dusse attendre deux ou trois jours au Canada jusqu'à ce que Fidel – qui prononça son discours le 12 octobre devant

---

26. *NDT* : périples organisés au printemps de l'année 1961 à l'initiative des organisations militant contre la ségrégation raciale et pour les droits civiques aux États-Unis.

l'ONU – quittât New York. Au moment de traverser la frontière, de retour aux États-Unis, je fus interrogée, mais on me laissa passer et j'arrivai à l'ambassade tchèque à Washington. J'apportais un sac rempli de documents qui prouvaient mes relations avec Fidel : des photos, des petits mots d'amour et autres souvenirs, mais en récupérant les visas je laissai le sac. Je me désole encore de m'être séparée de ce trésor.

Au moment où je quittais l'ambassade, Wack m'attendait à la porte accompagné d'autres agents du FBI. Il menaça de m'arrêter pour conspiration si je renouais des contacts avec les Cubains, quoique je me défendisse en disant qu'il n'y avait pas de fondement juridique à m'appréhender et que j'avais de la famille à Cuba. J'osai même lui annoncer ironiquement que nous allions nous rendre sur l'île pour un projet éducatif de Mónica qui consistait en recherches sur « un serpent vert venimeux et mortel ». Cela ne le fit pas rire, même pas un tout petit peu.

Wack et ses hommes ne constituaient pas mon principal problème. Le plus grand obstacle, c'était que je n'avais pas d'argent pour gagner l'île bien que je fusse en possession des documents qui me permettaient de partir, et il ne me resta pas d'autre solution que de revenir à New York avec mes enfants. En arrivant, nous découvrîmes que l'intérieur de l'appartement de la 88e rue avait été saccagé et incendié. Nous n'avions pas d'autre endroit où aller, de sorte que nous y demeurâmes et les choses devinrent de plus en

plus difficiles. L'électricité finit par être coupée faute
d'argent, et il ne nous resta plus rien. Il me fallut faire
appel aux services sociaux et demander de l'aide afin
de pouvoir manger. Notre indigence était telle que
nous allâmes jusqu'à voler pour nous alimenter. Ce fut
une époque très difficile, probablement la plus dure
de ma vie, un temps d'angoisse et de misère, durant
lequel nous restâmes une fois près de six semaines
sans électricité. Même si Mónica décida de prendre
son indépendance, et que je n'eus plus que Mark à
m'occuper, je rencontrai d'énormes difficultés pour
nous nourrir.

Le harcèlement, en outre, ne faiblissait pas. Des
« amis » comme Tommy *Tea Balls* Mancuso et Tony
Ducks Corello me donnaient de temps à autre un peu
d'argent et de nourriture et se montraient en public
avec moi, afin d'envoyer le message signalant qu'ils se
tenaient à mes côtés et me protégeaient, mais, même
ainsi, les agressions continuaient. Un type grand et
blond qui se faisait appeler Sam et qui, avant l'incendie, m'avait demandée, rôdait habituellement dans
l'immeuble. J'ai toujours soupçonné qu'il s'agissait
de quelqu'un travaillant pour la CIA. Je sentais qu'ils
étaient sans cesse déterminés à me faire taire et à se
débarrasser de moi et que ce qu'ils voulaient, c'était
me pousser à bout, m'acculer au suicide. Ils n'y par-
vinrent pas quoique, par désespoir, je me sois retrouvée au bord du gouffre bien des fois.

Un jour de l'année 1980, Wack et un autre agent, Joe Barrett, me convoquèrent à One Police Plaza, le quartier général de la police de New York. Ils posèrent un papier en blanc devant moi et insistèrent pour que je le signe. J'étais tellement désespérée que je m'exécutai, et Barrett me dit alors :

— À présent, tu vas avoir l'occasion de voir ce que fait ton petit ami.

Les Marielitos

Ce que je venais de signer, c'était un document qu'ils rempliraient ensuite et par lequel j'allais collaborer avec les forces armées des États-Unis qui, à ce moment-là, commençaient à organiser des bases militaires afin de faire face au phénomène des *Marielitos*. Le 1ᵉʳ avril, un groupe de cinq civils cubains avaient obtenu l'asile politique à l'ambassade du Pérou à La Havane après y avoir pénétré de force lors d'un assaut. Fidel demanda qu'ils lui soient livrés et, devant le refus, retira la protection de la légation diplomatique trois jours plus tard. Immédiatement, des centaines de ressortissants de l'île cherchèrent refuge à l'ambassade et ils devinrent très vite des milliers. Fidel laissa alors le champ libre à tout Cubain qui voudrait s'en aller, du moment que quelqu'un se présenterait pour l'accueillir et se charger de lui. Le port de Mariel se convertit en une zone de va-et-vient incessant d'où partirent des dizaines de milliers de réfugiés en direction de Key West en Floride, un afflux qui submergea les États-Unis.

Je déménageai chez ma sœur Valerie, qui habitait à cette époque Harrisburg, en Pennsylvanie. Elle me présenta le major Wayne Bradshaw, qu'elle avait connu en effectuant auprès des réfugiés vietnamiens un travail similaire à celui qu'on allait faire avec les Cubains. Après une seule entrevue avec lui, je fus nommée *marshal* et me mis à la tâche à la base de Fort Indiantown Gap, une des enclaves où les autorités nord-américaines commencèrent à installer les *Marielitos* pendant qu'on examinait leur cas et qu'on leur cherchait une destination. On me donna un uniforme, des bottes et une fonction de conseiller militaire, car je devais récupérer les passeports des arrivants, prendre leurs empreintes et leur établir des cartes d'identité. Dans bien des cas, il me fallait aussi utiliser mes connaissances en espagnol afin de tenter d'en savoir plus au sujet de leur histoire personnelle, et noter le numéro que beaucoup portaient tatoué à l'intérieur des lèvres, souvenir indélébile de leur passage par la prison à Cuba. On savait que Fidel avait envoyé des criminels dans cet exode, et pas seulement pour s'en débarrasser ; il essayait de faire passer le message suivant : ceux qui abandonnaient la révolution ou la trahissaient formaient la lie de la société. Et c'était, de surcroît, une façon de punir son ennemi du Nord.

Je vivais entre la maison de ma sœur et la base, cette dernière se trouvant de plus en plus débordée. Les autorités américaines étaient dépassées et n'étaient absolument pas préparées à cela. Elles ne savaient plus quoi faire de tous les Cubains qui continuaient à arriver toujours plus nombreux – 125 000 entre avril et septembre – et pour lesquels il n'y avait plus de place. Les installations étaient manifestement inadaptées pour séparer toute cette population en groupes distincts : enfants, femmes, familles, homosexuels… Afin d'aggraver encore la situation, il y avait de sérieux problèmes médicaux : non seulement on comptait parmi les réfugiés des malades mentaux que l'on devait traiter par antipsychotiques, mais d'autres étaient devenus dépendants aux antidépresseurs qu'on leur donnait pour combattre les profondes dépressions dont beaucoup commençaient à montrer les signes.

« Pire qu'à Cuba »

Je passai un peu moins d'un an là-bas, après quoi on me transféra en Arkansas pour travailler à Fort Chaffee, unique base située sous un climat chaud et où l'on envoya beaucoup de Cubains mentalement malades ou attardés, des handicapés physiques, des homosexuels et des vieillards. Mark, encore mineur, n'étant pas autorisé à habiter à la base, je trouvai un appartement et me mis au travail. Ce que je vis à cette époque me donna un coup au cœur, ressuscita des fantômes de mon passé et me fit énormément souffrir. J'avais la responsabilité de 600 enfants logés dans deux immenses baraquements, et je constatai avec horreur qu'on ne savait pas comment s'occuper d'eux : les petits pleuraient énormément, incapables de surmonter la séparation d'avec leurs parents. Mais la réponse des militaires aux larmes et à l'angoisse que je connaissais très bien pour les avoir versées et éprouvée à Drangstedt, c'était d'injecter aux enfants quelque chose qui les laissait anéantis pour deux ou trois jours. Après leur passage par la base, on les envoyait dans des orphelinats répartis dans tout le pays ou bien on les remettait entre les mains de quelqu'un qui avait accepté de les prendre en charge. On les laissait alors partir, en leur donnant 300 dollars ainsi que des cartes de Sécurité sociale et d'assistance médicale, mais également pleins de haine et de désarroi.

Je vis à Fort Chaffee des scènes vraiment terribles qui ne s'effaceront jamais de ma mémoire, comme la mort d'un enfant à cause d'une simple crise d'asthme ou l'image de femmes enceintes que l'on gardait menottées. J'eus également la confirmation que ceux qui détenaient les responsabilités n'en comprenaient ni l'importance, ni les défis, et ne comprenaient pas non plus les drames personnels dont ils auraient dû se soucier avec plus d'humanité. J'entendis même le commandant de la base – qui passait son temps à flirter avec les femmes travaillant pour la Croix-Rouge – dire un jour :

— Je n'ai pas la moindre idée de ce que nous faisons ici. Faites d'eux ce que vous voulez.

Je ne concevais pas de demeurer impassible, je me querellais souvent avec les chefs militaires et m'attirais des problèmes chaque fois que j'ouvrais la bouche pour dénoncer des abus ou des fautes. Je finis par me retrouver soumise à une procédure judiciaire militaire, parce qu'une fois je ramassai la main d'un gamin de 14 ans qu'on avait amputé avec une machette, et que je l'apportai à un hôpital à l'extérieur de la base pour tenter de la faire recoudre par un médecin.

Les conditions de vie étaient épouvantables et je ne pouvais m'empêcher de penser à Bergen-Belsen parce que, bien que la nourriture donnée aux Cubains fût meilleure que celle des camps de Hitler et que l'on n'en reproduisît pas les atrocités, ne pas s'en souvenir se révélait impossible : il flottait là une atmosphère trop semblable de misère, de confinement, d'entassement et de désespoir. Pour bien des gens, c'était une situation tragique et insupportable et, en plus des nombreux suicides qui se produisirent, une terrible impression de tristesse se répandait. J'ai vu des hommes adultes en train de pleurer à chaudes larmes et éprouvant le besoin irrépressible d'écrire des lettres par lesquelles ils montraient leur désir de retourner dans leur pays, avouant qu'ils considéraient le voyage aux États-Unis comme une erreur et déclarant : « Ici, c'est pire qu'à Cuba. »

Parmi la population de la base, beaucoup de Cubains se révélaient d'authentiques génies, des personnes d'une grande intelligence et parlant deux ou trois langues. Et ce que non seulement eux mais tous démontraient, c'était qu'ils étaient passés maîtres dans l'art de la survie en un lieu où tout ce qu'on leur proposait, c'était un grabat et un morceau de drap. Les personnes à problèmes ne manquaient pas non plus, habituellement les porteurs de ce tatouage sous la lèvre. Néanmoins, ce qui créait le plus d'ennuis avec les gardes fédéraux, c'était la *santería*[27].

Haïe par le Ku Klux Klan

Le pire arriva lorsque la 82e Division aéroportée[28], au sein de laquelle des membres représentaient ce que l'on pouvait trouver de pire au Ku Klux Klan, fut envoyée à la base de Fort Chaffee. Ils savaient jouer de la matraque à merveille, et la première chose qu'ils commencèrent à mettre en pratique, ce fut l'habitude de réveiller les Cubains au milieu de la nuit pour effectuer des fouilles comme s'ils se trouvaient dans une prison. Ils étaient supposés chercher des armes, mais il s'agissait en réalité de rafles inutilement cruelles lors desquelles ils détruisaient les objets

---

27. *NDT* : religion des Caraïbes venue des Yorubas d'Afrique et pratiquée entre autres à Cuba.
28. *NDT* : *82nd Airborne Division*, première division de parachutistes créée durant la Seconde Guerre mondiale.

liés à la *santería* et tout ce que les réfugiés auraient pu fabriquer d'autre. J'avais beau m'efforcer d'arrêter les soldats, je n'obtins jamais d'eux qu'ils m'écoutent, même si je réussis à freiner les abus à l'égard des femmes enceintes ; ce qui les amena fréquemment à m'insulter et à me traiter de « *gauchiste* amoureuse des communistes ».

Comme cela m'était arrivé pendant mon enfance à Washington lors des troubles raciaux, là aussi parfois on m'injuriait, cherchant à me dénigrer en me qualifiant de « *nigger lover* » ; ces gens ne me dissimulaient pas leur haine parce que j'aidais les Cubains. Cela paraissait inimaginable en 1981, mais c'était la réalité de la base et de Barling, la ville où elle se situait : un territoire dominé par le Ku Klux Klan, où il n'était pas inhabituel de voir des tee-shirts portant le slogan « *I hate niggers* », « je hais les nègres ». Certaines nuits durant lesquelles ce fut mon tour de monter la garde avec des soldats noirs, nous aperçûmes au loin des croix en train de brûler, enveloppées par les flammes.

Mark peut témoigner de la domination terrifiante qu'exerçait le Klan à Barling. Le premier jour où il alla au collège, non seulement il se lia avec les enfants noirs et hispaniques et remarqua qu'ils vivaient dans la terreur, mais il reçut un tract distribué par un enfant blanc et vit qu'il s'agissait d'une publicité pour un camp d'été du KKK qui proposait d'y suivre un entraînement paramilitaire. Si Mark ne retourna pas à l'école, il eut l'occasion de constater la haine que ces gens-là avaient dans le sang un jour que nous sortîmes avec Sam Taylor, un des gardes fédéraux de la base qui se révéla être « *grand imperial wizard*[29] » du KKK, un leader au sein de l'organisation. Nous allions faire des exercices de tir. L'homme posa une pastèque à bonne distance en guise de cible et, alors que Mark allait appuyer sur la détente, il s'approcha et lui dit à l'oreille :

— Je veux que tu tires sur ce fruit comme si c'était la tête d'un nègre.

Retour en Floride

Ma mission à Fort Chaffee toucha à sa fin et je décidai alors de retourner dans l'Est. Bradshaw était venu me voir une fois en Arkansas, me disant qu'il voulait que je revienne après en avoir terminé et que je me mette à travailler dans le département dédié à Cuba de la National Security Agency, la NSA[30]. Il n'était pas certain que je veuille m'embarquer dans cette aventure, mais comme je n'avais nul endroit où habiter, je pris Mark et revins auprès de Valerie, qui, à l'époque, avait déménagé de Pennsylvanie en Virginie après avoir épousé un ancien militaire. Celui-ci n'avait plus toute sa tête et se promenait habituellement la nuit vêtu de son uniforme. Jusqu'au jour où, au cours d'une de

---

29. *NDT* : grand sorcier impérial, le rang le plus haut du Ku Klux Klan.
30. *NDT* : National Security Agency, service de renseignements du département de la Défense nord-américain dédié à la sécurité nationale.

ses crises, il prit son arme et des exemplaires de la revue *Playboy*, se rendit dans les toilettes, commença à se masturber et à nettoyer son arme, en menaçant de tous nous tuer. Il fut emmené menottes aux mains et, après deux petits mois, ce fut la fin du mariage de ma sœur.

Valerie proposa que nous allions tous en Floride. Nous mîmes tout ce que nous possédions dans une fourgonnette de location et elle, son fils Bobby, *Beegie* et moi déménageâmes vers le Sud. Il me fallut conduire une voiture que je m'étais procurée par l'intermédiaire de Bradshaw, un véhicule du gouvernement ; comme je n'avais pas voulu travailler pour la NSA, j'avais accumulé des milliers de dollars de dettes dues au kilométrage effectué et à l'utilisation des coupons d'essence. Ne sachant pas comment me sortir de là, je conduisis la voiture jusque dans le Sud et la poussai dans un lac à Winter Haven, la localité où nous allions nous installer. Il est évident que ce ne fut pas une bonne idée. Un jour, Mike Minto, un agent spécial en Floride, se présenta à notre porte. Il m'informa que la dette accumulée s'élevait à 12 000 dollars et que je pouvais être accusée d'escroquerie. Lorsque j'expliquai que je n'avais pas d'argent pour payer, il me dit qu'il me faudrait donc travailler pour eux, de sorte que je commençai à collaborer avec la DEA[31],

---

31. *NDT* : Drug Enforcement Administration, service de la police fédérale nord-américaine dépendant du département de la Justice, chargé de la mise en application des lois sur les stupéfiants et de la lutte contre le trafic de drogue.

le service nord-américain chargé de la lutte contre le trafic de drogue.

Fidel, me voici

Pendant que je vivais en Floride, je ne pouvais m'ôter de l'esprit ce que j'avais vécu auprès des *Marielitos*. Cela m'avait permis de me rendre compte que le temps qui passait importait peu : jamais je ne pourrais chasser Cuba de ma pensée, ce pays faisait partie de moi et il était toujours tout près de moi. Ma détermination de me rendre sur l'île allait grandissant. J'étais décidée à y revenir, vingt-deux ans après ma première rencontre – un certain après-midi de 1959 – avec ce barbu de haute taille, au regard profond et au sourire irrésistible. Mon intention était que Mónica, qui avait déjà presque 20 ans, m'accompagne, mais on lui refusa son visa, probablement parce que le nom qu'elle portait – Pérez Jiménez – constituait un véritable boulet, au point de lui interdire l'entrée sur le territoire de Fidel. En revanche, j'y avais toujours accès grâce à mon visa validé par le Bureau des Intérêts de Cuba, à l'ambassade tchèque en 1979.

En septembre 1981, ayant mis exprès une chemise rouge et une veste noire pour afficher à mon retour les couleurs du drapeau du Mouvement du 26 Juillet, je pris un avion à Miami. Je me sentis pareille à ces familles cubaines qui, à l'époque, après avoir franchi une lente et assommante procédure bureaucratique au cours de laquelle même le moindre détail était étudié, s'envolaient heureuses, puisque, en arrivant à la Maison-Blanche en 1977, le président Jimmy Carter avait levé les restrictions aux voyages, que Ronald Reagan imposerait de nouveau en 1982. Comme elles, j'étais au comble du bonheur, même si je me sentis tendue et un peu nerveuse pendant le vol parce que je ne savais pas trop ce que j'étais en train de faire.

Dès l'atterrissage à La Havane, des agents me touchèrent l'épaule. Ils me demandèrent de les accompagner et me menèrent dans une petite pièce, après m'avoir fait passer par une file où un panneau indiquait qu'il s'agissait de l'accès réservé aux diplomates. Là se tenaient deux gardes, dont un soldat armé d'un fusil AK 47. Le silence était la seule réponse que j'obtenais quand je posais des questions ou que je demandais à voir Fidel, et je transpirais continuellement, enveloppée de nouveau par la chaleur et l'humidité tropicales. Malgré cela, je n'étais pas inquiète du tout. À ce moment-là, je me sentais parfaitement tranquille et libérée de toute crainte, les gardes continuaient à arriver, mais je pressentais qu'ils allaient m'emmener voir le *Comandante*. S'il y avait une menace quelconque ou n'importe quoi dont j'aurais dû avoir peur, cela m'était totalement étranger. Lorsqu'un des gardes me donna un verre d'eau, il en prit auparavant quelques gorgées pour me montrer qu'elle n'était pas empoisonnée. Moi, je ne bronchai même pas.

Sans dire un mot, ils me firent sortir de cet endroit et nous quittâmes l'aéroport José Martí, où ils n'avaient même pas ouvert ma valise pour vérifier ce que je transportais. Nous montâmes dans une voiture qui sentait le cuir neuf et, accompagnée de quatre agents, je pris la route vers une destination inconnue. Je ne me donnai pas la peine de demander où nous allions parce que je savais que je n'obtiendrais pas de réponse, celle-ci se présenta au bout de vingt-cinq minutes de trajet. Nous étions arrivés à une élégante maison à colonnes équipée d'une antenne satellite, avec deux gardes sur le devant et une porte grilla-gée. J'entrai, suivant les soldats qui m'avaient amenée jusque-là, et un couple de petits vieux que je ne recon-nus pas sur le moment, me salua. Mais en les regar-dant avec plus d'attention, je me rendis compte qu'il s'agissait des Fernández, ces professeurs d'anglais de Fidel avec lesquels j'avais passé un certain temps en 1959. Nous échangeâmes des embrassades très émues. Ils étaient assez âgés et vivaient modestement mais se montrèrent gentils à mon égard et me servirent une frugale portion de riz aux haricots, de l'eau et un morceau de viande dure. Ce menu matérialisait la réalité des pénuries frappant l'île.

Ils me firent monter dans une chambre et, quand je voulus ouvrir ma valise, un des soldats me fit signe par gestes de ne pas le faire. Je pouvais sentir les *puros* de Fidel et je commençai à devenir plus anxieuse et à demander après lui, mais ils me disaient seulement « Attends, attends ». Puis j'entendis des pas et des voix, des gens parlant vite, en espagnol, et mes nerfs se mirent à reprendre le dessus. La porte s'ouvrit alors et je vis un homme avec des cheveux blancs. C'était lui, Fidel. Je m'assis et me mis à pleurer, submergée par un trop-plein d'émotions et ne sachant pas ce qui allait se passer.

Il passa rapidement à côté de moi et me dit sur un ton d'une sécheresse blessante :

— Salut, ne pleure pas.

Fidel n'avait jamais pu supporter de me voir pleurer. Tout ce qui me vint alors à l'esprit fut de lui répondre :

— Fidel, me voici.

Il me tendit la main, fit quelques pas, se retourna et resta à me regarder fixement, ce qui me causa un certain embarras, parce que je ne pouvais deviner ce qu'il pensait. Il s'assit alors sur une chaise et dit simplement :

— Tu es revenue.

Je m'approchai de lui, m'agenouillai et posai ma tête sur ses genoux, quoique je pusse constater qu'il ne se montrait pas très enthousiaste de me voir et se sentait même probablement gêné, tandis qu'être là tenait pour moi du miracle. Je commençai à parler, les larmes aux yeux.

— J'ai besoin de trouver des réponses, Fidel. Je veux savoir au sujet de notre fils, je dois savoir s'il a jamais existé, s'il est vivant ou mort, je ne peux rester toute ma vie dans l'ignorance parce que c'est comme une blessure dans mon âme. S'il est vivant, je veux avoir de ses nouvelles, il faut que je le voie. Je déchirerai mon passeport s'il le faut...

Je lui montrai alors des photos de Mark et de Mónica. J'ouvris la valise pour en retirer les cadeaux que j'avais apportés pour notre fils, tout en continuant à parler entre deux sanglots... Fidel ne semblait pas ému et tout ce qu'il me dit fut :

— C'est bon. Tous les enfants ici appartiennent à Cuba.

À cet instant, sa froideur ne me causa pas de souffrance, au contraire, cela me suffisait, c'était la réponse la plus nette que j'aie jamais eue à la plus grande et la plus frustrante question de toute ma vie. Le premier rayon de lumière dans l'épisode le plus noir.

Andres, enfin

Fidel fit un signe à un garde, qui eut un mouvement de réticence, et ils se mirent à discuter. Fidel m'annonça qu'il devait s'en aller. Quand il se leva, la porte s'ouvrit, livrant passage à un garçon grand et un peu plus mince que mon fils Mark, aux cheveux noirs et légèrement frisés, vêtu d'une chemise bleue, d'un pantalon kaki, des chaussons-espadrilles chinois aux pieds et deux ou trois livres sous le bras. Fidel dit alors :

— Andrés.

Nous nous serrâmes la main. Je n'étais pas certaine de ce que je voyais, mais je ne pouvais détacher mon regard de ce jeune homme qui prononça quelque chose comme « Bienvenue à Cuba ». Après tant d'années d'incertitude, et le temps faisant défaut pour les politesses, j'émis, dubitative :

— Je suis ta mère !

Il me regarda alors et me serra dans les bras, et j'éclatai en sanglots incontrôlables qu'il tenta de calmer.

— Allons, il ne faut plus pleurer, me dit-il, mais ses paroles rendirent mes pleurs encore plus irrépressibles.

Je ne pouvais détourner le regard de ce garçon, de ses mains, de son visage, de ce nez qui était parfaitement semblable à celui de Fidel… Décidément, c'était son fils sans aucun doute, comme un autre Fidel, mais jeune. Il était notre fils, j'en ai la conviction et, depuis ce jour-là, son image est restée pour toujours gravée dans mon esprit.

Fidel entrait et sortait de la chambre et me laissa passer un peu de temps seule avec Andrés, qui me dit qu'il était étudiant en médecine. Quant à moi, je lui montrai les photos de sa sœur et de son frère. Je tentai de lui donner les cadeaux que j'avais apportés dans la valise, mes tennis, mes pantalons, tout ce que je pouvais lui laisser en souvenir. Je lui dis aussi que j'avais besoin de correspondre avec lui, et il me donna une adresse à laquelle j'écrirais par la suite et d'où me parviendrait une lettre, bien que, lorsque j'ouvris l'enveloppe, elle fût vide.

Fidel descendit l'escalier et je l'entendis parler en bas avec d'autres gens. Je ne le reverrais plus jamais en personne après cela.

Lorsque Andrés s'en alla, je demeurai seule et fus incapable de m'endormir, quoique je puisse jurer que ce fut là le jour où je me suis sentie la plus épuisée de toute ma vie.

Le lendemain matin, je descendis prendre mon petit déjeuner et l'on me fit savoir qu'il était préférable que je parte, même s'ils voulaient que je leur raconte d'abord mon expérience à Fort Chaffee. Trois enquêteurs de Fidel s'installèrent avec moi dans une pièce isolée. Je commençai à répondre aux questions, à leur raconter et à transcrire en anglais tout ce que j'avais vu dans cette base, un récit de la ségrégation, du traitement infligé aux *Marielitos* et des abus envers ceux-ci, ce dont ils furent scandalisés. Pour confirmer ce que j'étais en train de leur relater, j'appuyai mes dires en leur remettant des documents que j'avais apportés.

Ils m'emmenèrent alors à l'aéroport, je quittai Cuba et, lorsque j'atterris à Miami, j'étais toujours en état de *shock*[32]. Valerie vint me chercher et se souvient encore de m'avoir trouvée bouleversée, quasiment hystérique, incapable de ne rien faire d'autre que répéter maintes et maintes fois la même chose :

— Je l'ai vu, je l'ai vu. Maintenant, je connais Andrés. Mon fils est vivant.

---

32. *NDT* : en anglais l'édition originale.

10

Une vie digne d'un film d'aventures

Andrés, le fils que j'avais eu avec Fidel, était vivant. Je l'avais vu, j'avais fait sa connaissance. Je pouvais enfin mettre un terme à mes doutes concernant tous les mensonges et la manipulation dont j'avais été l'objet. Même si j'avais été obligée de me séparer de mon enfant et de signer une déclaration affirmant que je renonçais à toute tentative de l'emmener avec moi aux États-Unis, je pouvais non seulement revendiquer mon honnêteté mais aussi m'affirmer en tant que femme et mère.

Quatre agents du FBI se déplacèrent chez Valerie, à Eagle Lake, et ils m'interviewèrent pendant des heures. Je décrivis avec le plus grand luxe de détails possible Fidel et Andrés, la maison, la chambre, les gardes… Mon histoire s'étire sur 18 pages et lorsque nous eûmes terminé, ils me dirent :

— Nous savons que tu dis la vérité parce que nous étions là-bas.

Cette maison où j'avais vu Fidel et Andrés était sous surveillance constante de la CIA. Malheureusement, comme tant d'autres fois dans ma vie, ma vérité dérangeait quelqu'un.

J'allai à New York pour rendre visite à Mónica et essayer de la convaincre de venir vivre avec moi en Floride, mais je voulais également tout lui raconter sur son frère et Cuba. Ce récit était aussi bouleversant et intense que ce que j'avais vécu récemment et je lui en fis part tandis que je prenais un cappuccino dans un bistrot. En me levant de table, j'avançai de deux ou trois pas et m'évanouis. Mónica me prit dans les bras et se mit à hurler de façon hystérique. Ce fut elle qui me sauva en trouvant un taxi et en m'emmenant vite dans un hôpital. Je me réveillai allongée sur un brancard, une perfusion dans le bras ; je balbutiai quelques mots sur mon fils à Cuba. On voulait me garder trente jours en observation psychiatrique.

Je venais de faire une crise cardiaque qui, j'en ai toujours eu la conviction, n'avait pas été naturelle mais était un « cadeau » du gouvernement des États-Unis en « récompense » de mon retour à Cuba. Je crois qu'ils empoisonnèrent mon cappuccino avec une sorte de scopolamine, et ils me laissèrent un rythme cardiaque altéré comme souvenir impérissable. Comme si souvent, je n'ai aucun moyen de le prouver, mais il semble pour le moins suspect qu'une personne ait payé toutes les factures de l'hôpital et que, de là, aient disparu tous les rapports médicaux concernant mon séjour.

Le roi d'Héloïse

Dès que je le pus, je me rendis de nouveau en Floride, seule, car Mónica ne voulut pas m'accompagner et j'avais envoyé Mark vivre quelque temps avec un ami dans l'Indiana. À cette période, je fumais, et un jour où j'avais besoin de me procurer des cigarettes, je me dirigeai vers un magasin au volant d'une voiture déglinguée, achetée pour une centaine de dollars, avec des impacts de balle sur l'un des côtés. Toute occupée à regarder un panneau publicitaire pour la crème solaire Coppertone, je heurtai une Cadillac, d'où jaillit un colosse.

— Mademoiselle, il va falloir que vous m'accompagniez. Je suis le *sheriff*, me dit-il, très sérieux.

— On ne peut pas oublier ce qui vient d'arriver ? demandai-je avec une certaine innocence.

— On peut régler ça ici gentiment si vous venez dîner avec moi, lâcha-t-il de manière éhontée.

Je vis parfaitement à quel genre d'homme j'avais affaire, si bien que j'acceptai et il m'emmena dîner dans un restaurant italien, non sans être passé préalablement par une boutique pour m'acheter quatre cartouches de cigarettes Parliament. Ce fut ainsi que je rencontrai Alton Kirkland, qui se définissait lui-même comme « une véritable merveille pour les femmes : un délicieux et nourrissant *red neck* pouvant servir en cas de besoin ». C'était un clown fruste et rustre, farceur et drôle à en mourir ; avec lui, je n'arrêtais pas de rire, même s'il se montrait très grossier en disant des choses comme « Je ne veux pas de macaques par ici » en parlant des Noirs, des Portoricains, des Mexicains et autres qui récoltaient des oranges et des okras dans ses plantations ou gardaient ses vaches. Il était vraiment vulgaire quand il parlait, mais il m'était impossible de ne pas céder à son charme, et il me parut adorable lorsqu'il décréta par exemple être « le roi d'Héloïse » ou qu'il m'annonça qu'il allait me faire visiter la ville et qu'en arrivant chez lui je me retrouvai devant une énorme caravane équipée d'un auvent latéral qu'il avait bricolé.

— Ça me suffit, dit-il quand je lui demandai, sur le ton de la plaisanterie, où était le royaume dont il m'avait parlé. Par contre, j'ai besoin d'une épouse, ajouta-t-il.

Apparemment, il en avait déjà une, ou du moins ce fut ce que je pensai lorsqu'en entrant dans la caravane j'y trouvai une femme tatouée qui monta sur ses grands chevaux en me voyant, un esclandre face auquel Kirkland ne fut pas ébranlé.

— Qu'est-ce que tu fais là ? Sors de chez moi. C'est fini entre nous. Voilà ma nouvelle épouse, lui dit-il en guise de présentations.

Je réalisai qu'il était alors préférable pour moi de partir et de les laisser régler leurs comptes ; je retournai chez Valerie, lui racontai que je venais de faire la connaissance d'un type complètement fou et j'admis ma défaite :

— Je ne savais pas que ça existait, des hommes pareils.

En entendant le nom de famille d'Alton, ma sœur m'apprit qu'il était patron d'une grande compagnie de camionnage, Kirkland Transfer, et quand il commença à débarquer à la maison en demandant après sa « nouvelle épouse », elle me suggéra d'arrêter de lui dire non et d'accepter, car je finirais ainsi par hériter d'une entreprise de transport routier. Mais moi, je refusais de me marier, quoique je rie beaucoup avec lui et que notre relation me plaise. Je préférais continuer à vivre à ma manière, entre la caravane et la maison de Valerie, qu'elle partageait aussi à ce moment-là avec son amie Dot, une excentrique qui trimballait toujours une télé portable et était accro aux *telenovelas*.

Tout changea le jour où Pino Fagiano fit son apparition chez ma sœur. Valerie a toujours couru après mes petits copains et elle avait entamé une relation avec cet homme avec qui j'avais vécu une histoire si tortueuse. Elle prétextait qu'elle voulait comprendre ce qui se passait dans la tête d'un joueur compulsif afin de mener à bien un essai sur la ludopathie qu'elle était en train de préparer. Il allait emménager avec elle et à mes yeux, c'était trop, si bien que je décidai de partir et, dans la foulée, allai voir Kirkland, à qui je demandai :

— Où veux-tu te marier ?

En janvier 1983, au cours d'une discrète cérémonie civile dans un bâtiment du comté de Polk, je devins Ilona M. Kirkland.

Cocaïne et armes

Valerie et Pino furent témoins à notre mariage, et mon mari et lui firent bientôt bon ménage. À l'époque, je savais que Kirkland, également propriétaire d'une compagnie qui garantissait des cautions pour sortir de prison, trempait dans des magouilles et des affaires illégales. Cependant, Fagiano appartenait à la mafia, et le crime organisé exerçait une attraction irrésistible sur mon nouveau mari. Celui-ci se mit bientôt à consommer de la cocaïne et à transporter de la marijuana dans ses camions, ce qui lui valut aussi assez vite d'être sous la surveillance de la DEA[33], l'agence américaine chargée de combattre le narcotrafic.

Alors que j'étais mariée depuis à peine trois mois, on frappa à la porte et, en ouvrant, je tombai sur Minto, l'agent spécial des forces de l'ordre de Floride, que j'avais connu à la suite de l'incident de la voiture de la CIA ; il était accompagné de deux autres agents, dont un homme très petit d'origine italienne qui, je crois, travaillait pour l'agence. Ils me prièrent instamment de les suivre pour qu'on parle de deux assassinats qu'ils n'avaient pas résolus. L'affaire était la suivante : ils avaient trouvé le cadavre de deux New-Yorkais et quelqu'un m'avait désignée en tant

---

33. *NDT : Drug Enforcement Administration.*

qu'auteure potentielle de ce crime. Je ne tardai pas à découvrir que c'était Pino qui leur avait donné mon nom et qu'il leur avait également montré l'un de ces articles de presse des années 1970 où je figurais en photo avec une arme, sous le gros titre : « Les ordres de la CIA pour elle : tuer Castro ». Ils m'arrêtèrent comme suspecte, prirent mon pistolet et l'envoyèrent à Tallahassee pour analyse. Minto voulut aussi inculper Mark d'assassinat parce qu'on avait relevé ses empreintes sur les sacs et le scotch qui enveloppaient les cadavres.

Nous étions innocents, nous n'avions qu'à espérer qu'ils le comprennent et qu'ils en aient la preuve. Pour ma part, je savais bien ce qui s'était passé. J'étais certaine que Pino avait tué ces deux hommes, car il exécutait alors toujours en Floride des contrats pour la mafia new-yorkaise. Quant aux soupçons sur Mark, nous nous souvenions parfaitement, mon fils et moi, du jour où Pino, qui parfois restait dans notre caravane et nous empruntait la voiture, lui a demandé de lui donner des sacs en plastique et du ruban adhésif. Nous nous rappelions également comment, lorsqu'il arriva avec la voiture imprégnée d'une odeur de décomposition, il nous raconta une histoire de cerf mort et dit à Mark de nettoyer le véhicule.

Quand notre innocence fut prouvée, on nous mit sous protection rapprochée parce que Fagiano était parti sans laisser d'adresse, et il ne fut pas arrêté avant décembre 1983, lors d'une opération sous couverture

au cours de laquelle Kirkland et deux autres personnes se firent aussi pincer. Les autorités enquêtaient
sur mon époux depuis trois mois, ayant découvert
qu'il se servait de son statut de garant de cautions
judiciaires pour faire du commerce illégal d'armes, et
deux agents infiltrés se faisant passer pour des narcotrafiquants lui achetèrent sept pistolets. Ils allaient
également s'en prendre au transport de marijuana
dans les camions. Au moment où ils commencèrent
à parler de drogues et inventèrent l'histoire d'une
personne qui leur devait un demi-million de dollars,
Kirkland leur déclara qu'un ami à lui en lien avec la
mafia pourrait les aider. Ce fut ainsi que les agents
firent la connaissance de Pino, qui, se faisant appeler
David Ring, se dit en contact avec « la famille » et,
« comme dans une scène tirée du *Parrain* », selon ce
que rapporta l'un des agents, proposa d'assassiner le
débiteur pour 20 000 dollars.

Au cas où tout cela ne suffirait pas à les incrimi-
ner, Kirkland accepta de transporter et de stocker de
la marijuana pour les agents sous couverture, et Pino
consentit à leur vendre cinq kilos de cocaïne. Fagiano
fut condamné à un an de prison et Kirkland, dont
l'avocat m'accusa de lui avoir tendu un piège, à cinq
ans, non pas pour trafic de drogue et d'armes mais
pour recel d'objets volés.

Des diamants en cannette

Mark et moi étions encore sous protection et colla-
borions avec les autorités en Floride. Nous passâmes
un moment à Tampa, où on nous logea dans un complexe d'appartements dont les propriétaires se révé-
lèrent également des narcotrafiquants, qui passaient
de la cocaïne dans des matelas d'eau. Par conséquent,
nous nous retrouvâmes de nouveau avec des micros
plein la maison et finîmes par travailler de nouveau
pour la DEA.

Je ne voulais pas rester là-bas un seul jour de plus.
Je dépoussiérai mon carnet d'adresses, décrochai le
téléphone et appelai Frank Smith, mon ex-amant
policier. Il me passa un savon ; il me fallut supporter ses récriminations – comment avais-je pu épouser
quelqu'un comme Kirkland ? –, mais Frank me dit de
revenir et me proposa son aide. Je pris le chemin du
retour et fis une escale à Whashington, où je contactai Andrew St. George, un reporter qui avait couvert
Cuba pour la revue *Life* et avait été avec Fidel dans la
Sierra Maestra, d'où il avait suivi les opérations anticastristes. Le Che, comme beaucoup d'autres, le sus-
pecta toujours d'être un agent de la CIA. St. George
me prêta 5 000 dollars et, avec cet argent, nous nous
installâmes dans le Queens, dans un appartement au
n° 8811 de la 34e Avenue, à Jackson Heights.

C'était en 1984, et Mark put retourner à l'école.
Quant à moi, je revis mon ancien amant Frank Smith
et me mis à travailler en collaboration avec Wackenhut,

une agence de détectives privés qui, à mon avis, fournissait en réalité une couverture aux opérations du FBI. Le siège central de la compagnie se trouvait à Long Island et, durant un an, je réalisai pour eux différentes missions. La plus importante portait sur des soupçons de vol chez un diamantaire ; je découvris que ces vols étaient commis par des dames employées là depuis plus de quinze ans qui travaillaient dans une chambre forte où l'on classait les pierres précieuses. Leur méthode était simple : de temps à autre, elles mettaient l'un de ces cailloux brillants dans leurs cannettes de soda, qu'elles emportaient comme pour les recycler, mais ces récipients métalliques qui au sortir du magasin produisaient un léger tintement ne leur donnaient pas une conscience écologique ; ils ne leur rapportaient pas non plus quelques centimes, mais bien des milliers de dollars. J'étais devenue amie avec elles ; j'étais même allée chez elles pour rencontrer leurs familles et je compris le combat de ces femmes qui travaillaient pour un peu plus que le salaire minimal. Je fus pourtant obligée de faire contre mauvaise fortune bon cœur et de les dénoncer, même si j'arrivais à la fin de cette opération. Puis Wackenhut me chargea de mener des missions de surveillance à l'aéroport de La Guardia, où, accompagnée d'un chien, je cherchais de la drogue dans les valises.

Pendant ces jours-là, je sortis du tiroir un autre de mes amants policiers, Bob Kelly, un détective de la brigade des homicides, qui à l'époque avait monté une entreprise de services d'enquête privée, et je commençai à travailler pour lui. J'opérais principalement depuis l'arrière d'une fourgonnette et, pour 400 dollars par jour, je réalisais des rapports ainsi que des tâches de surveillance, prenais des photos et des vidéos, principalement pour des cas de fraude à l'assurance maladie, mais aussi pour des histoires d'adultère, ces enregistrements se révélant utiles dans des affaires de divorce. Cette fourgonnette était également notre petit nid d'amour.

Abandonnée

Aux alentours de cette date, Geraldine, l'épouse de Frank Smith, tomba très malade. Celui-ci m'avait un jour offert une alliance en or et m'avait dit qu'on se marierait. Néanmoins, un mercredi comme tant d'autres où on se retrouvait dans la chambre louée par la police à l'hôtel Marriot, près de l'aéroport de La Guardia – cela faisait quinze ans que nous nous donnions rendez-vous dans cette pièce –, il fut extrêmement froid :

— Elle est morte. Geraldine est morte. Ne te fais pas d'illusions. On ne va pas se marier.

Je le revis une seule fois, à l'intérieur d'une voiture sur le parking de ce même hôtel.

— Je hais les autoroutes, le froid et la neige, et mon fils Casey est un emmerdeur, alors je vais prendre ma retraite. Je pars en Floride, pour jouer au golf le restant de mes jours, m'annonça-t-il.

— Et qu'en est-il de moi ? Qu'en est-il de nous ? demandai-je en larmes face à cette décision si inattendue et devant l'évidence que, sans lui, je serais encore plus seule.

Sa réponse resta gravée dans ma mémoire :
— Ce n'est pas écrit dans les cartes.

Il me quitta ainsi, après une relation de quinze ans à laquelle il mit fin sans un baiser, sans une étreinte, sans une caresse. Ce soir-là, je partis en pleurant. Je ne l'ai plus jamais revu, bien que je sois tombée une fois sur sa photo dans une publication policière traitant d'un départ en retraite et que j'aie découvert qu'il avait une grande maison dans un quartier résidentiel d'Orlando ainsi qu'une pension de 200 000 dollars par an. Il n'en mérite même pas la moitié. En effet, cet argent lui revient prétendument, car il s'est blessé au genou en poursuivant un voleur, mais moi, je sais qu'il s'agissait d'une falsification. C'est un rat d'égout, un bâtard, et pourtant il me manque. Cela me fait souffrir. Je le hais et je l'aime. Je me sens idiote, trahie.

Bons souvenirs

J'eus le cœur brisé, quoique je garde aussi de ces quelques jours le meilleur souvenir professionnel de cette période, un travail trouvé par moi-même sur une petite annonce dans le *New York Times*, qui n'avait rien à voir avec de la surveillance ou de l'espionnage mais qui consistait à venir en aide à des jeunes filles en difficulté. J'étais employée à l'Eufrasian Diagnostic Center, un centre tenu par des religieuses catholiques où, après avoir « embelli » mon curriculum vitae, je fus embauchée comme conseillère et dans lequel je parlais et j'apportais mon soutien à des adolescentes victimes de viol ou d'agressions, aux prises avec des addictions ou des dépressions, qui avaient fugué de chez elles, qui avaient fait des tentatives de suicide... Ce n'était pas seulement un travail bien payé dont je me sentais fière, car les 12 employées à ma charge m'accordaient du respect : je pouvais aider et m'occuper de ces jeunes, chose que je n'avais pas réussi à faire avec ma propre fille.

J'étais heureuse là-bas, jusqu'à ce qu'un jour la directrice du centre me dise qu'il leur fallait se séparer de moi. Surprise, je demandai pourquoi et elle me répondit qu'elle ne pouvait pas me donner de raison. J'ai toujours pensé que quelqu'un voulant m'écarter de ce travail avait discuté avec ces religieuses, les avait peut-être mises sur la piste de ma véritable identité, de ma vie agitée ou leur avait fait entendre que je n'étais jamais même allée au lycée. J'en fus très affligée et mon unique consolation fut de pouvoir trouver un nouvel emploi dans un autre domaine qui me plaisait également, le soin des animaux. Je travaillai ainsi durant quelque temps pour la Société américaine pour la prévention de la cruauté envers les animaux, l'ASPCA.

Des gens comme moi

Un jour de 1987, Mark m'apporta chez moi un livre, *On the Run*, signé d'un certain Philip Agee. Je fis plus que lire ce témoignage, je le dévorai. Une transformation s'opéra en moi lorsque au fil des pages je découvris qu'il y existait d'autres gens comme moi, des personnes ayant, elles aussi, accompli pour la CIA des missions qui pesaient sur leurs consciences et leurs vies. Je cherchai des informations sur Agee et vis que cela faisait des années que les États-Unis lui avaient révoqué son passeport. Bien qu'exilé, il restait très actif et était en train d'essayer de promouvoir la diffusion d'une association pour « retraités » de l'agence. Dave MacMichael, qui dirigeait le groupe aux États-Unis, m'envoya un billet d'avion afin que je me rende à Washington, où allait avoir lieu, le 28 novembre 1987, une conférence de presse visant à présenter le groupe. En faisaient partie divers individus, depuis l'homme qui participa à la destitution du président du Guatemala jusqu'à l'ancien agent envoyé à Cuba pour empoisonner le lait, dans un acte terroriste dont furent victimes un bon nombre d'enfants et de personnes âgées sur l'île. Le récit de ce dernier nous fit tous pleurer.

C'était une libération pour nous de pouvoir parler en public de ce qu'il avait toujours fallu garder secret. Pour la presse, cela constitua une révélation impressionnante, mais il était aussi thérapeutique d'exprimer son insatisfaction à l'égard d'emplois et

de missions qui provoquaient en nous des conflits
moraux et n'étaient même pas reconnus par les
agences ; celles-ci nous ignoraient ou nous traitaient
comme des parias. Je ne suis pas la seule à ne pas
recevoir la moindre pension, alors que je pense vraiment la mériter. Heureusement, je trouvai auprès de
ce groupe d'anciens espions une famille très unie,
un réseau de protection et d'entraide. MacMichael,
par exemple, me donna 5 000 dollars quand ma
fille Mónica eut un problème de santé qui faillit lui
coûter la vie et qu'aucun hôpital ne voulait l'accepter
parce que je n'avais pas d'assurance.

Direction Hollywood

Cette conférence de presse nous fit une énorme
publicité et Hollywood fut parmi les premiers à réagir.
Ils désiraient savoir ce que faisait le gouvernement et
ne voulaient pas d'un scénario de fiction mais souhaitaient connaître la véritable histoire ainsi que
les gens qui l'avaient vécue dans leur chair. Oliver
Stone souhaitait nous rencontrer. Ils nous payaient
un voyage en Californie et offraient 5 000 dollars à
chacun. Ce fut ainsi que nous nous retrouvâmes dans
une immense villa sur les collines de Los Angeles, où
l'une des premières personnes que je croisai fut l'actrice Daryl Hannah. Je ne la connaissais pas et ne la
reconnus donc pas à ce moment-là, mais j'appris plus
tard qu'elle avait une liaison avec John John, le fils de
Kennedy qui décéderait tragiquement en 1999 dans

un accident d'avion. Les stars de cinéma ne m'ont jamais impressionnée, et j'eus avec elle une discussion détendue ; lorsque je lui avouai que je ne savais pas quoi dire, elle m'encouragea à parler de ce que j'avais fait avec simplicité et franchise. Je me rendis alors dans le salon et écoutai d'autres anciens agents raconter leur histoire. Quand vint mon tour, je dis :

— J'ai connu Castro. Je suis un assassin raté.

Certains étaient au courant de mon parcours pour avoir lu une série d'articles dont la parution commença en 1975, et ils accueillirent ma narration avec des bravos. Stone fut celui qui s'impliqua le plus et ce fut avec lui que je maintins le plus de contact. Il se montra intéressé pour faire un film sur ma vie et me donna même 10 000 dollars afin que je parte en Allemagne faire des recherches sur mon passé, redécouvrir les sept premières années de mon enfance, mais mon esprit « naïf » et mon manque total de sens des affaires allaient de nouveau me trahir.

En Allemagne, je liai connaissance avec une femme, Anna Meizner, qui travaillait pour un magazine. Elle avait également envie de faire le récit de mes aventures et mésaventures, et elle me fit signer une feuille, m'assurant que cela était nécessaire pour enquêter sur mon passé. Sans avocat et en toute confiance, j'apposai ma signature sur ce papier. Quoique Meizner ait effectivement publié l'article, il se révéla que le document qu'elle m'avait fait signer était un contrat stipulant que je lui cédais les droits de mon histoire.

Sans le savoir, j'avais violé l'accord conclu avec Oliver Stone, qui entra dans une colère monstre mais mit son avocat à ma disposition et dut finir par payer 25 000 dollars à cette maudite femme pour annuler notre contrat. Lui et moi restâmes amis, cependant cet incident introduisit une note d'amertume dans notre relation, et l'idée de faire le film ensemble s'évapora peu à peu. Oliver a encore de la documentation que je lui ai confiée, comme cette photo d'Andrés que j'avais trouvée cachée dans les malles de ma mère lorsqu'elle mourut.

J'essayai d'obtenir davantage en me rendant en voyage à Cuba en 1988, mais je ne réussis ni à voir Fidel ni à récupérer des documents, aussi y passai-je tout simplement dix jours de vacances. Je logeais dans un petit hôtel, et non à l'Habana Libre, bien que j'aille tout de même manger là-bas ; je connus un pilote charmant et des Arabes, je faisais la fête, je me promenais sur le *malecón*[34]... Pour la première fois, j'étais une touriste parmi d'autres.

Je rencontrai à Hollywood deux femmes merveilleuses qui devinrent de grandes amies. L'une, Susanna Dakin, multimillionnaire, avait hérité d'une importante compagnie de jouets après avoir perdu toute sa famille dans un accident d'avion, en 1966. L'autre se nommait Linda Tomassi et était également fabuleuse. Elles avaient fait connaissance dans un centre

---

34. *NDT* : « jetée » en espagnol. Front de mer situé au nord de La Havane, devenu un lieu privilégié de promenade et de rencontres pour les Cubains et les touristes.

de désintoxication, je pense d'ailleurs qu'elles avaient une liaison. En 1990, elles projetaient d'assister à une grande conférence sur l'environnement au Nicaragua, mais, pour je ne sais quelle raison, elles furent obligées d'annuler le voyage et me proposèrent d'y aller à leur place. Elles avaient tout payé pour deux, si bien que j'appelai Mónica, qui vivait alors en Californie, et l'invitai à m'accompagner.

Le doigt sur la gâchette

Je retrouvai Linda à Miami pour récupérer les billets d'avion et les vouchers de l'hôtel. Elle connaissait toute mon histoire avec Walters. Or, quand nous passâmes devant un hôpital public pour enfants, nous vîmes là sa statue. Ce bâtard cupide qui nous avait volées, ma fille et moi, et qui avait gardé l'argent de Marcos avait financé la construction d'un pavillon baptisé en son honneur. Linda suggéra d'attacher une corde autour de la statue et de renverser celle-ci en s'aidant de la voiture, mais j'eus une meilleure idée. J'avais toujours mon pistolet sur moi. Nous allâmes jusqu'aux bureaux de Walters, Moore & Costanzo, son cabinet d'avocats, et je montai à son bureau. J'entrai, fermai la porte et le mis en joue, exigeant qu'il me donne l'argent qu'il nous devait. Tout ce qu'il sortit du coffre-fort fut une copie de notre fonds. Je lui dis alors que je voulais le tuer, lui brûler la cervelle, et son visage se décomposa. Je crois qu'il mouilla son pantalon. Peut-être pensa-t-il que j'étais folle et que je le ferais, et j'aurais

sans doute dû le faire, mais je préférai le laisser avec
la peur au ventre :

— Je reviendrai, lui dis-je. Il va te falloir surveiller
tes arrières à chaque instant de ta vie.

Parfois, je regrette de ne pas avoir tiré ce jour-là,
mais je ne l'ai pas fait. Qu'il ait eu ses propres problèmes a été ma seule consolation. Sa fille fut assas-
sinée et, quoiqu'il ait atteint les cimes du pouvoir et
qu'il soit devenu, à la fin des années 1970, envoyé du
président Jimmy Carter au Vatican, il fut obligé de
présenter sa démission lorsque son cabinet d'avocats
commença à faire l'objet d'une enquête pour fraude
et détournement de fonds.

Des traces d'Andrés

Une fois arrivées au Nicaragua, Mónica et moi profi-
tâmes de notre séjour pour visiter à Managua l'hôpital Carlos Marx, rempli d'Allemands, et, en parlant
avec des médecins et des infirmières, nous apprîmes
que des médecins cubains s'y rendaient souvent pour
soigner les enfants. Nous entreprîmes de demander
si quelqu'un connaissait un docteur de Cuba du nom
d'Andrés, et ils nous parlèrent d'un jeune homme
charmant qui venait de temps à autre de l'île et s'occupait surtout des petits amputés. Il s'appelait Andrés
Vázquez. Je suis convaincue qu'il s'agit de mon fils.

Au cours de ce voyage, je rencontrai aussi Isabel
Letelier, la veuve d'Orlando Letelier, l'ambassadeur chilien aux États-Unis, opposant à la dictature

d'Augusto Pinochet, mort en 1975 dans un attentat à la voiture piégée perpétré par cinq membres de l'exil cubain, dont les frères Novo. Mónica, alors culturiste, avait réussi à atteindre la finale d'un concours de Miss Fitness USA et à poser pour *Playboy*, et elle allait au gymnase avec l'un de ses quatre enfants, Cristián. Ce fut elle qui me présenta Isabel, et nous devînmes bonnes amies. Nous avions des connaissances communes, comme Larry Wack, qui enquêta sur l'assassinat de son mari, et nous fûmes bientôt parentes par alliance. À l'issue du voyage, Isabel présenta à Mónica un autre de ses fils, Francisco, et ils ne tardèrent pas à se marier ; bien que le mariage n'ait pas duré longtemps, Mónica me donna en 1991 mon premier petit-fils, Matías, et je passai deux mois en Californie afin de lui apporter mon soutien.

En rentrant, je louai dans le Queens un appartement juste en face de celui qu'occupait Mark, et peu après Mónica et mon petit-fils vinrent vivre avec moi. À ce moment-là, je travaillais à nouveau sur un livre de mémoires qui, cette fois, c'était sûr, verrait le jour. La maison d'édition Thunder's Mouth Press – une icône de la contre-culture, de l'underground et du progressisme – m'avait payé 40 000 dollars et m'avait mise en relation avec Ted Schwarzman, l'auteur chargé de m'aider. Par ailleurs, de cette collaboration sortirent plus que de simples mémoires. Un jour, j'envoyai Mónica dans les bureaux de la maison d'édition pour qu'elle apporte des photos qui allaient être utilisées dans le livre. Quand elle les remit, elle rencontra Neil Ortenberg, le fils de la styliste Liz Claiborne, lequel dirigeait cette maison, et ils se marièrent quelque temps plus tard.

Encore des menaces

Le livre me ramena sous les feux de la rampe, et une télévision de Miami commença à organiser une rencontre filmée entre Frank Sturgis et moi qui devait mettre en scène un accord de paix entre nous deux, une trêve. Les Cubains de Miami se mirent à menacer de « lâcher les chiens » dans la ville si j'y allais. Ils adoraient Frank, mais moi, ils me haïssaient, prétendument parce que j'avais échoué dans ma mission de tuer Fidel avec les pilules, que j'étais responsable de l'arrestation de Sturgis à New York et que j'avais témoigné au Congrès... Cela dit, s'ils me détestent, c'est parce que j'en sais long sur eux, sur leur sale boulot. Je sais combien de délits ils ont commis et combien de fois ils ont échappé à la justice. George Bush, par exemple, a sorti de prison Luis Posada Carriles, l'auteur de l'assassinat de Letelier.

Cet entretien n'eut jamais lieu. Sturgis mourut en décembre 1993, peu de temps avant de fêter ses 69 ans. Son avocat affirma qu'il avait été victime d'un cancer, mais il existe toujours des rumeurs proposant d'autres versions, et des doutes subsistent sur ce qui lui est réellement arrivé.

La trahison du sang

Avant de gaspiller tout l'argent du livre, je décidai de déménager à Baltimore, où Valerie était allée s'installer ; elle y avait ouvert un centre de soins pour joueurs compulsifs et investissait dans l'immobilier. L'une des maisons que je pouvais acheter était un *brownstone* au n° 666 de Washington Boulevard, dans un quartier considéré comme dangereux à cette époque, au début des années 1990, mais devenu aujourd'hui très agréable à vivre. Je mis tout mon argent dans la rénovation de cette propriété et Mark, qui avait perdu son travail et dû abandonner ses études universitaires, vint avec moi. Lui et moi travaillâmes neuf mois d'arrache-pied à tout reconstruire. Et puis, du jour au lendemain, l'ancien propriétaire apparut en déclarant qu'il y avait une dette d'impôts de 5 000 dollars sur la maison. Nous n'avions plus d'argent et j'en demandai à Neil Ortenberg, qui était venu nous voir avec Mónica, mais bien qu'il dise dans un premier temps qu'il nous en prêterait, il y renonça ensuite. Le lendemain, Valerie se présenta à la maison en disant qu'elle avait payé la dette, que désormais la propriété était à son nom et qu'elle lui appartenait donc. Mark et moi, qui y avions investi tout mon argent et beaucoup de travail, nous retrouvâmes sans rien et il nous fallut prendre une location juste à côté. Mon fils décida de retourner à New York en 1995, et moi, n'ayant pas les moyens de continuer à payer le loyer, je fus obligée d'emménager chez ma sœur et me mis à travailler avec elle dans son hôpital, où je me chargeais de procéder aux admissions, où je m'assurais que les lits étaient faits et que les patients prenaient leurs médicaments.

Un jour, alors que j'étais au travail, je tombai. Lorsque je vis le médecin à l'hôpital Johns Hopkins et qu'on me fit des radios ainsi qu'un scanner, ils me diagnostiquèrent non seulement une hanche fracturée mais aussi une arthrose dégénérative. Je m'inscrivis à la sécurité sociale et subis trois opérations, mais mon état ne s'améliorait pas. Je boitai d'abord, puis il me fut pratiquement impossible de marcher ; monter les trois étages jusqu'à ma chambre était impensable. Mark loua une fourgonnette, vint me chercher, prit toutes mes affaires et me laissa l'appartement qu'il avait trouvé dans le Queens.

À cette période, depuis lors et jusqu'à présent, *Beegie* a été mon plus grand soutien. Après l'opération de prothèse de hanche, il commença à s'occuper de tout et m'obtint un lit spécial, mais malgré tout je ne pouvais pas trouver d'argent afin de faire face aux dépenses qui s'accumulaient et je fus prise de panique quand les paiements de la sécurité sociale cessèrent et que je perdis même l'aide alimentaire. Une grande douleur physique m'affligeait, je sentais qu'il était ridicule et contre ma nature de devoir ne plus bouger de mon lit. Je voulais mourir, je me sentais complètement au bout et à ce moment-là, en 1997, à presque 60 ans et pour la première fois de ma vie, je me voyais au plus bas et sans espoir de me relever.

Lorsque je contactai l'administration de la sécurité sociale pour savoir pourquoi ils avaient mis fin à ma prise en charge, ils se montrèrent surpris et me répondirent que sur les neuf derniers mois quelqu'un avait reçu 26 000 dollars en mon nom. Mais ce fut moi la plus surprise, car j'avais vivoté tout ce temps sans revenus et j'étais sur le point d'être expulsée de l'appartement. Quand je leur expliquai que je n'avais pas pu aller toucher cet argent du fait que j'étais pratiquement clouée au lit, à New York de surcroît et non à Baltimore, ils envoyèrent un enquêteur, qui put constater que je ne mentais pas et que je ne pouvais même pas atteindre la porte pour lui ouvrir. Il fut clair pour eux que j'étais victime de fraude et l'inspecteur m'expliqua ce jour-là qu'il ne pouvait pas savoir que je vivais à New York parce que quelqu'un, à Baltimore, percevait encore l'argent en mon nom. J'appris que c'était ma sœur qui encaissait les chèques, avec la complicité de son petit ami, un comptable du FBI. Lorsque je l'appelai, elle se contenta de me répondre :

— J'imagine que j'ai fait une erreur.

Les autorités me dirent que je pouvais déposer une plainte pour fraude puisqu'elles avaient tous les reçus, mais je ne voulus pas le faire, la priorité pour moi étant qu'ils assurent de nouveau ma prise en charge. J'avais besoin de soulager mon mal de hanche. Quant à l'autre douleur, celle qu'on ressent quand on est trahi par son propre sang, seul le temps peut la guérir.

Récompenses

Au même moment, une nouvelle menace d'expulsion frappait à ma porte et Mark, terrifié et se voyant en mesure de m'aider, écrivit une lettre désespérée à un sénateur de New York, Al D'Amato, qui prit contact avec une synagogue de notre quartier. Je n'étais pas juive, mais ils estimaient que je faisais partie de leur communauté parce que j'étais passée par un camp de concentration. Un jour, un rabbin arriva à la maison, me serra dans les bras et versa des larmes, tout ému qu'il était de se retrouver avec une survivante. Non seulement il me donna 6 000 dollars et de la nourriture, en plus de payer le loyer de l'appartement pour l'année à venir, mais il me proposa aussi un suivi psychologique. Jamais personne ne m'avait traitée avec autant de tendresse et de compassion.

Ce fut alors qu'apparut dans ma vie Wilfried Huismann, un reporter allemand qui me téléphona de Bremen et manifesta son désir de me connaître, de tourner un documentaire et d'écrire un livre. *Willy* avait entendu des rumeurs comme quoi j'étais morte, et quand il me rendit visite pour la première fois à New York durant l'automne 1998, il me trouva très mal en point, alitée et incapable de payer l'opération dont j'avais besoin à la jambe. Nous sympathisâmes immédiatement et il me donna 10 000 dollars pour l'intervention. À ce moment-là, j'avais également déjà reçu une notification du département de la Justice des États-Unis confirmant en outre que je recevrais une indemnisation en tant que survivante de Bergen-Belsen. Pas un seul instant j'avais imaginé d'ailleurs qu'on me paierait pour avoir été prisonnière, mais je reçus près de 80 000 dollars, soit 10 000 dollars par mois passé dans ce camp infâme. L'avocat allait garder une commission très importante, mais il m'en restait suffisamment pour prendre un nouveau départ. Je pouvais à nouveau respirer.

Retour à Cuba, à la mer et à la vie

Lorsque *Willy* vint pour la seconde fois d'Allemagne, j'avais déjà pu être opérée grâce à son aide, je faisais de la rééducation et, dès que je pus remarcher, il programma un voyage. En mars 2000, nous prîmes un avion pour Cancún, au Mexique, et de là, lui, son équipe, mon fils Mark et moi embarquâmes sur le *Valtur Prima* en direction de La Havane. Cette aventure était plus que le simple projet d'un journaliste documentariste : pour moi, cela voulait dire remonter sur un bateau et reprendre la mer. En d'autres termes, c'était revenir à la vie.

Le 5 mars, nous débarquâmes au terminal de passagers de La Havane. J'étais de retour à Cuba, enchantée mais aussi accablée par les souvenirs et les émotions, et je ne pouvais faire autrement que regarder et pleurer. J'étais encore convalescente, mais je marchais sans déambulateur ni canne, et je me promenai le long du *malecón*, achetai une gravure du Che sur une médaille en argent, retournai au Habana Libre avec

Willy ; nous nous rendîmes dans des endroits comme l'île de la Jeunesse, où se trouvait l'ancienne prison de Los Pinos[35]...

Nous logions dans un petit hôtel de La Havane et avions obtenu du régime l'autorisation de filmer, mais la demande d'entretien avec Fidel avait été rejetée sans explication et *Willy* commença à montrer des signes d'inquiétude et de contrariété. J'avais essayé, en vain, de revoir mon fils Andrés, dont nous savions qu'il avait exercé en tant que pédiatre au Nicaragua sous le nom d'Andrés Vázquez. Nous nous heurtâmes également à un mur quand nous tentâmes d'interviewer Fabián Escalante, ancien chef de la sécurité cubaine. Il apparaissait de plus en plus clairement que le film, qui s'intitulerait *Cher Fidel*, n'allait contenir aucune image de mes retrouvailles avec le *Comandante*. *Willy* enterra définitivement cette possibilité déjà faible en elle-même quand il décida de jouer la carte de l'entrevue avec Díaz Yáñez. Moi, je m'opposai â cet entretien parce que je préférais laisser ouverte la fenêtre de l'espoir, si petite fût-elle, en pensant que Fidel me recevrait ou qu'il viendrait me rencontrer, et que je savais qu'il me fermerait définitivement sa porte si nous allions voir Yáñez. Fidel avait fait de lui son homme de confiance et son bras droit, il s'était même rendu à la réunion avec Nixon en sa compagnie, mais Yáñez était tombé en disgrâce dès

---

35. *NDT* : le gouvernement ferma Presidio Modelo en 1967 et l'île des Pins (*Isla de los Pinos*) devient l'île de la Jeunesse en 1978.

1960, passant ensuite quinze ans en prison. Ce ne fut qu'une fois en route vers le port pour retourner au Mexique que j'acceptai d'aller lui rendre visite.

Yáñez vivait dans un vieil immeuble délabré qui indubitablement avait eu du charme en son temps mais qui désormais, comme partout à Cuba, était triste et avait besoin d'une bonne couche de peinture. Je me réjouis de tout cœur de le revoir, nous nous serrâmes dans les bras et pleurâmes tous deux. Nous partageâmes avec nostalgie nos souvenirs ainsi qu'une grande émotion, mais j'avais peu de temps et il me fallut partir.

Fidel, un vrai salaud

Quand nous revînmes au bateau, nous étions tous très tristes et déçus, et je proposai à *Willy* d'écrire une lettre à Fidel. Pour la première fois de ma vie, j'osai lui parler avec une extrême dureté, en formulant des critiques directes, lui rappelant que j'aurais pu le tuer à deux reprises et que je ne l'avais pas fait, tandis que lui, en revanche, ne consentait même pas à me voir pour m'aider à faire un bon film sur ce qui s'était passé. Je ne m'attendais pas à une réponse et je n'en eus évidemment pas, mais *Cher Fidel* parut sur les écrans, et le livre sortit en librairie, et en grande surface. Le *Comandante* fit pourtant son possible pour que le film ne soit pas diffusé dans certains endroits, comme au Mexique, où *Willy* raconte qu'il y eut des pressions importantes pour empêcher la projection.

Ce qui me fait le plus mal, c'est que le tournage de ce documentaire a peut-être coûté la vie à Yáñez Pelletier, qui allait parfaitement bien lorsque nous l'avons vu en mars 2000 mais qui est mort le 18 septembre de la même année. Aujourd'hui, *Willy* pense qu'il a été assassiné à cause de notre rencontre, et bien que pour ma part j'avoue ne pas en être certaine, je n'en écarte pas la possibilité. Aux yeux de Fidel, soit tu es avec lui, soit tu es contre lui. C'est sans équivoque. Il pense ainsi, se prenant pour un roi ou un dieu, agissant par jalousie ou se laissant emporter par la fureur s'il s'estime trahi. Même à un âge avancé, il peut êtreun vrai salaud.

Épilogue

Je devrais être heureuse

Depuis cet ultime voyage à Cuba, mon existence s'est résumée à cette simple question : survivre. Il faut en convenir, il y a eu des moments lumineux, comme le voyage en Allemagne en 2000 pour la sortie du film, mais j'ai de nouveau flambé trop vite les recettes que m'a rapportées ce projet. De plus, j'ai échoué dans la tentative d'achat d'une maison à Brooklyn, si bien qu'il me fallut aller vivre quelques années en Californie chez Mónica et son troisième mari et, quand je suis rentrée en 2004 et me suis installée à College Point, dans le Queens, j'ai encore dû subir une opération de la hanche. Grâce à *Willy*, j'ai pu obtenir un peu d'argent lorsqu'il m'a mise en contact avec une productrice canadienne intéressée par l'acquisition des droits pour faire un film ; mais c'était il y a dix ans, et le projet ne s'est jamais concrétisé. Le seul témoignage de ma vie porté à l'écran – à part *Cher Fidel* – est un film lamentable qui fut tourné pour la télévision en 1999, *Mon petit assassin*, dans lequel Gabrielle

Anwar interprète mon rôle et Joe Mantegna celui de Fidel.

Je vis dans le Queens depuis 2007, dans un appartement en sous-sol glacial que me loue Marie, une Vénézuélienne qui habite l'immeuble en compagnie de chiens et d'une douzaine de chats. Mes journées se limitent à prendre mes cachets, regarder la télévision – où ce qui me plaît le plus, ce sont les chaînes d'histoire – et parler occasionnellement au téléphone avec mon frère *JoJo* ou ma sœur Valerie. Mark est allé s'installer depuis peu de son côté, mais c'est lui qui continue de s'occuper de moi et m'emmène chez le médecin ou m'apporte mes médicaments ou le ravitaillement. J'ai pu me rendre l'année dernière avec lui en Allemagne, à la présentation d'une exposition que l'on m'a dédiée dans un musée consacré à l'espionnage. Un voyage qui aurait été merveilleux si je n'avais pas eu une querelle épouvantable avec Mónica, qui était venue avec nous, et si nous n'avions pas cessé de nous parler. Cette rupture me brise le cœur, parce que, après des décennies de rapports tendus, nous étions finalement parvenues à avoir de bonnes relations. Juste quelques mois plus tôt, au lieu de parler de moi avec rancune, elle faisait preuve d'une infinie compréhension, et se disait même reconnaissante puisque, grâce à moi, il n'y a guère de choses dans la vie qui lui fassent peur.

J'ai espoir dans un projet de comédie musicale – basée sur le livre de Willy –, en préparation à

Amsterdam, et mon fils est en train de me chercher une maison en Allemagne pour me faire sortir d'ici. De toute façon, Marie m'a prévenue que je devais libérer cet appartement... J'ai juste envie quitter ces quatre murs glacés, je veux uniquement un endroit où habiter.

Il est certain que j'ai eu de l'argent au cours de ma vie, et que je l'ai jeté par les fenêtres ou mal géré, mais je crois aussi que je mériterais une pension pour toutes les tâches que j'ai effectuées pour le gouvernement américain. Je ne fais pas allusion seulement à la tentative de mettre un terme à l'existence de Fidel, mais à bien d'autres missions : j'ai capturé des criminels, j'ai aidé à mettre des bébés au monde, j'ai sauvé des vies et j'ai tenu ma langue quand c'était le moment de se taire. Tout cela fait partie de la loyauté envers un pays. Cet abandon me met encore plus en fureur lorsque je sais que la moitié des types qui ont manipulé de la drogue à Miami touchent 3 500 dollars par mois. C'est injuste, mais je sais que ce qui m'arrive – l'abandon – résulte d'un pacte de vengeance : si l'on décide de faire marche arrière ou de manquer le moins du monde à leurs règles, on nous laisse sans rien.

Tout ce que j'ai à présent, c'est seulement ce que l'on appelle les « coupons alimentaires », qui m'aident à me nourrir, Medicare et Medicaid, les services publics de santé destinés aux personnes âgées et aux pauvres, ainsi que 700 dollars par mois, que me donne la sécurité sociale, dont 500 partent dans le loyer. C'est injuste et insuffisant.

Je n'ai plus de connaissances ou de véritables amis auxquels faire appel. Beaucoup de ceux qui étaient susceptibles de pouvoir m'aider, notamment mes amants et relations de la mafia, sont sur le point de mourir ou ne sont déjà plus là. Du reste, jamais je n'irais leur demander de l'argent – ils me le proposeraient –, je suis bien trop fière pour quémander. J'aime mieux mourir de faim.

Je ne peux pas davantage avoir recours aux personnes de mon propre sang. Évidemment, j'ai Mark – *Beegie* –, mais, à part lui, je n'ai pas l'impression d'avoir une famille. Je ne le dis pas comme un reproche, étant donné que je ne suis moi-même pas douée pour garder le contact – j'ai été une vagabonde toute ma vie, longtemps j'ai vécu sans but bien défini. Le dire ne me fait pas non plus de la peine : cela ne me manque pas, parce que je pense que je ne sais pas ce qu'est la famille, et qu'on ne peut regretter ce que l'on ne connaît pas. Ce qui est sûr, c'est que nous ne nous retrouvons jamais tous ensemble, nous ne faisons pas toutes ces choses que font traditionnellement les familles, comme se réunir lors de la fête de *Thanksgiving*, et chacun ne s'occupe que de ses propres affaires.

Kiki fut emporté bien trop tôt par un cancer en 1992. J'aime beaucoup mon frère JoJo, un homme gentil qui ne m'a jamais reproché quoi que ce soit et dit affectueusement que, tout simplement, je suis comme je suis. Sa femme et lui m'envoient des cadeaux à Noël, parfois également des chaussures et des manteaux, et mon armoire est pleine de vêtements neufs que je ne porte pas puisque je ne vais nulle part. Valerie aussi a commencé à se faire plus présente dans ma vie, mais lorsque l'on a été trompé, quelque chose reste brisé pour toujours quelque part dans son esprit, rappelant que l'on ne peut pas faire confiance.

Je crois également qu'en amour j'ai joué mes dernières cartes, m'entourer d'hommes séduisants m'a toujours plu, et moi qui ai aimé tous mes amants, tout ce qu'il me reste, ce sont les souvenirs. Avec Fidel, j'ai vécu cette passion que l'on ne peut éprouver qu'à 19 ans, une sorte de jalousie animale. J'étais une gamine et je suis tombée amoureuse de lui, de sa grandeur, de son charisme. Son regard, ses caresses m'ont fait perdre la tête... Mais c'était David contre Goliath. Il avait une personnalité si forte et si charismatique qu'il effrayait, intimidait ; il faisait sentir qu'il était quelque part tout là-haut tandis que je me trouvais tout en bas en un lieu quelconque d'où il n'était pas vraiment possible de parvenir jusqu'à lui. Quand je le vois à présent, âgé, à la télé, il paraît triste, quoique j'imagine que s'il me voyait il dirait la même chose de moi.

Marcos, je l'ai connu un peu plus et je l'ai aussi aimé. J'ai aimé *Eddie* et – de manière différente – Louis, qui était un brave homme et qui fut un excellent père pour Mark. Mais ce qui me fait peut-être le plus mal quand je regarde en arrière, c'est Frank Smith, plus comme une dépendance physique, comme si le choc qu'il m'a infligé lorsqu'il s'en est allé en Floride et m'a quittée me revenait chaque fois que je pense à lui. Jamais, à aucun d'entre eux, je n'ai fait de tort intentionnellement, mais j'admets que c'est à cause de mes erreurs que tous ont disparu progressivement de ma vie, s'effaçant de mon horizon. Tout ce que je peux me dire, c'est qu'à cette époque j'étais stupide et rebelle, insolente. Maintenant, je dors avec mon chien.

Quand je regarde en arrière, je vois également que le sexe fut, de toute évidence, une de mes armes. Bien des gens ont voulu se servir de moi dans ce but, et je les ai parfois laissés faire, mais je pouvais aussi en tirer profit, je leur en faisais baver. J'ai dû devenir forte par moi-même. Dès que je me suis mise à travailler avec Fiorini, j'ai su que je rentrais dans un monde d'hommes. En ce temps-là, on ne trouvait pas d'autres femmes sur le terrain. De temps à autre seulement, on en engageait une en vue d'effectuer une mission déterminée pour qu'elle fasse office de secrétaire et d'espionne ou qu'elle vole une information quelconque. Je n'ai toutefois jamais trouvé d'amie dans ce milieu. Par la suite, lorsque j'ai commencé à avoir des relations dans le monde de la mafia, je ne pouvais parler de mon travail dans mon cercle d'amies. Avec elles, je devais me borner à des discussions ordinaires sur les hommes, les vêtements…

C'est peut-être pour cela que Sturgis me manque. Je l'ai côtoyé trop longtemps. Il m'a toujours fait penser à Lennie Small, le personnage lourdaud du roman de John Steinbeck, *Des souris et des hommes*. Et c'est ce que Sturgis représentait à mes yeux : la force brutale, un homme sans éducation, pas non plus très brillant en politique, un soldat obsédé par les « rouges » – les communistes –, qui jouait sur presque tous les tableaux ; il se vendait au plus offrant et il a joué aussi avec ma vie. C'était un assassin dangereux, mais il était également prévisible, tout au moins pour moi, qui l'ai bien connu et qui le comprenais. Aujourd'hui, il n'y a plus de guerre à livrer : je suis vieille, quant à lui, il n'est plus là. Cependant, c'est toujours pareil : les interventions dans des pays étrangers, les machinations dans l'ombre, les mensonges et les mystifications à l'égard de la population… En réalité, c'est pire. Et les États-Unis se mettent en retrait.

Écrire ce livre m'a obligée à me remémorer tout cela : ce que j'ai traversé, ce que j'ai fait et vécu. Je sais que je suis moi-même responsable de bien des choses néfastes qui me sont arrivées, et je suis fière d'y avoir survécu. Je suis satisfaite de certaines autres actions que j'ai réalisées et je peux regarder en arrière et en rire. Parfois aussi l'accablement me saisit lorsque je me dis que je ne suis pas heureuse et que je me sens vieille et seule. Mais quand ces pensées me rattrapent, je me dis que je dois trouver une occupation, quelque chose de productif, peut-être recommencer à cultiver et entretenir un jardin. Je suis en vie, percluse de douleurs mais en vie. Je devrais être heureuse.

TABLE DES MATIÈRES

Index

R

S

T